中国现代财税金融体制建设丛书

吴晓求　庄毓敏　主编

现代保险制度建设

魏丽　戴稳胜　陈泽　著

中国人民大学出版社
·北京·

图书在版编目（CIP）数据

现代保险制度建设 / 魏丽，戴稳胜，陈泽著. -- 北京：中国人民大学出版社，2024.6
（中国现代财税金融体制建设丛书）
ISBN 978-7-300-32811-9

Ⅰ.①现… Ⅱ.①魏… ②戴… ③陈… Ⅲ.①保险制度—研究—中国 Ⅳ.①F842.0

中国国家版本馆CIP数据核字（2024）第095185号

中国现代财税金融体制建设丛书
现代保险制度建设
魏　丽　戴稳胜　陈　泽　著
Xiandai Baoxian Zhidu Jianshe

出版发行	中国人民大学出版社		
社　　址	北京中关村大街31号	邮政编码	100080
电　　话	010-62511242（总编室）		010-62511770（质管部）
	010-82501766（邮购部）		010-62514148（门市部）
	010-62515195（发行公司）		010-62515275（盗版举报）
网　　址	http://www.crup.com.cn		
经　　销	新华书店		
印　　刷	涿州市星河印刷有限公司		
开　　本	720 mm×1000 mm　1/16	版　次	2024年6月第1版
印　　张	19　插页1	印　次	2024年6月第1次印刷
字　　数	232 000	定　价	78.00元

版权所有　侵权必究　印装差错　负责调换

总 序

中国式现代化的经济基础与财政金融的作用[*]

吴晓求

党的十九届五中全会提出要"建立现代财税金融体制",党的二十大报告对中国式现代化的内涵进行了全面而深刻的阐述,凸显了建立现代财税金融体制的重要性。现代财税金融体制建设包含宏微观金融体制建设和财税体制建设。其中,宏微观金融体制建设主要涉及现代中央银行制度、现代货币政策体系、现代宏观审慎政策及监管框架、现代商业银行制度、现代保险制度、现代资本市场、现代公司金融制度以及现代信用风险管理等内容,财税体制建设主要涉及现代预算制度、现代税收制度以及政府间财政关系等内容。中国人民大学财政金融学院组织专家学者对上述问题展开深入研究,形成了"中国现代财税金融体制建设丛书",以期为中国式现代化建设贡献智慧。谨以此文作为这一丛书的总序。

中国式现代化内涵丰富,下面重点从经济和财政金融的角度,对中国式现代化的经济基础和财政金融的作用做一些粗浅的分析。

一、如何理解中国式现代化

党的二十大报告对中国式现代化做了准确而全面的概括:中国式

---

[*] 此文曾发表在2022年第4期的《应用经济学评论》上,作为本丛书总序,作者对其做了一些增减和修改。

现代化是人口规模巨大的现代化，是全体人民共同富裕的现代化，是物质文明和精神文明相协调的现代化，是人与自然和谐共生的现代化，是走和平发展道路的现代化。同时党的二十大报告强调指出，中国式现代化是中国共产党领导的社会主义现代化，这既体现了国际社会公认的现代化的基本内涵，又体现了中国特色。这同我们所走的中国特色社会主义市场经济发展道路一样：既体现了市场经济的一般原则，具有现代市场经济的基本内涵，又是人类社会探索市场经济发展道路的一种新形式。我们不是模仿、照抄以美国为代表的西方发达国家所走过的市场经济发展道路，而是根据中国国情进行创造性探索。中国式现代化同中国特色社会主义市场经济一样，既体现了国际社会的共识和人类社会的文明成果，又走了一条中国式的发展道路。实践表明，把普遍原理与中国国情相结合，是我们成功的法宝。

中国式现代化体现了中华民族的智慧——勤于学习、善于改造、敢于创新，同时又充分吸收了人类文明的优秀成果。人类文明的优秀成果是我们理论创新的起点。创新不是空穴来风，不是海市蜃楼，而是要以人类对已有文明成果的积累和丰富的实践为基础。中国式现代化这一概念就是基于这样的思考而提出的。

中国式现代化，首先有国际社会一般认知的现代化内涵。国际社会所认知的现代化有多重指标。在这多重指标中有一个核心指标，那就是现代化国家首先应是一个发达国家，是发达国家当然也就是高收入国家。所以，成为高收入国家、发达国家是实现中国式现代化的前提条件。我们要实现中国式现代化，首先就要进入高收入国家行列并成为发达国家。

世界银行、国际货币基金组织等权威国际机构对高收入国家、发达国家都有自己的定义。例如，2021年世界银行公布的高收入国家的经济指标门槛是人均国民总收入（GNI）12 695美元，国际货币基金组织公布的发达国家的经济指标门槛是人均国内生产总值（GDP）2万美元。2021年中国GDP为114.92万亿元人民币，按照当时的汇率计算,中国人均 GDP 已达 12 551 美元。2021 年中国人均 GNI 为 11 890 美元,中国居上中等收入国家行列。

国际上现有的发达国家均首先跨越了人均 GDP 这一经济指标的门槛。除此之外,要成为发达国家,还必须达到生态环境、人均预期寿命、教育水平、法制基础、贫富差距、社会公平、创新能力和国际影响力等方面的一系列社会指标标准。所以,中国式现代化的实现过程也就是经济社会全面发展的过程,而不是单一指标的突进。

过去,我们赖以生存的环境包括土壤、空气和水资源都受到了不同程度的污染。改善环境,走绿色发展之路是我们未来面临的艰巨任务。中国人均预期寿命现在处在世界先进行列。自新中国成立以来,我们在这方面取得了举世瞩目的成就。在新中国成立之前,中国人均预期寿命很短,不到 40 岁。那个年代战争频发、经济发展水平低、粮食供应不足、医疗卫生体系落后,人均预期寿命短。2021 年,中国人均预期寿命为 78.2 岁,女性比男性略高。在人均预期寿命这一指标上,中国进入了发达国家行列。虽然人均预期寿命较高,但中国的医疗资源相对短缺,医疗卫生体系相对脆弱。我们要大力改善医疗卫生体系,提升人们的健康水平,让所有人都能得到应有的医疗保障。

我国一直在努力提高教育水平,改善教育条件,但我国的教育状况与中国式现代化的要求还有较大差距。让适龄儿童和青少年接受良好的教育仍然是我国教育面临的最大任务之一。我们要着力改善基础教育,进一步完善义务教育制度,这是实现现代化的重要举措。我们要对农村偏远地区的基础教育加大投入,让每个适龄儿童和少年都能上得起学。

法制建设要进一步改善。自党的十八大以来,中国法制建设取得了长足进步。我国颁布了《中华人民共和国民法典》,这是中国法制建设的重要标志,为保护财产权、保障市场主体的平等地位提供了坚实的法律保障。自党的十八大以来,中国的反腐败行动取得了历史性进步,清洁了社会环境,积极培育和践行社会主义核心价值观。但中国的法制观念、法治化水平与中国式现代化的标准还有较大差距。一些地方乱作为、胡作为的现象时有发生，一些和法律精神相抵触、相背离的政策仍然存在。中国式现代化一定是法制建设的现代化，是法治国家的现代化。

中国式现代化还必须有极强的创新能力。没有创新能力，经济社会就会停滞，经济增长和社会发展就会缺乏源源不断的动力。创新是一个国家现代化的重要保障。世界上有些国家曾经接近、达到甚至超过发达国家的起点标准，但是由于创新能力不足，腐败严重，加上政策严重失误，因而停留在或退回到中等收入国家行列，学术界把这种现象称为"中等收入陷阱"。历史上，在迈向现代化国家的过程中，有些国家要么迈不过去，落入"中等收入陷阱"，要么短期跨越了"中等收入陷阱"，一度成为高收入国家，但在较短时间内又退回到中等收入国家行列。我们要总结这些国家的教训，避免走弯路、进"陷阱"，防止出现它们的失误和曲折。

从历史经验看，创新机制和创新能力对一个国家迈向发达国家极为重要。这里的创新指的是多方面的创新。首先是技术创新。中国要建成现代化国家，经济结构转型和基于技术进步的产业迭代是基本路径。我们不能停留在低端产业，也不可能通过资源型企业把中国带入现代化。我们必须进行技术创新，推动产业升级换代，提升经济竞争力。中国经济的竞争力在于技术进步和高科技产业发展。

除了技术创新外，观念创新、制度创新、模式创新、组织创新都非常重要。我们面对的是越来越不确定的未来，高科技企业的商业模式、组织模式需要创新。试图用传统产业的模式去发展高科技产业，那肯定是行不通的。不少人只意识到了技术创新的重要性，没有意识到观念创新、制度创新、模式创新、组织创新的重要性。实际上，这些创新都是中国式现代化创新的重要内涵。

中国是一个人口规模巨大的国家，其现代化一定会改变全球格局，对全球产生巨大而深远的影响。我们所追求的现代化是中国式的，有鲜明的中国特征。党的二十大报告把中国式现代化的特征概括为五点，这五点中最引起人们关注的是全体人民共同富裕的现代化。

共同富裕是中国特色社会主义的本质要求，体现了中国共产党人的初心使命。从中国共产党成立那天起到1949年中华人民共和国成立，再到1978年改革开放，再到党的二十大，在每个时期，实现全体人民共同富裕都是我们的目标，这个目标从来没有动摇过。1955年，毛泽东同志指出，富是共同的富，强是共同的强。1990年，邓小平同志指出，共同致富，我们从改革一开始就讲，将来总有一天要成为中心课题。共同富裕一开始就在邓小平同志改革开放的战略设计中。习近平总书记指出，共同富裕是中国特色社会主义的根本原则，所以必须使发展成果更多更公平惠及全体人民，朝着共同富裕方向稳步前进。

让中国人民富起来，实现共同富裕，是中国共产党人的初心使命的重要体现，对于这个目标，中国共产党人从来没有动摇过。今天我们所要实现的中国式现代化，一定是全体人民共同富裕的现代化，我们一直都在朝着这个目标努力。

二、中国式现代化的经济基础

要实现中国式现代化，首先必须成为高收入国家，成为发达国家，所以保持经济的可持续增长就成了当前乃至未来相当长时期内的重要任务。只有保持经济的可持续增长，财富才能源源不断地被创造出来，中国式现代化才可能实现。

这里有一个基本判断：什么样的体制和政策能使经济处在可持续增长中？我认为，中国特色社会主义市场经济体制是中国经济可持续增长最重要的体制基础，继续深化改革、不断推进高水平开放是中国经济可持续增长最重要的政策取向。中国特色社会主义市场经济是现代市场经济的一种业态、一种新的探索形式，体现了市场经济的一般原理。

市场经济是建立在分工和交易的基础上的。分工是市场经济存在的前提，没有分工就没有市场，没有市场就没有公允的价格，也就没有公平的交易。没有分工、没有市场、没有交易，那就是自然经济。自然经济不可能让人类社会富裕起来，只有基于分工和交易的市场经济，才能大幅度提高劳动生产率，才能源源不断地创造出新的财富。只要我们继续坚持中国特色社会主义市场经济体制，就能够把财富源源不断地创造出来，因为它是基于分工的，市场是自由的，价格是公允的，交易是公平的，市场主体的地位是平等的。

改革开放前的中国是一个贫穷落后的国家，大多数人处在贫困状态。改革开放后，我们选择了一条市场经济道路，人民开始富裕起来了。我们所走的市场经济道路，不是自由市场经济道路，而是中国特色社会主义市场经济发展道路。改革开放后，我们要迅速摆脱贫困，让老百姓能够吃饱饭，但是按自然演进的市场经济模式难以快速实现这一目标。后发国家有后发优势，可以学习、借鉴发达国家的经验，实现经济的跨越式发展。一段时间以来，我们重视引进外资，重视引进国际先进技术，重视学习和借鉴国际先进经验，在此基础上探索自己的发展道路。

要实现跨越式发展，除了必须尊重分工、自由的市场、公允的价格、公平的交易和市场主体的平等地位外，一个很重要的机制就是要发挥并优化政府的作用。改革开放40多年来，各级政府在中国经济社会发展中起着特别重要的作用，这是中国经济发展模式的重要特征。举例来说，中国的地方政府在经济发展和现代化建设中起到了重要的作用，地方政府大力招商引资，高度重视经济建设。又如，各类工业园区、技术开发区的设立也是中国特色。存量改革阻力很大，要对老工业城市和老工业基地进行市场化的存量改革非常困难。地方政府根据中央的精神，制定自己的发展战略，建立各种工业园区、技术开发区，引进资本和新技术，以增量活力引导存量改革。再如，中央政府的"五年规划"以及经济特区、区域经济发展战略对中国经济发展发挥了顶层设计和引领的作用。上述特征都是中国特色社会主义市场经济体制的重要体现。

在中国式现代化的实现过程中，我们必须进一步推进市场化改革、推动高水平开放。市场化改革和中国特色社会主义市场经济模式在方向上是完全一致的。只有不断深化市场化改革，才能不断完善中国特色社会主义市场经济模式。

我们制定了"双循环"发展战略，这是基于中国国情和中国实际情况以及全球形势变化而做出的战略转型。"双循环"发展战略强调以内循环为主，内循环和外循环协调发展，但这绝不是否认外部需求对中国经济发展的重要作用。实际上，推动高水平开放在今天仍然至关重要。习近平总书记指出，改革开放是中国共产党的一次伟大觉醒，不仅深刻改变了中国，也深刻影响了世界。今天中国虽然已经发展起来了，资本充盈甚至有些过剩，但对外开放仍然是很重要的，要高度重视外资和外国先进技术的引进，重视外部市场的拓展。

2001年12月，中国加入WTO，这是中国经济在近现代第一次全面融入国际经济体系。这种对外部世界的开放和融合，使中国经济发生了根本性变化。中国的实践表明，对外开放对中国式现代化的实现具有巨大而深远的影响。

要实现中国式现代化，必须实现全体人民的共同富裕。共同富裕一直是我们追求的目标，从未动摇。在我的理解中，实现共同富裕要处理好三个关系。

首先，要保护并优化财富创造机制。要让社会财富不断地丰盈起来，就必须共同奋斗，不存在"等靠要"式的"躺平"。"等靠要"与共同富裕毫无关系。共同富裕一定是每个人都很努力，共同创造可以分配的增量财富。没有增量财富，存量财富很快就会枯竭。每个人都要努力地创造增量财富，不能只盯着存量财富。中国还不是高收入国家，只是刚刚全面建成小康社会的上中等收入国家。要让人民越来越富裕、社会财富越来越多，高效率的财富创造机制是关键。

其次，要进一步改革收入分配制度。收入分配制度改革的基本着力点是适度提高劳动者报酬，在再分配环节更加注重公平。我们要让低收入阶层、贫困家庭过上正常的生活，通过转移支付、救济等方式保障他们的基本生活。要实现基本公共服务均等化。转移支付、困难补助、救济等都是再分配的重要内容。党的二十大报告专门强调要规范收入分配秩序，意义深远。

最后，要形成有效的财富积累机制。有效的财富积累机制是下一轮经济增长和财富创造的重要前提。没有财富的积累，就难以推动下一轮经济增长。党的二十大报告提出要规范财富积累机制，这蕴含了深刻的含义。

财富积累除了另类投资外，主要有四种方式：

一是将现期收入减去现期消费之后的剩余收入，以居民储蓄存款的形式存入银行。这是大多数中国人财富积累的主要方式。

二是投资风险性金融资产，比如股票、债券、基金等。投资这种风险性金融资产是现代社会财富积累的重要方式，是未来财富积累的主流业态。

三是创业。创业的风险比前两种财富积累方式要大得多，存在巨大的不确定性。创业不成功，投资就会失败。创业一旦成功，财富就会按几何级数增长。在这里，收益与风险是相互匹配的。政策应鼓励人们去创业、创造，这是财富增长最坚实的基础。

四是投资房地产。2004年以后，中国房地产业发展速度惊人，房价飞涨。在10年左右的时间里，一线城市的房价涨了20倍以上。投资房地产在一个时期成了人们财富积累的重要方式。

如何理解规范财富积累机制？

我认为，第一，要完善法制，让人们的财产权和存量财富得到有效保护。第二，必须关注财富积累方式的调整。畸形的房地产化的财富积累方式，给中国经济和金融体系带来了潜在的巨大风险和危机。

中国居民的资产有百分之六七十都在房地产上,这是不正常的。规范财富积累机制是金融结构性改革的重点。过度投资房地产的财富积累方式,应是规范的重点。

三、财政金融在中国式现代化中的作用

在中国式现代化的建设进程中,财政金融的作用十分关键。

(一)财政的作用

中国式现代化不仅要求经济可持续增长,还要求增长成果更好地惠及全体人民、实现共同富裕。财政政策在这两个方面均可以发挥积极的作用。首先,财政政策是推动经济可持续增长的重要手段。我们知道,经济可持续增长要求有良好的基础设施,包括交通等经济基础设施和教育医疗等社会基础设施。就经济基础设施而言,我国交通等传统基础设施已经实现了跨越式发展,而大数据中心、人工智能、工业互联网等新型基础设施还较为薄弱,需要各级政府加大财政投资力度,尽快建设能够提供数字转型、智能升级、融合创新等服务的新型基础设施体系。教育医疗等社会基础设施在很大程度上决定了一个国家的人力资本水平,构成了经济可持续增长的重要动力源泉,也决定了增长的成果能否更好地惠及全体人民。在这方面,我国的缺口还比较大,与人民的期许还有较大的距离,因此需要各级政府加大对教育医疗等领域的财政投入力度。

技术创新同样离不开财政政策的支持。技术创新充满了不确定性和风险,但也存在很大的正外部性,完全依靠市场和企业往往是不足的。这就需要政府利用财政补贴和税收优惠等措施来为企业分担风险,以激励企业更好地进行技术创新,推动技术进步。

其次,财政政策是促使增长成果更好地惠及全体人民、实现共同

富裕的重要手段。共同富裕不仅需要解决绝对贫困问题，也需要缩小收入分配差距。自党的十八大以来，我国高度重视绝对贫困问题，实施了精准扶贫战略，消除了绝对贫困，取得了彪炳史册的巨大成就。今后，在中国式现代化的实现过程中，还需要加大财政政策支持力度，切实防止规模性返贫。

缩小收入分配差距，实现收入分配公平，需要在保障低收入者基本生活的基础上增加低收入者的收入，扩大中等收入群体，并调节过高收入。保障低收入者基本生活的重点在于完善社会保障体系，充分发挥社会保障体系的兜底作用，在这方面既要尽力而为，又要量力而行。增加低收入者的收入、扩大中等收入群体的重点在于坚持多劳多得，鼓励勤劳致富，促进机会公平，完善按要素分配政策制度，探索多种渠道增加中低收入群众要素收入，多渠道增加城乡居民财产性收入。调节过高收入的核心在于完善个人所得税政策，充分发挥个人所得税的收入调节作用，但也需避免对高收入者工作努力和投资努力等的过度抑制。

最后，实现共同富裕还需要着力解决好城乡差距较大和区域发展不平衡等突出问题，这同样离不开财政政策。就中国的实际情况来看，解决好城乡差距问题的核心在于乡村振兴。我国的农村基础设施和农业技术创新还比较薄弱，这是乡村振兴面临的瓶颈，需要加大财政投入力度，着力加以破解。区域发展不平衡的原因有很多，而基本公共服务不均衡无疑是其中重要的一个。这就要求完善政府间转移支付制度，加大均衡性转移支付，促进财政横向均等化。

中国式现代化需要国家治理体系和治理能力现代化为之"保驾护航"。党的十八届三中全会明确提出，财政是国家治理的基础和重要支柱。由此来看，财政的现代化是中国式现代化的一个基础性和支柱性要素。我认为，要实现财政的现代化，需要着力推进以下三个方面的改革：

（1）财政政策的现代化。首先，需要进一步处理好政府与市场的关系，明确市场经济条件下政府的职能定位以及政府干预的合理边界，使市场在资源配置中起决定性作用，同时更好发挥政府作用。其次，需要进一步统筹好发展与安全，要充分发挥财政政策在促进经济社会发展中的积极作用，也要着力确保财政可持续性，防范化解财政风险，尤其是地方政府债务风险。最后，需要进一步完善财政政策体系和治理机制，促进中长期战略规划和短期相机抉择政策，以及总量治理（需求侧）和结构治理（供给侧）的有效协同，提升财政政策的治理效能。

（2）政府间财政关系的现代化。中国式现代化的实现需要中央与地方各级政府的共同努力，现代化的政府间财政关系对于有效调动中央与地方两个积极性是至关重要的。而且，科学合理的政府间财政关系也是规范各级政府行为、构建良好的政府与市场关系的前提与基础。这需要进一步深化改革，构建起目标兼容、激励相容的现代财政体制。其中的关键是要确定科学、合理、清晰的财政事权与支出责任划分、财政收入划分以及财政转移支付制度，形成一个财政收支责任更为匹配，有利于兼顾中央与地方利益、确保分权制度效率和控制道德风险的制度安排，最终实现权责清晰、财力协调和区域均衡的目标。

（3）财政制度的现代化。党的十九大报告强调要加快建立现代财政制度。预算制度的现代化是现代财政制度的重要构成，是推进中国式现代化的重要保障。这其中的重点是进一步推进预算制度的科学规范、公开透明和民主监督。税收制度的现代化也是现代财政制度的重要构成，需要进一步深化改革，且改革的重点应放在公平税制、优化税种结构、健全相关法律法规、完善征管体系上。

（二）金融的作用

我们知道，中国式现代化首先是要确保经济的可持续增长，使增量财富源源不断地被创造出来，这就意味着经济增长要有可持续性。

要实现中国经济的可持续增长，就必须推动经济结构转型，促进科技进步，实现产业升级乃至产业迭代。基于科技进步的产业迭代是未来中国实现现代化的先导力量，寄希望于借助传统产业和资源型企业让中国实现现代化，那是不可能的。

我们必须着力推动科技创新、技术进步、产业升级和产业迭代。但是，从新技术到新产业的转化充满了不确定性或风险。一方面，新技术、新产业没有既成的足够的需求，没有确定的市场；另一方面，它们又会受到传统产业的打压和阻挠，所以新技术变成新产业的过程充满了不确定性。这种不确定性超出了单个资本的风险承受边界，更超出了创业者的风险承受边界。社会需要一种机制来分散从新技术向新产业转化过程中的巨大风险。

分散风险必须进行有效的资源配置，这就需要进行金融创新。没有金融创新，从新技术向新产业转化的速度就会减缓，效率也低。回望20世纪80年代，美国和日本的产业竞争力差不多，后来美国之所以大幅度超越日本，就是因为金融创新起到了重要推动作用。硅谷的成功既是科技和产业结合的典范，也是金融创新的硕果。没有金融创新，就不太可能有硅谷。大家只看到高科技、新产业，没有看到金融创新在其中所起的孵化和促进作用，它发挥着分散风险的功能。如果我们只停留在传统金融占主导的金融模式中，实现中国式现代化将会遇到很多困难。

在中国，金融必须承担起推动科技创新、技术进步、产业升级和产业迭代的任务。所以，金融创新呼之欲出、应运而生。无论是基于脱媒力量的金融变革，还是基于科技进步的金融创新，目的都是拓展资本业态、金融业态的多样性。金融创新的结果是金融的结构性变革和金融功能的全方位提升，实现金融功能由单一走向多元。金融功能的多元化和金融业态的多样性，是现代金融的基本特征。

金融要服务于实体经济，很重要的是要服务于代表未来发展方向的实体经济。金融的使命不是复制历史，而是创造未来。如果金融只是保护传统、复制历史，这种金融就是落后的金融。如果金融关注的是未来，金融业态的多样性就会助力产业的升级换代。一个现代化国家经济的竞争力，在于科技的力量、金融的力量，而不在于其他。

资本业态的多样性是金融业态多样性最富有生命力的表现。从天使投资、风险投资/私募股权投资（VC/PE）到各种功能多元的私募基金和多种新资本业态的蓬勃发展，都是金融创新的重要表现。

金融服务于实体经济，不仅要满足实体经济对融资的需求，还要满足社会多样化的财富管理需求。随着居民收入水平的提高，社会对财富管理的需求日益多样，需要有与其风险偏好相适应的资产类型。越来越多的人倾向于通过市场化的资产组合进行财富管理，以获得超过无风险收益率的风险收益率。所以，金融体系必须创造具有成长性的风险资产，风险资产的背后是风险收益。满足居民日益多样化的财富管理需求，也是金融服务于实体经济的重要内容。

中国式现代化有一个基本元素，就是金融的现代化。如果金融是传统的，那么说中国实现了现代化，恐怕就要打折扣。所以，中国式现代化当然包括中国金融的现代化。金融的现代化一定包括金融功能的多元化。融资、财富管理、便捷支付、激励机制、信息引导等都是金融的功能，金融体系必须充分发挥这些功能。

金融的现代化意味着金融普惠程度的提高。一个缺乏普惠性的金融很难说是现代化的金融。如果金融只为富人、大企业服务，忽略小微企业的融资需求，忽略中低收入阶层的财富管理需求，这种金融仍然不是现代化的金融。

要实现中国金融的现代化，我们必须着力推进以下三个方面的改革：

（1）进一步深入推进市场化改革。市场化改革最重要的是完成金融结构的转型，其中金融功能结构的变革最为重要。我不太关注金融机构体系，而十分关注金融的功能结构。商业银行的传统业务是存、贷、汇，现代商业银行也有其新的功能，如财富管理。处在靠传统利差生存阶段的商业银行是没有竞争力的，市场估值很低。为什么我们的上市银行盈利很高，在资本市场上估值却很低？这是因为它们功能单一，创新不足。这表明，中国商业银行的创新和转型极为重要。市场化改革最大的任务就是要实现金融功能的多元化。

（2）大幅度提高科技水平。没有科技水平的提高，中国金融的发展就只能走老路，只能步发达国家后尘。我们仅靠脱媒和市场化机制去改革金融体系是不够的，还必须通过技术的力量去推动中国金融的变革和发展。我们要高度重视科技对中国金融的作用，因为科技可以从根本上改变信用甄别机制。金融的基石是信用，防范金融风险的前提是信用甄别。在今天的实践中，传统的信用甄别手段识别不了新的风险，因此，通过技术创新提升信用甄别能力变得非常重要。互联网金融网贷平台从本质上说有其存在的价值，但为什么在中国几乎全军覆没？这是因为它们没有解决相应的信用甄别问题，试图用传统的信用甄别方式去观测线上风险，那肯定是没有出路的。

（3）开放和国际化。封闭的金融肯定不是现代化的金融。现代化的金融一定是开放的金融、国际化的金融。所以，中国金融的开放和国际化是未来最重要的改革方向。这其中有两个基本支点：

第一，人民币的自由化和国际化。人民币可自由交易的改革是必须迈过去的坎，是人民币国际化的起点。在世界前十大经济体中，只有中国没有完成本币的自由化。

第二，中国资本市场的对外开放。在中国资本市场上，2022年境外投资者的占比只有约4.5%，而在美国这一占比一般约为18.5%，在东京、伦敦则超过30%。当前的中国金融市场实际上只是一个半封闭、半开放的市场。中国金融未来改革的重点就是开放和国际化，这是中国金融现代化的核心内容。唯有这样的金融，才能有效推动中国式现代化的实现。

前言

党的二十大报告吹响了新征程的号角，以人民为中心的中国特色社会主义现代化发展理念强调增进民生福祉，提高人民生活品质，增强人民群众获得感、幸福感和安全感，推动共同富裕。党的二十大报告在健全社会保障体系方面强调"可持续的多层次社会保障体系"，为中国特色社会主义现代保险制度建设指明了发展方向。

在以市场为导向的风险管理体系中，保险是中流砥柱。健全的保险体系会极大增强市场的基础资源配置功能，进而对市场经济建设产生重要影响，因此，保险是市场经济发展不可或缺的要素。此外，保险的准公共品属性使其具有很强的正外部性，所以，保险的经济效应及社会效应无可替代。由于其特有的互助机制，保险可以缩小社会后备基金的规模并有效降低社会管理成本。不仅如此，保险业因其互助共济的基因天生具有为经济发展和民生保障保驾护航、促进全体人民实现共同富裕的功能和作用。

保险的概念由来已久。大约在公元前4500年，当时生活在尼罗河三角洲地区的埃及石匠自发地成立了一个互助基金以应对各种自然灾害的侵袭。他们约定如果某人不幸遇难，其丧葬费用将由参加者所交纳的会费承担。人类原始的保险意识萌芽由此产生。数千年以来，人类从未停止过探索风险和共同抵御风险的脚步。以海上保险为代表的近代保险发源于14世纪的意大利，并于1347年诞生了第一份保险单（简称"保单"）。18世纪后，保险业开始逐渐理解行业稳定经营的数理基础，确立了保险业经营原则，开启了科学发展的新篇章，真正迈进了跃迁发展的现代历程。

在我国封建体制中，已经初步形成了一种保险观念，并产生了保险组织的原始形态。"义仓""广惠仓""社仓"是相互保险在隋唐至宋明发展起来的雏形；明清之际，"麻乡约大帮""镖行"等则凸显出运输保险的苗头；治荒、治灾既是历朝历代国家治理的首要任务，又是我国古代救济和保障制度的最基本形式。但是，古代商品经济受到自然经济的制约，是一种发展较慢的次生经济形态，我国原始形态的保险囿于此无法获得实现质变的物质基础。虽然19世纪世界经济发展迅速，但由于当时的闭关锁国政策，我国原始形态的保险依旧没能实现向以商业保险为标志的近代保险的转型。直至1805年，谏当保险行——我国第一家保险公司的出现才终于拉开了我国近代保险业的序幕。我国近代保险业并不是简单地延续原始形态保险，而是一种典型的移植性变迁，是西方近代资本主义经济向华扩张的结果。[①]

改革开放后，我国保险业于1980年复业，重获新生。随着市场化改革程度的加深，我国保险市场的供给主体日益增多，保险市场体系基本建立，保险业得到了快速发展。党的十八大以来，在全面建设社会主义现代化国家的战略布局中，保险业受到了高度重视，也取得了长足发展。目前我国保险市场仍然存在着与经济发展不相适应、部分创新型产品不合保险原理、无法满足居民多元化消费需求等问题，

---

① 陈蓉，颜鹏飞.近代中国保险业百余年历史特征的考察.财经问题研究，2022（12）：15-23.

这些问题阻碍了保险市场的转型发展，这就要求建设与我国国情相符合的现代保险制度。

本书结合国内外保险理论与实践，在深刻领会党的二十大精神的基础上，顺应发展趋势，把握发展机遇，立足国情挖掘保险功能，旨在为建设中国特色社会主义现代保险制度贡献智慧，使保险更好地服务经济社会的发展，在国家社会治理体系和治理能力现代化进程中更好地发挥作用。

目 录

绪 论

一、现代社会需要保险 / 1

二、我国现代保险业发展概况 / 3

三、中国特色现代保险制度建设 / 6

理论篇

| 第一章 |

现代保险的理论与制度基础

一、现代保险制度发展的理论基础 / 13

二、保险制度基础 / 19

| 第二章 |

政府主导的保险制度

一、政府主导的保险制度分析 / 30

二、政府主导的保险制度的案例分析 / 43

第三章

市场主导的保险制度

一、市场主导的保险制度分析 / 48

二、市场主导的保险制度的案例分析 / 57

第四章

保险科技对现代保险制度的影响

一、保险科技提升保险业务全流程效率 / 63

二、保险科技重塑保险商业模式 / 65

三、保险科技创新保险产品设计进程 / 69

四、保险科技满足消费者多样化的需求 / 71

五、保险科技挑战传统保险监管模式 / 74

第五章

中国特色现代保险制度建设原则

一、为人民服务原则 / 80

二、为社会治理服务原则 / 84

三、可持续发展原则 / 86

建设方案篇 / 实务篇

第六章

多层次医疗保险制度

一、医疗保险制度概述 / 93

二、我国医疗保险制度发展现状 / 97

三、我国多层次医疗保险制度的完善 / 104

目 录

| 第七章 |

多层次养老保险制度

一、养老保险制度概述 / 107

二、我国养老保险制度发展现状 / 111

三、我国多层次养老保险制度的完善 / 120

| 第八章 |

生育保险制度

一、生育保险制度概述 / 123

二、我国生育保险制度发展现状 / 128

三、我国生育保险制度的完善 / 139

| 第九章 |

失业保险制度

一、失业保险制度概述 / 143

二、我国失业保险制度发展现状 / 154

三、我国失业保险制度的完善 / 162

| 第十章 |

工伤保险制度

一、工伤保险制度概述 / 164

二、我国工伤保险制度发展现状 / 171

三、我国工伤保险制度的完善 / 177

第十一章
长期护理保险制度

一、长期护理保险制度概述 / 180

二、我国长期护理保险制度发展现状 / 191

三、我国长期护理保险制度的完善 / 199

第十二章
财产保险制度

一、财产保险制度概述 / 203

二、我国财产保险制度发展现状 / 211

三、我国财产保险制度的完善 / 227

第十三章
巨灾保险制度

一、巨灾保险制度概述 / 229

二、我国巨灾保险制度发展现状 / 240

三、我国巨灾保险制度的完善 / 251

第十四章
完善中国特色保险制度的建议

一、人民利益主导的政府与市场的机制协同 / 254

二、社会治理驱动的中央与地方的责任分担 / 265

三、与科技同行提升保障能力与水平 / 272

参考文献 / 277

绪　论

一、现代社会需要保险

在以市场为导向的风险管理体系中，保险的作用最为突出。不健全的保险体系会极大削弱市场的基础资源配置功能，进而对市场经济建设产生直接影响，因此保险的作用不容小觑。

（一）保险具有准公共品属性

保险集合了具有同类风险的单位和个人，向少数因风险事故发生而受到经济损失的成员提供经济保障。它包含了可保风险、保险合同、保险费率的合理计算、面临相同风险的众多单位、保险机构以及保险基金等保险要素，具有商品性、互助性、经济性、法律性和科学性等基本特征并具备准公共品——保险公共品的典型特征。

第一，提供公共品的主体主要是政府，另外还有慈善机构和营利组织。政府主要以税收作为提供公共品的融资基础。从经济形式上看，税收是向所有相关个体强制征收资金并进行汇集的过程。保险加财政的准公共品思想在中国农业保险的历史发展中得到了完美的佐证。从历史上看，20世纪80年代至90年代中期是中国农业保险的试探期；20世纪90年代中期到2003年停止财政补贴，中国农业保险的发展严重停滞；直到2004年正式启动农业"三补贴"政策，中国农业保险才终于走向黄金发展期。

第二，稳健性、规模大和长期性是保险资金的特有优势。而提供公共品的过程也是长期且持续的，对资金的首要要求就是稳定、规模大、长期。所以，公共品的融资需求与保险业的中长期、大规模资金沉淀良好适配。

第三，历经几个世纪的发展，现代保险业的社会管理功能吸引了越来越多的目光。由于其特有的互助机制，保险可以减小社会后备基金的规模并有效降低社会管理成本，这与社会公共品的利益共享性相符合。首先，在处理突发公共事件时，保险能够通过风险管理优势更好地起到管理社会风险的作用；其次，保证保险和责任保险的发展，能够在很大程度上完善社会各主体的行为方式，更好地管理社会关系，以起到减少社会摩擦的作用。除此之外，保险还有社会保障管理和社会信用管理的功能。

（二）保险的经济效应及社会效应无可替代

保险的经济补偿作用是指保险公司对投保人进行损失赔偿和赔付，从而达到共同承担风险、赔偿损失的目的。保险的经济补偿效应能够及时对社会再生产过程中因自然灾害和风险事故而产生的中断和失衡发挥补偿作用，确保社会再生产活动正常进行，从而保证社会再生产的稳定性和连续性。

保险能够稳定居民未来预期，推动商品流通，从而能成为一种刺激消费的长效机制。消费者通过预先确定的保费支出，将未来损失的不确定性转嫁给保险公司，无须进行过多的预防性储蓄。人们降低了对于未来损失的不确定性预期并将预防性储蓄转化为消费，平滑了现金流，从而实现了保险的消费效应。所以，在客观上，保险就像是经典经济学中所说的"守夜人"。随着现代保险技术的不断发展，很多原本不能承保的风险，已经逐步转变为可以承保的风险，从而使得保险刺激消费的长效机制效应更为突出。

保险作为一种有利于社会安全的制度安排，具有社会管理职能。第一，社会风险管理。保险公司已经建立了相对完善的风险信息数据库，为整个社会进行风险管理、构建公共事件应急系统提供了可靠的数据支撑。第二，社会关系管理。多元化的保证保险和责任保险的发展，能够有效地调整社会上各主体的行为方式，协调社会关系，化解社会矛盾，有利于构建和谐社会。第三，社会信用管理。在保险合同中，保险合同当事人应遵循最大诚信原则，这可以有效减小逆向选择和道德风险的概率。而且，保险公司经营的产品基于信用和法律保障而产生，有助于社会主义诚信社会的形成。第四，社会保障管理。社会保障体制的特点决定了它只能化解生活中的部分风险。在经济新常态下，人民面临更多新风险，这就使得保险的地位日渐突出。

二、我国现代保险业发展概况

改革开放以来，我国市场化制度逐步确立。自1980年复业以来，保险业坚持改革创新，取得了显著进步，保险服务渗透到多个经济社会领域，保险业成为关系国计民生的重要行业，与此同时，保险市场也显现出了一系列与实际国情不相符的问题亟待解决。

（一）我国现代保险业的发展与成就

1. 保费收入增长显著，成为全球第二大保险经济体

1980年我国保费收入仅为4.6亿元，2021年我国的原保险保费

收入超过 4.49 万亿元。2017—2022 年，我国的保险规模均超过日本，位居世界第二，保险体量仅次于美国，持续稳定为全球保险市场提供中国智慧和中国方案。我国保险市场的国际地位不断提高。

2. 保险业综合实力增强，充分发挥保险保障功能

保险业资产规模随着经济发展不断扩大，保持强劲增长态势。2019 年，我国保险总资产规模首次突破 20 万亿元；到 2021 年末，保险资产规模达 24.89 万亿元，同比增长 6.82%。近年来，保险业充分发挥风险保障作用，2021 年保险赔付支出达 1.56 万亿元，同比增长 12.24%，远远高于保费收入的增速，保险保障功能充分发挥，为实体经济构建了坚实的风险保障。

3. 投资渠道持续拓宽，服务实体经济能力提升

2017 年 1 月，《关于进一步加强保险资金股票投资监管有关事项的通知》出台，强化保险资金股票投资监管；2018 年 4 月，《保险资金运用管理办法》正式施行；2021 年银保监会发布《关于保险资金参与证券出借业务有关事项的通知》等多项监管政策以提高保险资金服务实体经济质效。近几年，我国保险资金的投资渠道持续拓宽，资金运用规模也不断扩大，2021 年保险资金运用余额达 23.23 万亿元。此外，我国保险资金运用结构渐趋优化，单一银行存款投资占比逐年下降，同时债券、股权等多元化投资占比稳步上升，服务实体经济的能力不断提高。

（二）我国现代保险业的痛点与困境

1. 保险发展程度不深，庞大的保障需求有待释放

近年来，我国保险密度和保险深度均有所增长，且二者增速均呈指数级增长，但距离发达国家还有差距。2021 年，全球平均保险密度为 661 美元/人，我国保险密度为 520 美元/人，还有较大上升空间；

我国保险深度为4.15%，全球平均保险深度为5.96%，近年来二者差距未见明显缩小。尽管我国保险业发展程度已经逐步接近世界平均水平，但对比发达国家，我国保险市场仍有待开发。

2. 人身保险保费收入占比上升，保费结构失衡程度加深

我国保险市场保费收入结构与发达国家相比差距较大，人身保险保费收入占比持续上升。2020年我国人身保险保费收入占比高达73.6%，比同期美国人身保险保费收入占比高出20多个百分点；2021年我国总保费收入达4.49万亿元，其中人身保险保费收入为3.32万亿元，占比进一步提升至74%，而财产保险保费收入为1.17万亿元，占比仅为26%，保费结构失衡程度进一步加深。此外，寿险产品主要通过分红型产品和其他含投资理财功能的投资型产品维持市场占有率，使得寿险产品难以发挥其长期保障功能；财产保险产品中机动车辆保险（简称"车险"）一家独大，且巨灾保险损失补偿比例极低，经济补偿功能十分有限。

3. 保险机构扩张，高级人才缺失

近年来保险公司数量逐年增加，保险市场主体机构不断发展壮大，从单一的国有保险公司独家经营到截至2021年末共有235家保险公司，我国已基本形成公平竞争、共同发展的保险市场体系。与此同时，自2015年取消保险代理人资格考试后，保险营销员数量激增、流动性高，但关键领域专业人才及中高级经营管理型人才严重缺失，导致保险业从业人员整体素质不高，因此我国保险业尚处于从人员密集型行业转向技术密集型行业的过程中。此外，营销员在销售保单时夸大理赔范围与实际理赔难度大、不及时的冲突往往无法调和，使得保险业整体更偏向于营销型行业而非服务型行业。

4. 创新型产品乱象丛生，部分产品不符合保险原理

针对我国居民日益多元化的消费需求，借助日新月异的科技手

段，保险公司应设计开发不同形式的创新型产品以贴近市场需求。在电子商务时代应运而生的运费险、在共享单车时代出现的骑行意外险，无一不是创新型产品的良好佐证。但创新型产品应贯彻"保险姓保"的本质要求，而一些保险公司利用产品创新的噱头，争夺市场关注，推出不符合保险基本原理的所谓创新型产品，虚假宣传、本末倒置、乱象环生，如已经被监管部门取缔的带有博彩性质的贴条险、摇号险等侵害消费者利益的诸多险种。保险产品创新之路，道阻且长。

三、中国特色现代保险制度建设

现代保险制度伴随着市场化程度不断提高、市场化范围不断扩大而产生，通过现代保险制度，分担风险的成员范围扩大，众多社会成员之间的隐形契约关系有效转变为保险人与被保险人之间的显性合同，交易成本降低，保障程度加深。近年来，随着我国经济的不断发展，居民消费需求趋向多元化，经济领域逐渐从投资驱动向消费驱动转型，居民投保能力与保障意识同步提升。与此同时，我国人口老龄化程度加深，商业保险参与社会保障体系建设成为社会共识，保险需求得到有效扩大。因此，我国亟须建设符合现有国情的现代保险制度。

（一）以人民为中心的现代保险制度

在现代保险制度中，要做到以人民为中心，核心是要满足人民深层次的保险需求。随着小康社会的全面建成，人民基本的物质文化需求已然得到满足。2015年10月29日，在党的十八届五中全会上，习近平总书记明确提出了坚持以人民为中心的发展思想。党的二十大报告再次明确了"坚持以人民为中心的发展思想"。因此，要建设符合现有国情的现代保险制度，首先要明确"以人民为中心"。

目前我国的保险深度和保险密度还有待提高,如何激发并满足人民深层次的保险需求则成为解决问题的关键。在现代保险制度中要做到以人民为中心,重点是要发挥保险的风险管理功能。具体而言,要发挥财产保险赔偿财产损失的补偿作用;要发挥人身保险提供保险金给付的支持作用;要发挥责任保险化解矛盾纠纷的功能作用。要充分发挥保险分摊、补偿损失和保险金给付的基本职能,保持保险初心不动摇。

以人民为中心的根本是要提高保险的产品与服务质量。一方面,要创新保险产品,加大保险产品的开发力度,设计出真正令人民满意、能够满足人民更深层次需求的保险产品;另一方面,要提高从业人员的技能与素质,提高保险服务质量,达成让保险代理人满意、让人民满意的双赢局面。

(二)服务国家社会治理的现代保险制度

2014年8月10日,国务院发布了《关于加快发展现代保险服务业的若干意见》,也称保险业的"新国十条"。其中明确指出了保险要积极承担社会管理职能。与我国经济社会发展需求相适应的现代保险制度理应承担起服务国家社会治理的职责。在现代保险制度中要做到以人民为中心,也要充分发挥保险社会管理的能力。保险业要立足保险专业优势和健全多层次社会保障体系,要做到社会保险与商业保险两手抓,使二者相辅相成,共同为人民服务。

要建设好服务国家社会治理的现代保险制度,首先要加强保险科技运用,促进产品推陈出新。保险业属于数据密集型行业,人工智能、大数据、云计算等技术的出现和进步,为保险公司提供了搜集和利用海量数据的技术保证,从而大幅度提升了产品定价、宣传营销、责任准备金提取和保险理赔等多环节的效率,并在更大程度上保证其准确性。我国保险业现有的保险产品单一且集中在传统业务领域，无法满足居民多元化的消费需要，也不能顺应国际潮流。因此，保险公司要在经营管理的全流程进行深刻变革，将科技应用于人才、组织、文化等诸多方面，创新经营方式，推动保险产品创新，提升保险服务的便捷性和可获得性。

要建设好服务国家社会治理的现代保险制度，其次要鼓励民营企业、外资企业进出市场，促进充分竞争。中国保险市场是寡头垄断市场，市场集中度较高，中国人寿、中国平安、中国太平洋保险等少数头部品牌依托其品牌效应、资金优势、业务渠道、销售能力，提供了市场上所需的大部分保险产品，占据了绝大多数保险市场份额，收获了大批消费者的信赖。近年来，保险市场垄断程度有所下降，互联网巨头纷纷涉足保险领域，众多创业企业借助风险资本的支持也参与到保险业的竞争中来，冲击现有保险市场。因此，应鼓励多类主体跨界参与保险市场竞争，加强与国际市场的交流与接轨，学习灵活的保险经营机制，支持发展民营资本，使保险市场走向多元化发展的道路。

要建设好服务国家社会治理的现代保险制度，最后要充分发挥保险业风险管理经验丰富的优势，通过保险服务提升全社会风险管理的能力与水平，将以人民利益为中心、服务国家社会治理的理念，落实到社会生活的各个角落，落实到保险服务的全流程中。

（三）可持续发展的现代保险制度

可持续发展作为科学发展观的基本要求之一，可以应用在各个领域。在保险领域，可持续发展的内涵在于，既满足当代中国人民的保险需要，又不损害后代中国人民满足其保险需要能力的发展。

要建设可持续发展的现代保险制度，最主要的是引导行业规范发展，牢牢守住风险底线。保险的本质是保障，而保险市场多次出现过度开发理财型保险产品的情况，本末倒置，忽视了"保险姓保"的本质，不利于保险业的健康稳定发展。针对保险市场现存的缺点，监管部门应深化保险市场改革，加强对保险主体的约束，减小逆向选择和道德风险的发生概率，严防系统性金融风险，为消费者提供多样化的符合保险原理的保险产品和服务。通过加强建设偿付能力监管制度、严格界定创新型保险产品的门槛、完善传统保险险种结构和保险业务、强化对保险资金使用的动态监测等措施，使保险姓保，切实维护消费者的合法权益，回归保险保障的本源。

要建设可持续发展的现代保险制度，同时还要加强保险资金运用，提升保险资金投资收益。保险业由众多保险公司充当框架，要想让保险业可持续发展，首先要让保险公司可持续发展。在国家放开金融领域监管的背景下，一方面，要积极应对国内市场利率下行趋势。自新冠疫情发生以后，我国市场利率总体呈现下行趋势，保险资金所投资的理财产品价格下跌。保险资金要管理好资产负债匹配，增加产品类型，加大力度控制负债成本，保持投资收益稳定。另一方面，要深化保险资金管理体制改革。当前，我国保险资金投资主要集中在银行存款和债券上，其他金融产品均为补充。监管层应逐步放松对保险资金投资的限制，保险公司则应抓住机遇，优化资产配置比例，提升公司获利能力，从而提升保险业可持续发展的内在实力。

· # 理论篇

第一章
现代保险的理论与制度基础

一、现代保险制度发展的理论基础

现代保险制度发展的理论基础包括互助共济理论、风险保障理论、精算平衡理论、风险决策理论，以及风险管理理论。

（一）互助共济理论

风险的客观存在是保险制度建立与发展的基础。广义的风险是指不确定性，对于结果无法完全准确预判，预期结果既可能是消极的，也可能是积极的。而在保险理论中，往往使用狭义的概念。狭义的风险是指致损事件发生的不确定性。这包括两方面的不确定性：一是致损事件是否发生，以及发生时间和地点的不确定性；二是事件发生后损失程度的不确定性。

风险可以通过一定的计量模型加以评估。风险的大小取决于发生概率和损失程度。发生概率指致损事件发生的可能性，损失程度指致损事件后果的严重程度，二者共同决定了风险的大小。

由于风险是客观存在的，而且往往很难依靠单独的力量去克服或控制风险，所以互助共济长久以来一直是人类面对共同的且难以独自抵御的风险时所采取的对策。早在古希腊，就有通过定期支付会员费抱团应对风险的案例。这些团体可能是由同行业的工匠组成的，也可能是由哲学思想、政治观点或宗教信仰相同的人组成的。他们会定期支付一定数额的会员费，当团体中的参与者遭遇不幸或者罹患重病时，团体会给予这位参与者一定的资金补偿。同样，在古罗马的历史上也出现过类似的丧葬互助性质的组织。

互助共济理论正是人类面对客观存在的风险时自然而然产生的启蒙的保险思想，而这种互助共济的思想也催生出了相互保险这一古老的保险组织形式。在13—16世纪的欧洲，随着社会分工的细化，行业组织越来越成熟，行会的存在和发展也丰富了会员之间的相互救济形式、加深了会员之间的相互救济程度。一些行会组织日益壮大，像基尔特（Guild）行会这样的组织逐渐发展壮大，不断演变，之后形成"友爱社"和"互助社"等相互保险组织，专门经营相互保险业务。相互保险目前在我国的发展还不充分，这也与我国现代保险制度建设起步较晚有关。在中国特色社会主义市场背景下，开展并加快建设现代保险制度的研究是迫在眉睫的任务。

（二）风险保障理论

随着国家和社会变革的出现，保险思想萌芽和具有保险思想的一些做法也登上历史舞台。保险作为经济后备形式和风险转移机制，天然是解决社会风险治理问题的好方式，可以服务于国家经济建设和社会发展，在风险保障和防灾减损等方面做国家的得力"助手"和有力"抓手"。

原始保险思想萌芽在我国很早就出现了，可以一直追溯到夏商周时期的粮食储备制度。《逸周书·卷三·文传解》引《开望》曰："天有四殃，水旱饥荒，其至无时，非务积聚，何以备之。"又引《夏箴》

曰："小人无兼年之食，遇天饥，妻子非其有也；大夫无兼年之食，遇天饥，臣妾舆马非其有也。戒之哉！"这说明在夏朝后期的奴隶制社会中，我国古代先民就意识到水灾、旱灾、饥饿和荒芜这四种灾害随时可能发生，需要平时积聚粮食来应对饥荒灾害。《墨子·卷一·七患》引《周书》曰："国无三年之食者，国非其国也。家无三年之食者，子非其子也。"这也说明了在周朝时就有国家储备粮食以应对饥荒的思想了。这些古籍记载反映出古人在风险治理方面的智慧，早在保险制度建立之前，他们就已经运用保险的思想来平滑社会运行中的风险了。

除了储备粮食平滑风险以应对饥荒灾害的经济后备方式，我国古代也有为老年人提供养老的父母轩、孝子会以及赡养老幼贫病的广惠仓制度等。《礼记》有云："使老有所终，壮有所用，幼有所长，鳏寡孤独废疾者皆有所养。"这些互助共济的措施也体现出原始的社会保障形式。可见，我国古代的保险思想萌芽出现得非常早，古人已经利用原始的保险思想进行社会风险治理实践了。在当下，随着保险业的快速发展，保险在促进国民经济提质增效、提高人民生活水平方面的重要作用日益凸显，现代社会风险治理也离不开现代保险制度建设。

（三）精算平衡理论

自下而上的自发的互助共济模式以及自上而下的制度性的风险保障安排，都可视为保险思想的早期实践，而精算平衡理论的出现，实现了风险分散前置，将保险引入科学范畴。精算是一门具有交叉性和融合性的学科，运用概率论、统计学等数学理论以及多种金融工具对个体与社会的经济活动进行分析并做出预测，在商业保险、社会保障、投资理财等风险管理相关的领域具有重要意义。

利息理论与概率论奠定了早期精算理论的数理基础。在17世纪，利息理论的出现为远期收益折现到当期所需要负担的支出提供了量化模型的理论基础。荷兰数学家惠更斯（Christian Huygens）于1657年发表了一篇关于概率论的论文，量化了不确定因素对于经济活动的影响。这就为量化风险管理与精算提供了理论基础，也为保险产品定价提供了简单直接的计算方法。

对死亡率的研究和生命表的编制也推动了精算理论的发展。利息理论、概率论和生命表的综合运用可以大致测算出寿险投保人或年金产品持有人应当负担的公平保险费水平。第一个付诸实践的是英国数学家和天文学家哈雷（Edmond Halley），他在1693年根据德国某地区的出生人数与死亡人数编制了一张生命表。该表对于现实情况有较好的模拟，在欧洲大陆获得了广泛的认同。他将自己编制的生命表应用于测算年金产品持有人的负担金额，不仅考虑了死亡率的影响，也考虑了利息率的影响，然后他将各年度精算值折现，最后加总现值得到产品在目前的货币价值。之后，英国数学家多德森（James Dodson）又编制了更精确的保险费率表，他考虑了年龄差异的影响因素，明确提出了均衡保险费理论。1762年，第一家寿险公司——伦敦公平保险社成立。伦敦公平保险社对保险产品的定价不仅采用了均衡保险费理论，还对"非标准体"被保险人加费，这标志着寿险精算的开端以及现代寿险制度的建立。

精算平衡理论是通过事前的风险分散实现时间与空间上的平衡，其中运用到的最基本的原理可以归纳为收支相等原则和大数法则。所谓收支相等原则，简单来说就是使保险费与保险金的精算现值相等。站在投保人的角度，就是保险期间内的纯保费支出与保险金收入的现金价值一致；站在保险人的角度，就是保险期间内的纯保费收入与保险金支出的现金价值一致。无论是收入还是支出，都需要考虑利率的影响，尤其是长期寿险受利率影响更为显著。而大数法则是概率论的基本理论之一，是精算的重要基础。

（四）风险决策理论

风险决策理论从经济学视角关注个体的保险购买等行为。风险决策描述的是知道各方案的结果以及相应概率时的决策行为。在风险决策中，个体依据若干种可能情形和相应的概率，以客观合理的方式采取相应的决策。与风险决策相关的理论主要包括期望价值理论、期望效用理论和前景理论。期望价值理论的内容是人们会在做选择时倾向于期望价值较高的方案。期望价值的算法就是对价值求其数学期望，这个理论并不总能很好地刻画现实情况，因为人们的决策不总是追求期望价值的最大化。1738年伯努利（Bernoulli）在其论文中提出，人们进行决策，追求的是期望效用的最大化，效用函数实现了价值由客观到主观的转化。但期望效用函数也有失效的时候，为了克服其缺陷，前景理论应运而生。该理论认为，风险决策有两个阶段：编码阶段和评估阶段。编码阶段对前景（即选项整体）进行分析和简化，评估阶段对价值和概率进行评估。和期望效用理论不同，前景理论认为人关注的是价值的改变，而不是资产的最终状态。可以看出，前景理论和期望效用理论都对客观价值进行了主观加工，形成了期望效用。

保险市场中相关的保险决策者在基于期望效用理论进行决策时还通常面临着信息不对称问题。信息不对称理论由阿克洛夫（Akerlof）于1970年最早提出，描述了经济活动中各方参与者掌握信息程度的差异与获利程度之间的关系。他认为在市场中，参与者掌握的信息越充分就越有利，因为信息劣势方缺乏对产品质量的了解，只能以平均质量的定价为锚，而信息优势方能通过信息差获利。长此以往，劣币驱逐良币，最终引致社会福利损失与产品市场萎缩。可见，一般而言，需要提高市场透明度来消除信息不对称的负面影响。

保险市场信息不对称带来的风险对于保险人和投保人都存在。首先，保险人比投保人拥有更多的专业知识。投保人由于缺乏专业知识，较难对保险公司各个维度的实力做出准确的判断；并且保险合同往往是格式合同，由保险人事先拟定，投保人只能表示接受或者不接受，存在严重的信息不对称问题。其次，投保人比保险人更了解保险标的。双方对保险标的风险状态的了解必然存在信息差，投保人对自身标的的了解往往更全面，保险人只能根据大数法则在平均风险状况的基础上定价，因此高风险的消费者必然有更强的动力去投保，导致逆向选择风险。

（五）风险管理理论

风险管理是指通过事先对风险进行识别与计量，经济单位采用合适的方式处置风险，从而实现损失最小化、经济回报和安全保障最大化。风险管理的含义包含了四个关键点：

（1）风险管理的经济单位：可以是家庭和个人、公司与单位，也可以是政府部门、社会团体、国际组织等。

（2）风险管理的对象：各种类型的风险，既包括可保的纯粹风险，也包括非纯粹风险。

（3）风险管理的目标：以最小的风险管理成本，使预期损失降到最低，取得最大的安全保障和经济利益。

（4）风险管理过程：风险识别和评估是基础，进行科学决策并采取合适的风险处理方法对风险进行事前预防和事后控制是关键。

风险管理的过程主要包括目标制定、风险识别、风险评估、风险处理以及效果评价等环节。目标制定包括损失发生前和损失发生后的目标。事前的目标一般是要尽量减少或避免风险事件的发生，事后的目标。一般是将风险事件造成的损失降到最低或者尽快恢复到损失前状况等。风险识别是指事先对潜在的风险进行甄别，通过感知、判断、归类等方式发现经济单位的风险因素和风险暴露。风险评估是指在识别出风险因素和风险暴露后，通过统计学和概率论的知识测算发生概率和损失程度，并进行风险评级，判断潜在风险的危害程度，从而判断是否要采取措施去预防和应对。风险处理是指针对风险识别和风险评估的结果，采取风险应对措施，可以从引起风险、扩大损失的条件着手，也可以从成立基金提取损失准备金的角度应对。效果评价是指对风险处理方法的适用性、效益性进行分析、检查、修正和评估，常用的评价方法有效益比值法，计算公式如下：

$$效益比值 = \frac{因采取该风险处理方法而减少的风险损失}{因采取该风险处理方法所付出的各项费用 + 机会成本}$$

二、保险制度基础

现代保险制度发展的制度基础包括法律法规、监管理论、财务机制以及伦理基础。

（一）法律法规

保险法具有狭义和广义两个范畴。狭义的保险法是指法典中专门的保险立法；广义的保险法还包括其他法律中与保险相关的规定。通常，我们会更多从狭义的角度来理解保险法。根据调整关系和涉及内容的不同，保险法可具体分为保险合同法、保险业法、保险特别法、社会保险法四种。

（1）保险合同法。又叫保险契约法，是调整保险合同双方当事人关系的法律规范，涵盖了关于保险合同的签订、变更、终止以及当事人权利义务的法律，包括《中华人民共和国民法典》中有关保险合同的规定等。

（2）保险业法。又叫保险业监督法，是调整政府和保险人、保险中介等保险机构的关系的法律规范，涵盖了关于保险机构的设立、经营、管理和解散等内容的法律，如《中华人民共和国保险法》(简称《保险法》)。

（3）保险特别法。保险特别法是针对特定保险产品种类的保险关系的法律规范，往往既涉及保险合同关系的调整，也涉及保险监管关系的调整。对于某些特定种类的保险，一般是对国计民生有特别意义的险种，根据专门的法律法规进行规范监管就属于保险特别法，例如《中华人民共和国海商法》中有关海上保险的规定等。

（4）社会保险法。社会保险法是政府对社会保障领域发布的法律法规的总称，如《中华人民共和国社会保险法》等。新中国成立后，保险立法工作在各届全国人大常委会的推动下开展（见表1-1）。保险立法工作在党的十一届三中全会后有显著的进展，一些单项保险法规相继颁布。这些法规既包括保险业法，也包括保险合同法，还包括保险特别法。

表1-1 保险立法工作的开展

时间	内容	意义
1992年	第七届全国人大常务委员会第二十八次会议通过了《中华人民共和国海商法》	第一次以法律的形式对海上保险做了明确规定
1995年	第八届全国人大常务委员会第十四次会议通过了《保险法》	新中国的第一部保险基本法，是一部较为完整、系统的保险法律

续表

时间	内容	意义
2002年	根据第九届全国人大常务委员会第三十次会议的相关决定，对《保险法》做了首次修正，并自2003年1月1日起实施	依据中国加入世界贸易组织的承诺进行修改
2009年	根据第十一届全国人大常务委员会第七次会议，对《保险法》进行了修订，增加了不可抗辩规则、规范合同格式条款等六个条文	着力解决投保容易理赔难、保险合同看不懂、保险标的转让纠纷等问题
2014年	根据第十二届全国人大常务委员会第十次会议《关于修改〈中华人民共和国保险法〉等五部法律的决定》，对《保险法》进行了第二次修正	对2009年修订版《保险法》中涉及聘用人员、精算报告制度、合规报告制度等内容做出小幅修正
2015年	根据第十二届全国人大常务委员会第十四次会议《关于修改〈中华人民共和国计量法〉等五部法律的决定》，对《保险法》进行了第三次修正	对行政审批、工商登记前置审批等事项做出小幅修正

（二）监管理论

保险监管主要是指保险监督管理机构对保险经营主体实施的监督和管理行为。广义的保险监管体系包括保险机构的公司内控、保险行业的自律行为和社会公众的监督等重要内容。通常来说，保险监管体系包含法律监管和行政监管两大部分。前者通过保险法律法规对行业整体进行宏观调控，后者由专门承担保险监管职能的机构根据法律授权对保险机构开展行政监管。

由于保险产品的特殊性质和保险经营的特殊模式，保险监管有其必要性，具体表现在以下几个方面：

第一，保险合同是一种特殊的金融产品。保险产品本质上是一份契约，投保人在签订合同时缴纳保险费，合同约定未来在特定的损失发生时由保险人进行赔偿或给付。从合同生效到保险事故发生后保险人履行承诺进行赔付，中间存在一定的时效。纯靠保险人的自律来保证合同的有效性，既不现实也不可行。因此，要对保险机构进行监管，确保其有足够的偿付能力来履行合同义务。此外，现代保险制度是建立在互助共济理论和大数法则基础上的，其客户涉及各行各业、千家万户。问题保险机构的风险极易波及社会大众的利益，甚至会引发金融系统性风险，影响社会经济的发展。

第二，保险交易存在严重的信息不对称性。一方面，保险业是一个专业性较强的复杂行业，多数消费者不具备保险专业知识，无法充分了解保险产品的责任范围和保险公司的经营运作过程。另一方面，对保险机构来说，保险标的的详细信息和实时信息也是很难充分掌握的。如果缺乏来自外部的监管，保险机构可能利用其对自身产品的信息优势侵占被保险人的利益，而投保人和被保险人则可能利用对标的的信息优势不做如实告知甚至进行欺诈骗保，这些信息不对称的情况都会影响保险业的健康发展。

第三，保险市场存在失灵和恶性竞争的可能性。保险市场通常是垄断竞争市场，处于不完全竞争状态，加之保险机构的财务状况和业务状况存在信息透明度不高的情况，会导致市场配置效率低和恶性竞争等问题的发生。此外，由于保险产品及保险经营的特点，保险公司存在短视倾向，很有可能会为了自己的短期利润牺牲投保人的长期利益。

1. 保险监管的基本目标

我国保险监管的基本目标主要包括：

（1）维护保险市场的公平竞争秩序。我国的保险市场是建立在市场经济基础上的，只有整体市场维持有序竞争状态，市场配置资源的作用才能有效发挥。如果不加以监管，任由市场无序竞争，最终会侵害社会公众的利益。因此，维护保险市场的公平竞争秩序具有重要意义。

（2）维护被保险人的合法权益。保险监管机构需要强制双方进行必要的信息披露以缓解信息不对称的程度。相较于保险机构，投保人或被保险人多处于弱势地位，而保险产品的专业性和复杂性特点，要求监管机构必须对保险机构的行为进行更加严格的约束。

（3）维护保险业的整体安全与稳定。这既是保险监管的宏观目标，也是维护社会公众的合法权益所必要的基础和条件。监管机构需要通过对保险市场中具体的参与主体进行约束，来实现对行业整体稳定性的维护。值得注意的是，维护保险业的整体安全与稳定的宏观目标不能与微观个体的合法权益产生冲突，也不应当以抑制保险业的正常竞争为代价。

（4）促进我国保险业健康发展。这是监管机构的长期目标，监管行为最终要服务于行业的长期发展。在实施监管行为的过程中，需要更加重视发展的质量，坚持市场价值取向，强调保险业全面协调可持续发展，打造有秩序且充满活力的保险业。

2. 保险监管的基本原则

在实施保险监管具体活动时，保险监管机构应当遵循一定的原则，这是开展监管活动的基本要求。我国保险监管的基本原则有以下几点：

（1）依法监管原则。市场参与主体应当在法律的框架内开展市场活动，而保险监管机构也必须依照相关的法律法规来实施监管行为。

（2）独立监管原则。监管机构应该保持独立，才能公平公正地进行监管。保险监管机构应独立行使职权，不受其他个人和单位的非法干预。在独立行使职权的同时，由监管行为产生的责任，比如行政赔偿责任，也应当由监管机构独立承担。

（3）公正监管原则。公正监管才能发挥出监管的效力，公正监管原则要求保险监管机构对被监管对象一视同仁，对各保险机构，包括保险公司和保险中介，采取同样的标准和要求，从而保证效率和维护公平竞争的市场环境。此外，监管机构掌握的各种保险市场信息，如果不涉及个人隐私及公司机密，应该尽量公开，提升保险监管的透明度。

（4）引领发展原则。从政府的角度看，以监管促发展、寓服务于监管，这是服务型政府转型发展的内在要求。从行业的角度看，我国保险业正处于转型发展期，发挥保险监管的规划、指导和协调作用，是保险业的必然要求，也是国际上保险监管的大势所趋。引领保险业高质量可持续发展，这是保险监管的职责所在。

（5）防范风险原则。保险业的经营既离不开风险又需要防范风险，稳健经营是各保险机构最基本的目标。当前，我国保险业多年粗放发展导致的风险积累正在集中释放。随着一些问题保险机构的风险逐步暴露，监管机构要更加重视防范风险原则，以防范化解保险业风险为出发点，加强风险预防和监测。

（6）间接监管原则。在市场经济环境下，各主体应当自主经营、自负盈亏。因此，保险监管机构切忌越俎代庖，在对被监管对象履行监督管理职责的同时，不得干预保险机构的自主经营权。

（7）保护被保险人合法权益原则。在中国特色社会主义市场经济条件下，我们坚持"以人民为中心"，保护被保险人的权益和社会公众的利益既是保险监管的根本目的，也是与西方资本主义经济体制下的保险监管原则的本质区别。

3. 保险监管的内容

保险监管的内容会根据不同时期的市场环境和客观要求进行调整。在过去很长一段时间内，保险监管更侧重于对保险费率、保险合同以及保险公司市场行为的监管。随着宏观经济形势等因素的转变，国际上对保险监管的重点也普遍发生了转移。国际保险监督官协会指出，"对保险公司的偿付能力监管、公司治理监管和市场行为监管已经成为保险监管的三大支柱"。

（1）偿付能力监管。偿付能力是指保险公司偿付其到期债务的能力，对偿付能力的监管是保险业防范流动性风险的重要举措。我国第一代偿付能力监管制度体系始建于2003年，以规模为导向，要求保险公司具备与其业务规模和风险程度相适应的最低偿付能力。随着行业的发展和风险的积累，这样的监管体系就比较单薄，难以适应保险业的变化与挑战，于是建立了以风险为导向的中国第二代偿付能力监管制度体系。这也是我国保险监管与时俱进、反映行业发展与市场现状的表现。

（2）公司治理监管。根据现代公司治理理论，保险公司治理监管应当包括公司治理监管和内部控制监管两方面的内容，前者关注股权和委托代理关系层面的问题，后者关注公司内部经营风险管控层面的问题。

（3）市场行为监管。保险公司和保险中介在参与市场时所产生的一系列市场行为需要符合监管的要求，要规范地开展业务。保险监管机构对保险机构的市场行为的监管内容包括机构设立监管、高管任职资格监管，以及对再保险、保险资金运用等行为的监管。

（三）财务机制

保险公司往往规模较大，人员和网点众多，对于完善的财务机制有较高的要求。其中，寿险公司尤为特殊，因为寿险产品具有先支付保费后履行承诺的特点，收到现金流与进行赔付之间存在一定的时间差，这决定了寿险经营的差异性。寿险公司经营的产品主要是有长期不确定性的寿险长期合同,其财务管理不同于其他企业,主要是会计规则与一般企业存在差异。保险会计核算存在如下几个方面的特点:

(1)业务流程量出为入。一般的会计核算遵循量入为出的原则,但是风险作为保险公司的经营对象,与一般产品不同,相应的业务流程有特殊性。保险公司在事前根据精算平衡理论建立精算模型,预测成本,然后以预测的成本来确定保险费率,并向投保人出售保单收取保费,未来如果保险事故发生,再进行赔付。

(2)财务报表具有预估性。在量出为入的流程下,保险公司先收取保费,但当期保费收入并不能直接转化为营业利润,还需要从中提存责任准备金,以应对未来可能发生的赔付。而需要提取的准备金额度要靠精算技术和统计数据来预估,结果非常依赖于精算师的经验和数据的准确性,因此,保险公司的财务报表具有很强的预估性。

(3)业绩延迟性。保险业务的大部分利润都无法在当期纳入利润表,存在一定的延迟性。因为保费收取之后,要等保险合同终止才能确认利润或损失,在此之前都是基于精算假设的估计值。而且,由于保险经营对于稳健性的高要求,以及监管对于偿付能力的硬性要求,保险公司一般都会采取保守方式多提准备金来避免偿付能力不足带来的流动性风险,这就影响了利润的分布结构。

(4)大数法则下的业绩平滑。保险产品的设计、保险业务的开展、保险公司的运营都是建立在精算平衡理论和大数法则基础上的。当保险公司的承保业务达到一定的规模后,地区结构、客户结构、保单结构都比较均衡,保险公司就可以平滑业绩波动,实现稳定经营。总体而言,保险离不开大数法则,只要能满足现代保险制度建设的理论基础,保险公司在理论上就能实现业绩稳定增长。

（四）伦理基础

由于文化和理念的差异，保险业务在不同国家和地区的推行难度有所不同，有些传统文化和宗教理念对保险有天然的排斥。但是，保险的存在对社会是具有重要价值的，只有深入了解保险在发展过程中形成的伦理基础，才能更好理解保险对于社会的重要意义，从而引导保险的健康稳定可持续发展，为社会和公众创造更大的价值。通常，保险业务具有如下几个方面的伦理基础：

（1）社会伦理。保险需要遵循最大诚信原则，这是其基本原则和生存基础，这一原则通过行业间的交易促进整个社会的诚信体系建设。保险业务涉及社会经济生活的各行各业。在保险交易过程中，"双录"、如实告知等要求，都是最大诚信原则的体现，有助于使最大诚信原则从保险业向其他领域拓展，进而成为社会活动的基本准则，帮助建立信用社会体系。

（2）经济伦理。传统的金融学和经济学都建立在"理性人"假设之上，认为个体都会从利己角度出发采取行动。保险与其他金融业态在这一点上存在一定的差异，保险的互助共济理论基础以及早期的共同海损等萌芽和实践都体现出一定的"人人为我，我为人人"的特点。从保险消费的目的出发，购买保险产品是为了转移风险；从保险供给的目的出发，销售商业保险是为了一定的商业利润；但是从保险交易的结果来看，整体社会风险得到了妥善处置，社会经济平稳运行得到了保障。

（3）职业伦理。投保的行为体现了投保人对保险人的信任，将自身的部分资金交给保险人来应对可能发生的风险，获得一份保障。保险从业者和保险机构需要以高度的责任心来对待工作和业务，才能回应投保人的期待，践行社会责任和社会价值。在这个过程中，爱岗敬业的职业伦理是内在的驱动力。

第二章
政府主导的保险制度

在面临未来特定的风险时，人类总是试图去寻找某种程度的安全保障，其中最重要的一种保障是经济保障。经济保障可以被定义为"个人跨状态和跨时期的收入相对平滑和稳定"。解决经济无保障的方法大体可以分为私人经济保障计划和公共经济保障计划两部分。本书以商业保险和社会保险在解决一国经济无保障问题中的重要程度，来界定一国的现代保险制度是市场主导的，还是政府主导的。

私人经济保障计划指的是个体可以通过购买商业保险来解决经济无保障问题。储蓄有时也可以发挥相同的作用，只不过在同样的风险敞口下，所需的储蓄金一般远高于保费。有时人们也可以通过抵押财产获得临时性的经济保障，或者从亲戚、朋友处获得救助。但最好的办法还是通过提高自身职业技能来增加未来确定性的收入。

公共经济保障计划指的是经济无保障问题可以通过政府的社会保障制度解决，社会保障制度是现代文明社会的重要标志，主要包括社会保险、社会互助、社会福利和社会救济等方式。当国民遭受各种损失时，社会保障制度会发挥补偿损失或救助作用，尽可能确保保障措施能维持国民的基本生活需要。同时，财政政策与货币政策也可以起到刺激就业、稳定收入的作用。最后，政府也可以制定特别的法律如

《中华人民共和国劳动法》，以保证劳动者收入稳定。从解决经济无保障问题的现状来看，商业保险和社会保险是两种最重要的技术手段。这几种概念的关系见图 2-1。

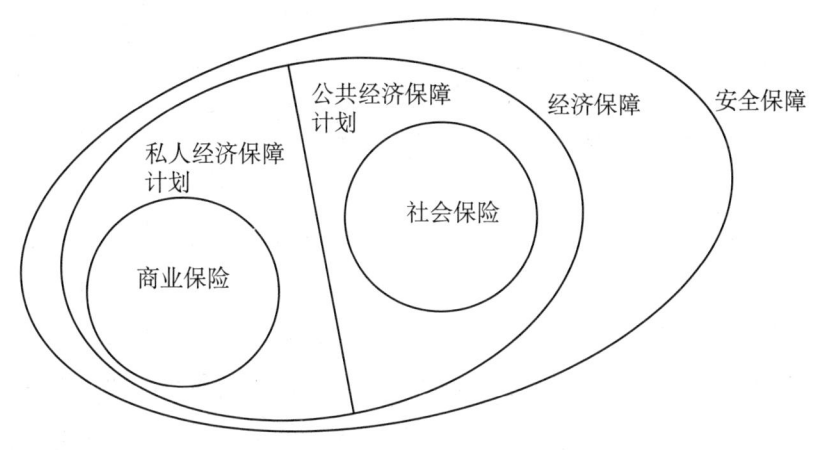

图 2-1　概念关系图

本书以私人经济保障计划支出与公共经济保障计划支出的比率来测量一国商业保险与社会保险在解决经济无保障问题中的相对重要性。主要的经济保障计划支出的范畴包括：养老、与残疾相关的福利、健康、家庭、劳动力、失业、住房以及其他社会支出相关领域。根据这一思路，可以计算出典型国家私人经济保障计划支出与公共经济保障计划支出的比率（见表 2-1）。

表 2-1　2022 年典型国家私人经济保障计划支出与公共经济保障计划支出的比率

国家	比率	国家	比率
荷兰	0.80	智利	0.34
瑞士	0.72	英国	0.32
美国	0.68	韩国	0.27
冰岛	0.38	澳大利亚	0.25
加拿大	0.38	哥伦比亚	0.17

续表

国家	比率	国家	比率
以色列	0.15	丹麦	0.13
瑞典	0.14	日本	0.13
爱尔兰	0.15	法国	0.11
德国	0.14	葡萄牙	0.10

资料来源：OECD官网。

由表2-1可以看出，即使是比率最高的荷兰，其私人经济保障计划支出也低于公共经济保障计划支出，具体而言，荷兰的私人经济保障计划支出是公共经济保障计划支出的0.80倍。这是因为公共经济保障计划的保障范围远大于私人经济保障计划，所以即使公共经济保障计划的个体保障程度较低，它的整体保障程度以及总支出也很高。

因此，后文主要以该比率的排序（而不是绝对数值的排序）来界定一国的保险制度是市场主导的（以商业保险为主），还是政府主导的（以社会保险为主）。比如荷兰、瑞士、美国、冰岛和加拿大都是市场主导的国家，而德国、丹麦、日本、法国和葡萄牙都是政府主导的国家。在后文中，本书将以美国为案例，介绍市场主导的国家的保险制度发展历史和现行制度内容。

一、政府主导的保险制度分析

社会保险制度是工业社会发展的结果和要求，采取国家立法形式，在全社会范围内集中建立社会保险基金，在劳动者因年老、疾病、生育、工伤等原因丧失劳动能力时，向劳动者提供经济补偿，以确保劳动者及其家庭维持基本生活需求。社会保险的发展和演变离不开经济、政治、社会、文化环境，不同时期的不同环境决定了保险制度的不同理念、制度选择和阶段性特征。

（一）政府主导的保险制度的发展阶段

政府主导的保险制度的产生历史与发展演变大致可概括为五个阶段：

1. 萌芽阶段

在工业化之前，社会经济发展水平较低，各国主要通过个人互助、教会救济和慈善机构等解决社会问题，国家的救助制度主要依靠早期的济贫法。16世纪左右，英国的"圈地运动"致使社会矛盾日益凸显，严重压缩了工人们的生存空间，迫使政府必须考虑救助贫民。因此，英国政府于1601年颁布了伊丽莎白《济贫法》。这是第一部社会保障法，标志着社会保障制度发展的开端。《济贫法》强制规定了政府救助穷人、保证其基本生活权利的义务，确认了政府在解决贫困问题上的职责，并建立了一套相对完备的社会救助制度。但该法本质上是统治者出于统治利益的考量，他们迫不得已进行社会管理，以维护统治地位。因此，该时期的《济贫法》的主要目标是削减社会不稳定因素，而非解决贫困问题本身，救助对象数量有限，救助水平较低。

2. 形成阶段

工业化的发展促进了西方经济水平的提升，从而推动了早期社会保险制度的建立。在这个时期，国家政府的社会财富积累形成一定规模，有一定富余用于保障国民的基本生活水平。但是资本剥削越发严重，导致社会养老问题、健康问题、失业问题层出不穷。社会各方的压力迫使各国开始建立相应的社会保障制度，最为典型和领先的是德国。长期对劳动者的剥削导致社会动荡不安，为维持政府的统治稳定，俾斯麦从统治阶级利益出发，于1881年起草了《皇帝诏书》，提出了社会保险的初步计划，如疾病保险和养老保险等，也称"德国社会保险大宪章"。1883年的《疾病保险法》、1884年的《工伤事故保险法》、1889年的《老年和残障社会保险法》等三项法案的相继出台，实现了稳定社会和维持统治的最终目的。俾斯麦颁布的这三项法案作为第一个相对完善的工人社会保险计划，是现代社会保险制度诞生的标志。

3. 发展阶段

社会保险制度的发展变化史是契合西方经济发展阶段的，重大经济阶段性影响皆为1929—1933年世界经济危机。在这个阶段，美国的社会经济实力迅速增强，使得西方社会保障制度的内容主要以社会保险制度的发展为重点。政府主导的保险制度走出西欧国家，在美国、日本等其他国家的保险制度建立上有所体现。在经济危机期间，老年人的退休金化为乌有，传统的社会救助也不能完全解决问题。在凯恩斯经济学理论的指导下，罗斯福（Franklin Roosevelt）总统对经济进行积极干预，实行了社会保障计划，推出了《社会保障条例》，首次在理论上提出了"社会保障"的概念，标志着现代社会保险制度的进一步完善。1939年《社会保障条例》的修正法案进一步演变为老年及遗属保险（OASI）制度，美国的养老保险呈现出以社会保险为主的特征。

4. 完善阶段

第二次世界大战结束后，西方经济快速发展，失业率降低，物质财富增长，进一步推动了政府主导的保险制度的发展。各国建立了完备的社会保险制度，福利国家成为该时期的重要产物。英国在第二次世界大战期间深受战乱影响，尤其在受伤、残疾、疾病、死亡和贫困等问题上。1942年，贝弗里奇（William Beveridge）在《贝弗里奇报告——社会保险和相关服务》中提出，在全国范围内建立全民保险制度，政府有义务保障公民基本生活需要；1944年，英国建立了完善的社会保障计划和社会保险体系；1948年，英国宣布成为第一个福利国家。而美国在第二次世界大战后经济快速发展，社会保险制度为更多人提供了养老保障，如老年、遗属与残障保险（OASDI）制度；之后在1965年开展了相应的健康保险计划；1972年，规定联邦政府统一管理和办理各州的补充保障收入（SSI）计划。至此，政府主导的保险制度得到极大的发展。

5. 调整阶段

1980年之后，发达国家结束了经济的黄金发展期，失业率和贫困问题日益突出，社会保障的高福利属性在极大程度上增加了各国政府的财政压力，政府主导的保险制度失去了稳定的经济发展环境，开始进入改革与调整阶段。主要措施包括提高退休年龄、增加社会保险税收、削减社会保险津贴、增强社会保险部分私营属性等。现行社会保险制度形成了以基本社会保险、企业补充保险和个人商业保险为主的三大支柱社会保险体系，以及专门化的社会保险管理体制，社会保险基金规模不断扩大。

不同国家的社会经济发展模式对政府主导的保险制度模式产生了不同影响。德国是第一个建立社会保险制度的国家，其保险制度模式由早期的国家控制型经济模式转变为社会市场经济模式；美国一直遵循自由主义与市场经济的传统模式，强调市场的调节作用和个人保障责任；英国在建立社会保险制度之前主要为自由市场经济模式，建成福利国家后调整为国家干预模式；瑞典的社会保险制度在瑞典学派的影响下探索出了独特的瑞典模式，具有较高的全民性，走福利型国家模式，以兼顾经济效率和社会公平为目标。

表2-2体现了以社会保险为主的保险制度在各个发展阶段颁布的相关法律。

表 2-2 以社会保险为主的保险制度在各个发展阶段颁布的相关法律

发展时期	颁布时间	相关法律	重要意义	代表国家
萌芽阶段	1601 年	《济贫法》	第一部社会保障法	英国
形成阶段	1881 年	《皇帝诏书》	德国社会保险大宪章	德国
	1883 年	《疾病保险法》	第一个完善的工人社会保险计划，德国成为第一个推行社会保险立法的国家	
	1884 年	《工伤事故保险法》		
	1889 年	《老年和残障社会保险法》		
发展阶段	1935 年	《社会保障条例》	第一部社会保障法	美国
	1939 年	《社会保障条例》修正法案	老年及遗属保险（OASI）制度	
完善阶段	1942 年	《贝弗里奇报告——社会保险和相关服务》	建立全社会国民保险制度	英国

（二）政府主导的保险制度的主体责任

政府主导的保险制度强调国家责任，注重社会公平。与商业保险强调双方当事人完全自愿不同，社会保险要求参保人是就业或愿意就业的劳动者。政府主导的保险制度的主体主要包括政府、劳动者、企事业单位和社会保险机构，其中企事业单位、劳动者与政府三方共同构成缴费（税）义务的主体。政府是社会保险制度的制定者和监管者，遵循公平原则；社会保险机构是社会保险制度的运作者，遵循效率原则。各主体之间的关系见图 2-2。

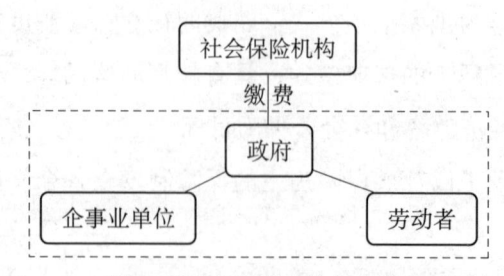

图 2-2 政府主导的保险制度的各主体之间的关系

1. 政府

社会保险制度建设是国家的重要职责。政府是社会保险关系的主体，主要负责构建社会保险体系，包括设计社会保险预算制度；筹集基金与进行安全管理；为基金运作提供政策规范和技术支持；采取收入再分配措施，承担社会保险兜底的财政责任；制定并发布与社会保险相关的法律，保证其高效化和规范化。

2. 劳动者

劳动者是社会保险的对象，参保人享有社会保险的权利是以履行社会义务为前提的。劳动者需要创造财富，为国家社会提供更多有效的剩余劳动。劳动者享有享受社会保险和福利的权利。参加社会保险的劳动者应根据参保项目及时足额缴纳社会保险费，履行社会保险法规和政策，维护社会保险的整体利益。

3. 企事业单位

企事业单位是劳动者供职的主体，是剩余劳动的受益方。因此，企事业单位为保障劳动力再生产，会为劳动者提供社会保险以保障其基本生活需要，这符合用人单位的利益。而且法律强制规定企事业单位需要缴纳部分保险费，切实保护劳动者的合法利益。

4. 社会保险机构

社会保险机构是社会保险关系中的保险人，受国家和政府的委托而建立，主要负责收取社会保险费，并建立相应的社会保险基金；负责设计社会保险险种以及厘定保险费率，承保、运作各类社会保险项目；负责在发生保险范围内的事故时，根据相关规定对被保险人给付保险金或进行经济损失补偿。

（三）政府主导的保险制度的主要原则

社会保险的特性决定了构建政府主导的保险制度的主要原则。社会保险的核心是公平，在组织形式上具有强制性，由国家立法强制参与；在权利义务上具有一致性，强调先义务后权利；在集体意义上具有互助性，集聚全社会的风险共同分担；在社会分配上具有公平性，坚持待遇均等化。因此，政府主导的保险制度具有以下主要原则：

1. 权利与义务相一致原则

权利与义务相一致原则是基础性原则，参保人及单位必须先履行依法缴纳社会保费的义务，并达到最低缴费年限，参保人才能享受保险金给付的权利。参保人还需要履行劳动的义务，即必须是劳动者。社会保险项目如养老保险等，需要建立专门基金，参保单位向社会保险机构缴纳的保费，用于支付给被保险人的养老金和失业救济金。只有缴纳了保费并符合规定条件的参保人才能享受保险待遇。

2. 共同承担社会风险原则

由全社会共同分担通过社会保险集聚的公民面临的相似风险。为保障共同承担社会风险原则的稳健运行，需要国家立法强制建立社会保险关系。强制性可以减少随机性和偶然性带来的影响，利用大数法则由社会共同分担风险损失。

3. 公平与效率相统一原则

社会保险本质上属于国民收入再分配的方式，社会保险机构集中对保费基金统筹后进行再分配。在社会保险金的保障水平上，要注重公平性，适当均等化，既要在一定程度上兼顾不同收入水平人群的现实需求，又要确保每个人的基本生活水准，也要充分反映劳动的差异性，调动劳动者参加保险的积极性，将薪酬水平和生产力水平结合起来，避免"搭便车"等事件的发生。在保证待遇分配的公平性的同时，也要注重社会保险对促进社会经济发展的效率作用，实现公平与效率相统一。

4.普遍性和选择性相结合原则

普遍性和选择性相结合原则是公平与效率相统一原则的衍生。普遍性是指社会保险的覆盖面应为全体国民和全国地区。普遍性是公平性的客观要求,符合社会保险的终极目标。选择性强调依据政府的财力和保障对象的需要,有选择性地安排保险对象、范围和待遇水平等。选择性强调的是效率优先,是一些地区发展不均衡的发展中国家的首选,既可以满足不同社会成员的需求,又可以减轻国家经济社会发展的负担。

(四) 政府主导的保险制度的构成内容

社会保险具有收入和劳动再分配的功能和作用,其目的是保证社会的安全稳定,促进再生产的公平和效率。与商业保险相比,社会保险具有强制性和非营利性,其中非营利性是区分社会保险和商业保险的关键特征。社会保险通常由国家或政府进行财政补贴,以维持生产劳动的需要,对国民收入再分配进行干预,实现社会公平的核心目的。因此,政府主导的保险制度主要包括以下六种基本的社会保险。

1.养老保险

养老保险是社会保险制度中最基本的内容,国家或政府通过社会养老保险对达到法定年龄或退休的老年人,按照相应规定给付养老保险金,保障其晚年生活,使其有稳定可靠的经济来源。养老保险基金来源主要有参保者、供职单位和政府,不同来源的承担比例、养老保险的保障范围和程度由社会经济和生产力水平决定。

2.疾病保险

疾病保险通过国家立法强制实施和筹集医疗资金,对因疾病、受伤或生育而丧失劳动收入,需要检查、诊断和治疗的参保人,国家和社会应按照有关法律为其提供必要的医疗服务和医疗费用帮助。

3. 生育保险

生育保险主要向女性劳动者提供其生育期间的医护费用，保证其生育期间的经济来源。根据各个国家的人口政策和国情影响，生育保险主要是为了鼓励生育或控制生育。

4. 失业保险

失业保险指在法定期限内，保险机构按照法定条件和标准，在劳动者因失业而丧失经济来源时给付保险金，满足其维持基本生活的需要，解决社会动乱的隐患。失业保险主要包括强制性投保和失业救济，各国采取的方式并不一致。

5. 工伤保险

工伤保险指在法定期限内，对由意外事故或职业伤病造成的劳动者的残疾、疾病、死亡，给付保险金或补偿预防、治疗、护理、康复等各项费用的经济损失。由于工伤主要与雇主或企业的责任相关，因此雇主和企业在经济分担上所占的份额更大。工伤保险除了可以采取社会保险的手段，还可以采取雇主责任制或企业责任制方式，通过社会保险来提高雇主或企业分摊比例。

6. 残疾保险

残疾保险对因病或因工负伤致残的劳动者给予保险金或损失补偿，一方面可以保证残疾劳动者能够及时恢复部分劳动机能，另一方面也确保永久残疾的劳动者可以获得长期稳定的经济保障。

（五）政府主导的保险制度的模式分析

1. 政府主导的保险制度的管理模式

政府主导的保险制度的制度主体和管理模式取决于社会经济条件、文化指导思想、国家特征和其他社会因素。从制度主体来看，该制度可划分为由政府直接管理、在政府监督下由企事业单位管理和由工会管理三种模式，绝大多数国家采取由政府直接管理的模式。从管理模式来看，主要包含以下三种管理模式：

（1）统一管理模式。该模式将全部社会保险项目归于同一个组织管理，建立一个统一的社会保险管理机构，属于纵向管理。在政府内设置专门的管理机构，向下设置分支机构。该模式能够最大化社会保险的作用，提高社会保险基金的使用效率，但该模式不适用于人口多、保险范围大的国家。

（2）分散管理模式。该模式将不同的社会保险计划分散给不同的政府部门管理，并分设相应的组织机构，采取横向管理模式。以德国为例，其政府将社会保险计划的管理职责分散给行业组织和各地区，劳资双方共同参与，建立保险机构自治管理，而政府不参与直接管理，是典型的分散管理模式。

（3）统分结合管理模式。该模式是根据不同社会保险项目管理的差异性，对具有共性的社会保险项目进行统一管理，对具有特殊性的社会保险项目建立专业部门进行分散管理。美国和日本主要采用该模式。该模式既能满足社会保险的社会化需要，又能保证各个险种的特性得到充分发挥，提高了管理效率。

一般情况下，政府主导的保险制度主要设置四层管理部门：

（1）决策协调部门。主要职责是协助相关法律法规和发展计划的制定工作，并提出相应的决策依据，同时负责协调各社会保险管理部门。

（2）业务执行部门。主要负责国家社会保险方针和政策的执行工作，落实各项法律法规和实施方案。

（3）资金运作部门。通过促进社会保险基金的有效运转，实现资金增值，满足偿付需要。

（4）监察监督部门。对各项法律法规的执行和落实情况进行监督管理，同时对社会保险基金筹集、运作和管理也具有监督管理职能。

2. 政府主导的保险制度的资金来源

政府主导的保险制度的资金来源主要包括政府的财政税收补贴、企事业单位（雇主）和劳动者共同分担缴纳的社会保险费。根据资金负担方式和国家社会保险政策，主要有以下四种资金模式：

（1）投保资助模式。

投保资助模式由三方共同承担社会保险费，法律规定雇主和劳动者需要定期缴纳社会保险费，其余部分由政府补贴，主要以强制性保险为主。投保资助模式起源于德国俾斯麦政府的以传统保险为主的社会保障模式，目前德国、美国、日本、中国等绝大多数国家均采用该模式。投保资助模式需要实施国家具有相对雄厚的经济基础，保证政府可以为参保劳动者的特别支出提供相应的基本生活经济补偿。该模式强调社会共济责任，未参保者不能享有社会保险待遇，且注重社会公平性，保险待遇和缴费义务与在职时的工资收入相关。

（2）福利国家模式。

福利国家模式几乎由政府负担全部的社会保险费，对国家的经济发展水平要求较高，主要有英国、瑞典等福利国家采取该模式。该模式的目标是实现全民充分就业、收入均等化和消除贫困，政府采取多种强制措施引导就业。资金筹集以税收收入为主，依赖于强大的税务征收体系，对国民收入进行再分配。

（3）强制储蓄模式。

强制储蓄模式主要由企业和参保劳动者共同承担社会保险费。该模式本质上是完全个人账户型社会保险模式，国家强制劳资双方缴费，存入职工名义下的个人账户，在职工退休时可以连本带利返还。绝大多数国家的疾病保险都采用该模式，而新加坡、马来西亚、美国等国家的生育保险也采用该模式，如新加坡的公积金制度等。但是该模式面临着储蓄金积累进入资本市场保值增值时可能存在的贬值风险。

（4）国家保险模式。

国家保险模式主要由企事业单位（雇主）和政府共同负担社会保险费，个人无须缴费。主要由以公有制为基础的计划经济国家实施该模式，以减轻劳动者负担，扩大社会保险范围。该模式由苏联首创，主要使用国家为苏联和部分东欧国家。在20世纪90年代之前，我国一直沿用这种模式，但是由于政府和企业的负担过大，现已转向投保资助模式。国家保险模式的主要问题是需要对企事业单位和国家机关进行强有力的计划干预，而一旦采用市场化模式，就极易崩塌。

3.政府主导的保险制度的基金模式

与商业保险依靠精算平衡保证营利性不同，社会保险强调非营利性，无法简单依靠精算平衡法则确定保费。因此，政府主导的保险制度需要设立社会保险基金，以保障社会保险事业的各项开支。社会保险基金由国家相关法律法规确定制度框架，明确了基金的性质、来源、筹集、运营和监督，强制规定了企事业单位和劳动者个人的缴费义务。社会保险基金保障了劳动者的基本生活需要，维持了劳动再生产，有效促进了社会公平。从筹资模式来看，主要包含以下三种基金模式：

（1）现收现付制。

现收现付制强调近期横向收支平衡，对近几年内社会保险所需要支付的保险金总额进行预测，按照该总额向企业（雇主）和劳动者筹集资金。通常要求以工资的一定比例缴纳社会保险费。该模式以支定收，不留积累，代际转移。

（2）预筹积累制。

预筹积累制强调远期纵向收支平衡，以社会人口和经济发展等指标为依据，对参保期间参保人所需的保险基金总额进行长期宏观预测，并按照一定比例分配于参保人的整个投保期间或就业期间。该制度要求参保人从参与社会保险开始，按照工资的一定比例缴纳保险费，计入个人账户，所有权归个人，在达到条件时可以一次性或定期领取。该模式先提后用，进行了跨时性收入再分配，将收入高峰期的多余消费转变为强制性储蓄，转移到年老时消费。

（3）部分积累制。

部分积累制综合了现收现付制和预筹积累制的优点，融合了近期横向收支平衡和远期纵向收支平衡原则。即在现收现付制的基础上引入个人账户，又通过延长精算周期以保留一定基金积累。部分积累制实现了在不同经济环境下对另外两种模式的补充调节。当经济环境较好时，将现收现付制的结余计入积累；当经济环境较差时，可以减少计提积累，或用部分积累满足当期需要，有效避免了前两种制度的部分缺点。

三种基金模式的比较见表2-3。

表2-3 三种基金模式的比较

	指导原则	社会共济性	基金积累	通胀风险	效率公平	偿付能力
现收现付制	近期横向	当代间共济	无	无	兼顾	最差
预筹积累制	远期纵向	无共济性	最大	最大	效率	最强
部分积累制	远近结合	各代间共济	较大	较大	兼顾	其次

4.政府主导的保险制度的优劣分析

总体来看，政府主导的保险制度具有极强的社会共济性和非营利性，以保障劳动者基本生活需要、维持社会稳定、调整收入再分配为主要目标。因此，与市场主导的保险制度相比，其具有以下优势和劣势：

（1）保障程度需控制在合理范围内。社会保险本质上属于具有社会福利的准公共品，市场主导的保险制度的目标决定了其保障范围将覆盖全社会的劳动者，满足其基本生活需要。如果保障范围过小，将无法充分发挥社会保险的功能和作用；如果保障范围过大，将会造成"搭便车"等资源浪费的现象出现，对国家的财政支出造成巨大压力。因此，和市场主导的保险制度相比，政府主导的保险制度的保障程度需控制在合理范围内。

（2）政府发挥主导力量。政府主导的保险制度对国家经济水平和政府管理能力提出了较高要求，需要社会保险机构可以实现相对的自治性，政府主要负责监督、管理和协调，充分调动各方主体的力量，多种社会力量共同参与。但是该制度会对政府财政支出造成较大压力，社会保障需求的日益增长将进一步加重政府的负担。

（3）造成一定程度的社会资源浪费。政府主导的保险制度可以保障经济正常运行，维持社会公平稳定。且该制度作为国民收入再分配的手段，适当地调节了劳动分配，减小了贫富差距。但是优厚的社会保险福利水平也消磨了劳动者工作的积极性，失业率不断攀升，造成了社会劳动资源和社会保障基金的浪费。

二、政府主导的保险制度的案例分析

20世纪30年代受经济危机的影响，德国社会保险制度处于极度不稳定状态，开始实施社会保险紧缩政策。第二次世界大战后，德国开始重建社会保险制度。1947年阿尔弗雷德·穆勒-阿尔马克（Alfred Müller-Armack）提出社会市场经济模式，明确国家有义务保障公民的基本生活需要，随后社会保障的重要性被写进《德意志联邦共和国基本法》。1949年德国颁布《社会保险调整法》，提高社会保险金水平。在之后的近40年里，德国针对各社会保险项目颁布了多项法律法规，并对一些法律进行了多次修改，如《疾病保险津贴提高法》和《就业促进法》等。1957年德国颁布的《农民老年救济法》将筹集养老金的方式改为现收现付制。1975年德国颁布了社会保险的法律基础《社会法典》。至20世纪80年代，德国成为世界上社会保险福利水平和保障程度较高的国家，并且保障范围仍在不断扩大。

（一）模式分析

德国政府主导的保险制度的模式可以根据如下方面进行讨论。

（1）管理模式：分散管理模式。

德国的社会保险是分散管理模式，政府不直接管理社会保险，而是实行行业组织管理和区域管理相结合的方式，行政层级主要由联邦政府部门和经办执行机构组成。德国已建立分工明确、相互制约的社会保险管理体系，联邦议会负责制定社会保险法律，政府部门监督实施，各保险公司负责提供服务。德国的联邦政府机构分为：负责医疗保险和护理保险的联邦卫生部、负责养老保险的联邦劳动和社会事务部、负责失业保险的联邦劳动就业服务部。具体的社会保险业务由三个部门下设的专门管理委员会负责，在各州各地区也有相应机构负责。

（2）资金来源：投保资助模式。

德国的社会保险资金负担主要采用投保资助模式，由政府、雇主、参保劳动者共同承担社会保险费，由法律强制劳动者和雇主定期缴纳社会保险费，政府给予一定补贴。社会保险费的缴纳水平与工资水平相关，使国民收入在不同收入群体中再分配。

（3）基金模式：现收现付制。

德国的社会保险基金主要采用现收现付制，以支定收，代际转移,不留积累。主要通过社会统筹的方式向各个雇主和劳动者筹集保险基金,再按照社会共济原则在各参保人发生保险事故时进行基金收入的再分配,实现代际收入再分配,由在职员工负责退休员工的养老费用。虽然该模式社会保险费水平较低,大大减轻了劳动者的负担,利率和通货膨胀风险较小,但是人口老龄化会对基金收支缺口造成巨大影响,威胁社会保险体系的可持续运转。

(二)构成内容

德国的保险制度具有以社会保险为主、以商业保险为辅的特点,其核心目标是维护社会公平稳定。德国的社会保险以养老保险为主,占32%,其次是约占20%的医疗保险和占2.4%的护理保险。

(1)养老保险制度。

德国采用的是典型的三支柱养老保险制度,包括法定养老保险、企业养老保险和私人养老保险。法定养老保险的保障对象包括90%的从业人员,即全部供职劳动者、独立从业者、农场主和公务员等。企业养老保险主要采取企业年金制度,即提取雇员一定比例的工资放入个人账户,在雇员退休后返还。而私人养老保险的购买者主要为自由职业者,其余人员也可以自愿投保,保费均由投保人全额承担。

德国的三支柱养老保险制度实现了三个层次的全面覆盖:第一层次为法定养老保险提供基础养老保障;第二层次以政府补贴和资本市场相结合的企业养老保险满足绝大多数劳动者的养老需求;第三层次为私人全额承担的私人养老保险,为其余无法获得基本养老保险的国民或有更高养老保险需求的国民提供补充。从公平与效率的角度看,德国的养老保险强调效率,兼顾公平,养老保险基金由国家统筹安排,强调企业和劳动者缴纳一定比例的保险费,政府对养老保险提供额外补助,充分发挥和调动劳动者的自主积极性。

（2）医疗保险制度。

德国实施社会医疗保险制度，以社会医疗保险基金偿付医疗费用支出，基金来源为雇员和企业按一定比例强制缴纳的保险费。德国的医疗保险制度以强制性法定医疗保险为主，以自愿性私人医疗保险为辅。该制度覆盖了几乎所有德国国民，包括88%的参加法定医疗保险的人群、10%的参加私人医疗保险的人群和2%的参加医疗服务保障计划的特殊人群。

德国的医疗保险制度强调保险机构自我管理和政府监管模式。德国医疗保险机构需要自主经营、自负盈亏，一般会加入相应的行业协会，体现了行业自律性和自主性。而政府主要负责宏观管理，不直接参与基金的运作管理，仅提供法律法规和政策引导以及发挥职能监管作用。

（3）失业保险制度。

德国的失业保险制度已形成劳动权益保障、保险金救助和再就业促进计划"三位一体"的保障体系。德国的失业保险制度强制要求所有劳动者参与，政府、雇主、雇员三方共同缴纳保险费，政府主要提供贷款或补贴。

德国在职阶段的劳动权益保障主要依靠劳资双方协商建立的自治机制。在企业内部，建立劳资协议会；在企业外部，建立劳动法庭和社会法庭以协调劳资双方的司法纠纷。对于失业阶段的保险金救助，从保障手段划分，包括失业保险金Ⅰ的互助性基金和失业保险金Ⅱ的财政性无偿补助。失业保险金Ⅰ由雇主和雇员共同分担，在收支失衡时，政府会提供贷款或补贴。失业保险金Ⅰ的受益人是已缴费的被保险人，而失业保险金Ⅱ由财政转移支付为没有达到领取资格的失业者群体提供保障。德国还提供求职阶段的再就业促进计划，通过职业介绍咨询、职业技能培训等方式实现失业自救，有效减少了对失业保险金的巨额需求（见表2-4）。

表2-4 德国失业保险制度的保障内容

	在职阶段的劳动权益保障	失业阶段的保险金救助	求职阶段的再就业促进
保障内容	企业内部劳资协议会 劳动法庭和社会法庭	失业保险金Ⅰ 失业保险金Ⅱ 其他补助津贴	职业介绍咨询 职业技能培训

（4）工伤保险制度。

德国会为存在雇佣关系的所有雇员提供工伤保险，雇主有法定强制性义务为雇员缴纳工伤保险的保险费，而雇员不需要缴纳任何保险费。工伤保险制度的保障对象主要为学生、工人、职员、消防人员、残疾雇员、部分自由职业者、非营利的志愿者、农场主及家庭成员、失业者和囚犯等。

德国的工伤保险制度的经济补偿内容主要包括暂时性伤残补助金、永久性伤残补助金、医疗费、遗属抚恤金和其他收入的抵消减免规定。德国工伤保险制度将事故后果转为由参保的所有雇主集体承担，具有社会共济性。德国工伤保险制度具有鲜明的预防优先特征，通过法律法规监管、技术研究预防方案、装置设备等组织防护措施和教育宣传工作，预防工伤事故的发生和损害。此外，德国还设有第三方赔付的基金模式，设立一个独立于事故的第三方进行事故认定和费用支付。而且德国工伤事故的赔付强调共同基金模式，由所有雇主共同承担，形成互助互惠的资金积累，建立公平责任机制。

（5）生育保险制度。

德国的生育保险制度本质上是对女性劳动者权利和义务的保障政策，主要包含孕期保护工资、孕期医疗费用支出、孕期辞退保护金等。生育保险制度的资金来源主要是政府财政补助。生育保险金的高低与投保人医疗保险费高度相关，且为免税收入。

第三章
市场主导的保险制度

一、市场主导的保险制度分析

从历史发展来看，商业保险是从互助保险和合作保险发展而来的。互助保险是一种在相互赔偿契约下参加者之间相互分担风险的保险。参加互助保险的成员既是保险人，也是被保险人。互助保险一般常见于小团体，比如安道尔公国的火灾互助保险社"拉·克拉马"（La Cremma）、英国的人身互助保险社基尔特。后来，在农业保险领域，互助保险逐渐演变成合作保险的形式，比如英国的合作性牲畜保险组织——"养牛俱乐部"和"养猪俱乐部"。之后，随着市场规模的扩大、市场供给主体之间竞争的加剧和资本扩张的需要，现代保险制度的组织形式逐渐演变成了相互制保险公司与股份制保险公司。相互制保险公司是与互助保险、合作保险一脉相承的，被保险人同时也是公司的股东，在公司的保险资金池有盈余时可以享受分红。股份制保险公司则是传统保险组织形式同现代公司治理体系相结合的产物，被保险人享有获得确定性给付的权利，需要履行支付保险费的义务，但不是公司的股东，无法享受分红。

（1）社会保险随着商业保险的发展而出现，其很多理论都适用于商业保险。在以商业保险制度为主的国家中,商业保险一般先于社会保险出现。17世纪末,英国商人爱德华·劳埃德(Edward Lloyd)在伦敦泰晤士河畔开设了一家咖啡馆,这家咖啡馆后来成为世界著名的保险人组织"劳合社"的前身。咖啡馆靠近泰晤士河,许多货主和船主常光临此地。因此,这家咖啡馆在日后逐渐演变为私人海上保险中心。在此过程中,私人保险家逐渐积累了一些承保经验,比如损失归因原则、损失补偿原则。这些经验也为之后社会保险的立法提供了理论基础。

(2)商业保险在某些风险领域屡屡受挫,饱受市场失灵之苦,急需社会保险拯救。由于保险市场中普遍存在的信息不对称问题,商业保险公司承保的风险总是高于社会平均风险水平。出于追求利润的考虑,商业保险公司不得不一次又一次提高保费,但这又挤走了原本的低风险人群,导致保费进一步提高,陷入"死亡螺旋"。

(3)商业保险公司举起"自由竞争"的旗帜来激烈反对政府建立社会保险。出于提升社会福利、拯救市场或者履行竞选承诺的考虑,政府总会试图扩大社会保险的覆盖人群和保障程度,而这往往会挤出部分商业保险公司的市场份额,从而引起商业保险公司和其他相关利益集团的强烈反抗。在1935年,时任美国总统罗斯福曾试图建立"全民卫生计划"。但由于相关利益集团的阻挠,罗斯福不得不将有关医疗卫生的条款从《社会保障条例》中删除。

(4)由于商业保险的定价较高,大部分中低收入群体无力购买商业保险,从而陷入了经济无保障的状态,因此他们强烈呼吁扩大社会保险的覆盖人群。在民意的要求下,政府与相关利益集团反复博弈,最终社会保险与商业保险达成了相对和平的共存状态。迫于压力,1965年,时任美国总统约翰逊(Lyndon Baines Johnson)签署了《社会保障修正案》,在法律上正式确定了具有社会保险属性的医疗照顾

（Medicare）和医疗救助（Medicaid）计划，这两个计划覆盖了所有符合条件的老年人、残疾人和儿童。然而，由于相关利益集团的阻挠，仍有很多美国人不在这两种计划的覆盖范围内，他们需要与雇主一起购买或自行购买商业健康保险。

（一）市场主导的保险制度构建的主体责任

保险市场中存在着以下几个主体，分别是供给方、需求方、中介方和服务方。

保险市场的供给方，从广义上讲，指的是保险市场中提供保险产品或类保险产品的保险人或再保险人，比如经营社会保险的政府部门或事业单位（以下简称"社保经办机构"）、商业保险公司、再保险公司、网络互助平台的组织者、P2P保险中的保险人、互助保险社或合作保险社中的参与人等。

保险市场的需求方指的是为寻求风险转移，而对保险产品有需求的投保人，比如个人和企业。

保险市场的中介方指的是促使保险人和投保人达成保险合同或协助其履行保险合同的人，比如保险经纪人、保险代理人和保险公估人。

保险市场的服务方是指接受保险人或被保险人的委托，在被保险人出险后，提供实物补偿或服务援助的第三方机构，比如长期护理保险中的护理机构，健康保险中的医疗服务机构。

1. 保险市场的供给方主要是商业保险公司

实行市场主导的保险制度的国家更加强调个体而非政府的责任。个人需要缴纳绝大部分的保费给私营商业保险公司，商业保险公司负责运营，政府不参与保险制度的具体运行，仅需要扮演好"守夜人"的角色，在平时做好宏观监控，在必要的时候拯救市场失灵，有时也会发挥最后的风险兜底作用。

2. 保险市场的需求方人数有限

商业保险价格较高,即使市场中存在的潜在需求庞大,很多中低收入群体也无力购买商业保险,由此导致市场中的实际需求不足,保险覆盖率偏低。

3. 保险市场的中介方素质良莠不齐

商业保险产品设计较为复杂,且购买具有自愿性,因此需要更专业的保险经纪人或保险代理人帮助投保人理解保险产品并进行推销。然而,一些商业保险公司给予了保险代理人过高的佣金和权限,使大量非专业的保险代理人涌入市场,以一种相对野蛮的方式推销保险产品。这导致很多投保人在不明不白的情况下买到了自己并不需要的保险产品,严重损害了保险业的声誉。

4. 保险市场的服务方的选择范围有限

供给方与服务方是委托-代理关系,二者的效用函数并不一致,因此服务方总是希望与被保险人联合起来,向保险人索要更多的理赔。为了控制这类道德风险,有些保险人会刻意限制服务方的选择范围,只允许被保险人选择和自己有合作关系的、成本更低的服务方。经典的例子如美国健康保险市场中的管理式医疗,保险公司与医疗服务提供机构签订协议,共享利润,要求被保险人只有选择管理式医疗辐射范围内的医疗机构才能获取完整的理赔。在这种模式下,购买特定保险公司产品的需求方,只好优先选择特定的、与保险公司签订了协议的医疗服务机构,从而不得不限制了自身的就医范围。在某些紧急情况下,这种管理式医疗的管理办法可能会耽误就诊,造成严重后果。

(二)市场主导的保险制度构建的主要原则

一个国家的保险制度的最终走向是市场主导还是政府主导,与其社会文化、政治理念以及经济思想有着密切的关系。具体而言,实行市场主导的保险制度的国家往往在文化上强调个人主义原则,在政治上奉行自由主义原则,在经济上提倡自由竞争原则。

1. 强调个人主义原则

在这些国家的文化中,个人的成败荣枯、富贵穷达都是个人努力的结果。如果国家提倡保护个人自由,那就要尽可能少地干涉个人生活,体现在保险制度的安排上就是不干涉个人购买保险与否以及购买何种保险的自由。

2. 奉行自由主义原则

这些国家的政治哲学是"小政府,大市场"。它们认为,政府与市场是相互替代、此消彼长的关系,政府对市场的干预百害而无一利,因此,政府应该放任保险市场的自由竞争和自由发展,不应该介入。比如,在1929年经济大萧条来临时,时任美国总统胡佛(Herbert Hoover)拒绝通过立法给予国民经济援助,因为他认为这不仅会侵害企业的个性与独立性,还会使得民众更加依赖政府。

3. 提倡自由竞争原则

这些国家认为,因为自由竞争市场可以满足不同人群的偏好,所以可以实现资源的有效分配,达成帕累托最优。因此,政府需要做的是鼓励保险市场中各主体的自由竞争,而不是以垄断者的身份参与其中。比如美国医学会和保险公司激烈反对《社会保障修正案》中的医疗照顾计划,认为这种强制性的、人人均等的社会化医疗卫生会降低护理品质,是非美国式的。

(三)市场主导的保险制度的构成内容

本书按照保险标的划分商业保险的险种,具体而言可以分为人身保险、财产保险和责任保险三大类。根据各个国家有关社会保险的法律法规，社会保险可以分为养老、医疗、工伤、失业、生育和长期护理六类。除了失业保险外，另外五个险种都可以归属到人身保险大类之下，且均可以从商业保险中找到对应的险种。所以，商业保险比社会保险的种类更为丰富。在我国，在商业保险范围内的险种，由商业保险公司运营，依照《保险法》开展业务，依据个体公平的原则制定费率；在社会保险范围内的险种，依照《中华人民共和国社会保险法》开展业务，依照社会公平与个体公平相结合的原则制定费率。

（四）市场主导的保险制度的模式分析

1. 市场主导的保险制度的管理模式

在实行市场主导的保险制度的国家中，商业保险公司是保险市场中的主要供给方。但是，鉴于保险的特殊性，各个国家都不会放任保险市场完全自由地发展，而是会对商业保险公司采取一种极为特别的管理模式。保险的特殊性，具体表现为保险产品成本的不确定性、保险产品的复杂性和保险市场的信息不对称性。而上述特殊性又决定了保险市场需要一种特别的监管模式。

（1）保险产品的收入确定而成本不确定。正如保险的定义，对于投保人而言，保险是用规律性、确定性保费来转移未来的不确定性损失。对于保险公司而言，保险则是用承担未来不确定性损失的支出来获得规律性、确定性的保费收入。因为成本不确定，所以保险公司完全可以通过乐观的精算假设低估成本、高估利润，从而将更多的盈余资金分配给股东或者投资到高风险领域。然而，一旦实际出险情况比乐观的精算假设要更糟糕的话，保险公司就会有破产的风险，这势必会损害到成千上万等待着保险公司履行赔付或给付义务的受益人的权益。

（2）保险产品的复杂性。保险是一种专业性极强的商品，在投保时，投保人很难有时间或精力去阅读动辄上百页的保险条款。即使投保人耐着性子去阅读，也很难理解保险条款的实际含义，只好一知半解地签署保单。因此，在签署保单时，投保人处于相对弱势的地位。政府为了保护投保人的利益，不仅要求保险行业协会针对某些特别复杂的险种制定统一的保险条款，还要求保险公司提交所有保险产品的保险条款进行备案，由监管部门选择一部分进行审查。另外，保险法还要求法院在一些保险条款的解读上适当向投保人倾斜，其目的就是保护投保人。

（3）保险市场的信息不对称性。保险市场中存在的逆向选择风险可能会导致不均衡。因此，为了达成市场均衡，监管部门需要防止保险公司过度竞争。监管部门一般会定期审查销量过高或定价过低的保险产品，保险行业协会也会制定一个有参考价值的定价标准，其目的就是防止保险市场因无法收敛到均衡而崩溃。

2. 市场主导的保险制度的资金来源

在实行市场主导的保险制度的国家中，个人和雇主承担大部分的保费，政府仅提供小部分财政补贴或税收优惠。

（1）个人可以购买人寿、健康、财产和责任等种类的保险。对于大多数保险产品，个人仅能使用税后收入购买，但是对于某些具有正外部性的保险产品，比如健康保险、养老保险和农业保险，政府还会提供一定的税收优惠、税收递延或财政补贴政策来鼓励个人购买该类保险。

（2）雇主可以替雇员购买，或者与雇员一起购买保险产品。比如为了提高雇员留存率，雇主会为雇员购买企业年金；为了提升员工健康水平，雇主会为雇员购买团体健康保险；为了应对监管或法律要求，雇主还会主动购买工伤保险、雇主责任保险和失业保险。同样地，为了鼓励雇主的该类行为，政府也会使用税收政策允许雇主用税前收入为雇员购买保险。对于某些困难企业,政府甚至会使用财政拨款的方式帮助雇主为雇员购买保险。

(3)政府会建立覆盖特定人群、满足基本保险需求的社会保险制度,并向个人或雇主收取一部分社会保险税来融资。对于没有建立社会保险但是具有正外部性的领域,政府会使用一定的税收优惠、税收递延和财政补贴政策来帮助雇主或个人以更低的实际价格购买商业保险,从而鼓励该类商业保险产品的销售。

3. 市场主导的保险制度的基金平衡模式

在满足有关法律法规规定的核心偿付能力充足率、综合偿付能力充足率和风险综合评级的前提下,商业保险公司可以根据自身对业务风险状况的评价提出不同的精算假设,提存准备金。因为每个人的风险状况不同,精算假设也不同,所需要缴纳的保费也不同,所以每一张保单所提存的准备金也不同。商业保险公司将所有保单的准备金加总,就得到了总的准备金。

通过上述模式不难看出,商业保险是通过个体精算平衡的方式实现总体的基金平衡。另外,出于追逐利润和规避损失的需要,商业保险公司还会在保费上附加一个较大的风险边际,从而使基金有较大的结余。然而,社会保险一般不会追求个体的精算平衡,而只会要求基金在总体上达成收支平衡。

4. 市场主导的保险制度的保障程度

市场主导的保险制度的保障程度有两个看似矛盾但其实相互统一的特点:一个是个体保障程度高;另一个是整体保险覆盖率低。

(1)个体保障程度高。在该制度框架下,商业保险市场成熟,保险种类丰富多样,可以充分满足不同人群的偏好。只要投保人收入足够高,就可以得到较高程度的保障。

(2)整体保险覆盖率低。在该制度框架下,中高收入人群一般能获得较高的保险保障程度；低收入人群一般无力支付商业保险费，得不到保险保障，或者只能得到政府提供的社会救助；中低收入人群既无力购买足量的保险，又达不到获取社会救助的标准，故常常处于无保险状态。

由此可见，在实行市场主导的保险制度的国家中，保险市场中的需求者存在保障严重不均衡的现象。

5.市场主导的保险制度的优劣分析

总体来看，商业保险因为具有自愿性和权利义务高度统一的特征，所以具备一系列优点。同时，因为自由竞争与信息不对称，商业保险也面临一些无法回避的缺点。

（1）优点。

①对经济扭曲小。因为商业保险具有自愿购买的特征，所以个人可以根据自身的偏好购买适当数量的保险，实现效用最大化。但社会保险具有强制性，因此限制了个人的预算约束集，改变了个体的其他经济决策，且难以实现个体的效用最大化。比如社会保险中较高的养老保险缴费率和退休待遇可能会降低劳动力市场的供给。

②满足不同人群偏好。商业保险市场中丰富的保险产品种类可以满足不同人群的风险偏好，个人可以自由选择最适合自己的保险产品，实现效用最大化。比如某些高收入人群可能偏好去国外的医院接受治疗，而这部分治疗费用一般得不到社会保险的报销，但可以获得一些特殊的商业保险的报销。

③个体公平性强。公平可以分为个体公平与社会公平两类。社会公平是指不管个人努力程度如何，每个人享受的待遇均等；个人公平是指个人付出与回报紧密相关。在商业保险中，个人缴纳的保费与享受的待遇之间关系紧密，体现了多缴多得、少缴少得的特征，因此具备个体公平性。但社会保险保费与待遇之间的关系不如商业保险紧

密，具有一定的再分配功能，因此具备一定的社会公平性。

（2）缺点。

①逆向选择问题严重。因为商业保险的购买是自愿行为，而高风险人群的购买意愿更强，所以商业保险的购买者多数是高风险人群，低风险人群渐渐退出保险市场，商业保险市场缩小。但因为社会保险具有强制性，所有人（不论风险高低）都必须购买，所以不存在逆向选择问题。以商业健康保险为例，在美国商业健康保险发展的初期，因为保险公司没有技术可用于判定被保险人的健康状况，所以干脆把健康风险当作不可保风险来处理，即不提供健康保险。

②覆盖率低。因为商业保险的保费一般比社会保险要高，而且由于控制成本的缘故，保险公司有时还会拒绝给某些高风险人群提供保险，所以部分中低收入人群和高风险人群无法购买商业保险，导致其覆盖率偏低。但社会保险一般保费较低，且具备强制性，也不会拒保，因此覆盖率较高。

③社会公平性差。商业保险只给部分人群提供不均等的保障，而社会保险给几乎全部人群提供均等的保障，因此商业保险的社会公平性比社会保险差。

由此可以看出，单方面地赞扬或批评某种类型的保险制度是不正确的，我们应该辩证地看待其优点和缺点。现代保险制度需要寻求商业保险和社会保险的最优组合。

二、市场主导的保险制度的案例分析

美国的现代保险制度呈现出明显的以商业保险为主、以社会保险为辅的特征。美国的商业保险市场十分发达，无论是保险公司的数量、保险产品的种类还是业务量都位于世界前列。2022年，根据全美保险监督官协会（NAIC）和经济合作与发展组织（OECD）发布的数据，美国保险业总保费收入达到1.48万亿美元，保险深度为11.60%，保险密度为9 275美元/人，分别约为中国的2.28倍、2.96倍和18.70倍。

从养老保险市场来看，2023年初美国OASDI基金结余仅有2.83万亿美元，而同期雇主或个人购买的私营养老保险计划的基金结余高达37.8万亿美元，是公共养老保险计划OASDI基金结余的13.36倍。由此可见，美国养老保险市场中商业养老保险是绝对的供给主体。

从健康保险市场来看，虽然美国医疗保障覆盖率为92.1%，但其中主要是商业医疗保险，公共医疗保障的覆盖率仅为36.1%（2022年数据）。美国公共医疗保障计划主要包括医疗照顾、医疗援助和儿童医疗保险计划（CHIP）。因此，美国实行的是市场主导的医疗保障制度。

从工伤保险市场来看，美国仅有三个州的工伤保险是以社会保险的形式承保的，有四个州的工伤保险由社会保险与商业保险同时提供，其余各州都是由政府制定统一的赔偿标准，但完全由商业保险公司承保。所以美国工伤保险市场也是市场主导的。

从失业保险市场来看，由于失业风险是系统性风险，各保险标的发生的损失并不相互独立，而且失业在一定程度上是政府的责任，所以美国以及世界上绝大多数国家的失业保险都是完全由社会保险承保的，商业保险公司不会参与。所以在失业保险市场中，美国的社会保险占据了绝大部分份额。

以下我们仅对商业健康保险和商业养老保险展开详细讨论。

（一）商业健康保险

美国商业健康保险制度的发展大体经过了1929年以前的无商

业健康保险阶段、1930—1972年的传统补偿性商业健康保险阶段和1973年至今的管理式医疗阶段。美国现行的商业健康保险制度可以分为传统补偿型医疗保险（CIIP）和管理式医疗（Managed Care）两大类。管理式医疗又可以细分为健康维护组织（HMO）、优选医疗机构（PPO）、服务点（POS）和附健康储蓄账户的高自负额医疗计划（HDHP/SO）几种模式。上述几种商业健康保险的模式既有共同之处，也有差异之处，它们各自的特征归纳见表3-1。

表3-1 美国商业健康保险的不同模式比较

模式	CIIP	HMO	PPO	POS	HDHP/SO
管理模式	非常宽松	严格	中等	宽松	宽松
自由选择权	可自由选择医院或医生	不可自由选择医院或医生	可自由选择医院或医生	可自由选择医院或医生	可自由选择医院或医生
专业科室服务	可直接进入专业科室服务	不可直接进入专业科室服务	可直接进入专业科室服务	可直接进入专业科室服务	—
医疗机构承担风险	不承担风险	承担风险	不承担风险	—	—
控费手段	不存在	存在	存在	存在	存在
预防性医疗支出	不存在	存在	存在	存在	存在
索赔方式	医疗账单	就诊人次	费用表和使用次数	—	—

（1）传统补偿型医疗保险。传统补偿型医疗保险是一种按预付费和实际支付赔付的健康保险提供方式。它的管理模式非常宽松，患者可以自由选择自己想去的医院和想要问诊的医生，也可以不经过分级诊疗直接进入专业科室享受医疗服务。医疗机构与保险公司之间没有利润共享、风险共担协议，也即医疗机构不承担任何财务风险。保险公司几乎不监控就医过程，也不报销预防疾病的医疗开支，只负责按

照疾病发生时实际产生的医疗账单进行赔偿。

（2）管理式医疗。管理式医疗是一种结合了预付费和按人头或服务支付赔偿的医疗服务提供方式。通过有效的激励机制，管理式医疗能有效地降低医疗服务费用和健康保险成本。按照控费的严格程度从大到小排序，管理式医疗可以进一步细分为HMO、PPO、POS三种模式。最近几年，美国商业健康保险市场还出现了一种新兴的管理式医疗——HDHP/SO。

①健康维护组织。HMO以收取会员费（类似保费）的方式，让会员可以到HMO规定范围内的医院或医生处住院、就诊或接受医疗照顾。在初次就医时，患者需要选择一名初级照顾医生，只有在确实存在进一步就诊的必要时，初级照顾医生才会将患者转诊给专业科室医生。如果患者直接进入专业科室就诊，则HMO不予报销。HMO不允许患者选取规定范围之外的医院或医生。如果患者在规定范围之外的医院或医生处就诊，则HMO不予报销。

②优选医疗机构。PPO以收取会员费（类似保费）的方式，让会员可以到PPO规定范围之内或之外的医院或医生处住院、就诊或接受医疗照顾，但会员如果在规定范围之外的医院或医生处接受服务，就需要接受较高的起付线和免赔额。在初次就医时，患者可以经由或不经由初级照顾医生介绍转诊进入专业科室服务，但如果直接进入专业科室就诊，患者需要支付的免赔额较高。在PPO之下，医疗服务提供方与保险公司之间不存在利润共享协议，不承担财务风险。医疗服务提供方以医疗服务使用数量和折扣后的费用表向保险公司索赔。PPO会审核医疗设备和药品的使用数量和质量，防止医疗服务提供方开具不恰当的医疗服务和处方药。

③服务点。POS以收取会员费（类似保费）的方式，让会员可以到POS规定范围之内或之外的医院或医生处住院、就诊或接受医疗照

顾，但会员如果在规定范围之外的医院或医生处接受服务，就需要接受较高的起付线和免赔额。在初次就医时，患者可以先找初级照顾医生，也可以直接进入专业科室就诊。POS会审核医疗设备和药品的使用数量和质量，以报销预防性的医疗开支。通过上述特征，我们不难发现POS的控费机制较为宽松。

④附健康储蓄账户的高自负额医疗计划。HDHP/SO有时也被称作"灾难性支出的医疗保险计划"，它是一种拥有大额免赔和很低的超过免赔额的共付比例的价格低廉的健康保险。但是，被保险人的预防性医疗支出可以全额报销，无免赔额要求。

（二）商业养老保险

美国商业养老保险制度大体经过了1870年以前的无商业养老保险阶段、1871—1934年的养老救济阶段、1935—1974年的收益确定型养老保险阶段和1974年至今的缴费确定型养老保险阶段等多个阶段。美国现行的商业养老保险制度可以归为三类：收益确定型养老金计划（DB）、缴费确定型养老金计划（DC）和现金余额计划（CB）。上述几种商业养老保险既有共同之处，也有差异之处，其特征可以归纳成表3-2。

表3-2 美国不同商业养老保险的比较

种类	缴费	退休待遇	政策优惠	投资风险	管理成本	强制性再保险	账目
DB	不确定	确定	税收免除	雇主承担	较高	需要	不透明
DC	确定	不确定	税收递延	雇员承担	较低	不需要	透明
CB	相对确定	相对确定	税收免除	雇主承担	较低	需要	透明

（1）收益确定型养老金计划。收益确定型养老金计划是一种雇员的缴费不确定，但是退休待遇确定，雇员不承担投资风险的养老保险计划。一般而言，雇员的退休待遇是一定年限内平均收入的一定百分比乘以工龄。

（2）缴费确定型养老金计划。缴费确定型养老金计划是一种雇员的缴费确定，退休待遇不确定，雇员承担投资风险的养老保险计划。一般而言，雇员的年度缴费是年收入的一定百分比。随着1974年美国《雇员退休收入保障法》的颁布，DC已渐渐成为商业养老保险市场的主流。

（3）现金余额计划。现金余额计划是一种雇员不承担投资风险的养老保险计划。一般而言，雇员的年度缴费是年收入的一定百分比，而退休待遇是相对确定的。现金余额计划是一种最近几年才兴起的商业养老保险计划。它兼顾了DB和DC的优点，因此也逐渐受到了雇主和雇员的认可，获得了一定的市场份额。

第四章
保险科技对现代保险制度的影响

保险科技的实践开始得很早,有观点认为,中国的实践始于1997年中国互联网络信息中心的成立,2005年《中华人民共和国电子签名法》的施行标志着我国保险科技进入了深入探索阶段。作为全球保险业的重要推动力量,保险科技提升了保险业务全流程效率,重塑了保险商业模式,改变了传统可保风险理念,从而改变了保险产品的创新设计,使得消费者的多样化保险需求得到满足,也对传统保险监管模式形成了挑战。总体看来,保险科技对现代保险业的方方面面都产生了重大影响。

一、保险科技提升保险业务全流程效率

与其他金融服务部门相比,当前保险业中科技的渗透率较低,面临着大量技术升级问题。保险科技通过弥补保险公司传统商业模式无法提高效率的缺陷为保险公司创造价值。通常认为,保险科技可以在业务全流程上提升效率。

（一）产品定价环节

保险科技通过辅助精算定价助力定制化产品的研发。保险是一个经营风险并且以大数法则为根本的行业。随着信息技术的发展，在数字化的背景下，我们可以获取的数据在量级和维度上都有了极大的拓展，深入挖掘数据所带来的巨大价值为保险业带来了机遇。但受制于技术能力，传统保险业主要参考内部数据和历史数据，这种方式的风险较大并且存在很大的缺陷。而大数据在保险业的应用，可以在海量数据的基础上进一步提炼用户画像信息。例如，美国前进保险公司可以通过在车里安装传感器来监测车速和加速度，并且依据这些数据来确定投保人的汽车保险报价。

（二）展业营销环节

展业营销环节是保险科技应用最多的环节。保险公司的传统代理网络依赖于面对面交流，新冠疫情加速了线上营销模式的发展。一方面，与传统的依靠代理人和经纪人寻找并说服客户购买保险的方式不同，保险公司运用大数据和机器学习技术可以准确地把握并预测用户的风险偏好，进而有选择性地推送产品，实现千人千面精准营销。另一方面，传统保险展业营销环节在考虑投放资源的时候，优先考虑的是企业是否会面临亏损，因此在客户端能够投放的资源很有限。而一些保险公司使用大数据拓展客户平台，在筛选用户时就能掌握用户现有的承保情况并把握其风险偏好。这种从客户端入手的展业营销方式不仅能大大降低整个过程的成本，还能有效提升销售的成功率，有利于提高保险公司的经营效率，使得保险公司可以将节省下来的费用用于提升服务质量等方面。

（三）核保理赔环节

智能核保技术有助于在核保理赔环节解决人工承保过程中时间长、手续复杂等问题。随着人工智能、物联网和可穿戴智能设备等技术的广泛应用，数字化在保险公司核保理赔环节的应用将更加深入。甚至在未来，区块链技术可以记录并追溯所有环节，理赔手续全部公开透明，并实现自动强制执行智能合约。

（四）风险控制环节

在风险控制环节，保险科技可以助力保险业更好地进行风险管理和风险预防，帮助企业提升风险控制能力和效率。保险公司从以往被动地等待客户提交理赔申请发展为主动地向客户提供防灾防损的支持以降低理赔概率，其核心在于算法的支持。数据和机器学习技术能提供风险管理的方法，将保险产品从保护态转移到预防态。例如，鼓励安全驾驶的传感器能够检测是否发生事故。如果发生事故，传感器将会及时地通知第三方，发送正确的信息来寻求帮助，然后利用无人机对现场拍照记录以便于后续的索赔。如果发现有人受伤，则传感器能够自动通过连接的系统提交索赔申请，启动损失赔偿程序并为伤者预约会诊专家。数据驱动下的保险业将大大提高索赔服务水平和事故管理能力，自动化的应用使得整个流程更简单快捷。对于客户来说，也省去了大量与递交索赔材料相关的工作。

二、保险科技重塑保险商业模式

回顾中国保险业与科学技术融合的过程，1999—2008 年，保险业的技术运用体现在内部运营上，这一时期大型保险公司开始大规模建设信息系统,进行保险业务信息电子化,并建立核心系统。随着互联网不断发展,部分保险公司在电话营销中心的基础上开始建设自己的官方网站,但网站主要的作用是提供信息以促进销售,更多的是体现保险业务线上化。2017年以来,保险科技开始深刻地改变保险业,从运营扩展至定价、销售、承保、理赔等环节,为保险商业模式带来了新方向。

(一)提高效率和经济可行性

保险的最终目标是为个人、家庭和社区提供安全网,为了实现给更多家庭带来保障的目标,保险产品的价格需要与消费者的经济能力相适应,而新兴技术可以有效地帮助保险公司实现这一目标。保险科技的介入,可以削减保险公司在各环节的成本,促进保险业市场不断下沉,开发原本不会接触的新客户。

1. 人工智能、算法及移动支付的使用大大提高了经济可行性

保险业在一定程度上属于人员密集型行业,但实际上一些重人力的业务场景,例如呼叫中心以及核保理赔,其重复率高、工作量大以及以经验为导向的特点使得人工智能可以很好地替代它。在上述场景中,应用人工智能解决高人员流动率和高人力成本、培训成本的缺陷,一方面使保险公司可以通过减少对老客户的干预来提高服务效率,另一方面也使保险公司可以通过更简单的流程向新客户介绍自己的产品,并引导其完成投保等操作,给客户提供不同以往的体验,从而在降低成本的同时,还提高了公司的收入和市场竞争力。

传统的保险承保流程不仅时间长、效率低,而且核保成本较高。而利用人工智能技术搭建的线上智能核保系统能够通过学习核保知识累积核保经验;能够通过与客户的线上深入交流更清晰地了解其风险特征,并据此自动决定是否承保。在这个过程中,投保人只需要在保

险公司相关人员的指导下线上填写信息并上传所需的材料，智能核保系统将利用文字识别技术迅速处理，几分钟内便可以完成线上承保。

而在理赔环节，"理赔难"一直是部分保险消费者不愿意购买保险的一个主要原因。通常人工定损的流程烦琐且成本较高，还存在主观判断偏差等弊病。在区块链技术下，智能合约能够自动强制执行，在图片识别技术的帮助下，搜索比对庞大的数据库，判断系统中投保人上传的理赔图片是否符合理赔标准，可以避免因人为主观判断偏差而发生的拒赔漏赔现象，加深投保人对保险公司的信任。

2.区块链技术能有效解决信息不对称问题

一方面，区块链技术能简化投保、核保和理赔等一系列流程，进而降低交易成本和保费。面对保险欺诈，保险业的应对往往需要较长的反应时间，而区块链技术的运用能够帮助整个行业认识保险欺诈的产生并及时应对，从源头上阻止保险欺诈风险的产生。而且随着技术手段的不断提高，区块链技术有望实现主动识别保险欺诈并发出预警的功能。同时该技术还可以较安全地维护和验证交易信息，提高交易的透明度，节省了时间和成本。

另一方面，区块链技术能有效解决我国农业保险中长期存在的问题。农业保险中承保、查勘定损以及后续理赔过程成本高且测量误差较大，这一直是保险业的难题之一。为了解决这一问题，一些保险公司已经将遥感技术和区块链技术应用于上述环节，并取得了显著的效果。保险公司通过卫星遥感技术、无人机航拍技术拍摄的图像来判断农作物长势如何、受灾风险程度高低，并对其地理位置等进行综合勘察，形成标的分布图以评估风险大小，从而实现按图承保。这不仅可以节省人员勘察过程中的时间和人力成本，也可以使测量和保费计算结果更准确，对投保人和保险公司双方都有利。

3. 大数据能带动保险公司向事前防控转型升级

大数据可有效帮助保险公司提高风险管理的能力。利用大数据可从根源上把握风险来源并减小事故发生的概率，以达到减少理赔方面支出的效果。在我国当前保险市场上，以人工智能、机器学习技术、区块链、大数据为代表的新兴技术正在为保险业带来新保险业态和新商业模式。伴随保险科技的应用愈加深入，追求精细化、定制化和个性化正在慢慢成为保险产品和服务发展的目标。随着保险公司加快商业模式转型升级的步伐，保险科技赋能保险业价值链已成为它们的共识。

（二）促进协同发展

在消费者有着高期望值并且产品更新迭代迅速的大背景下，保险公司正积极地为消费者提供全方位的体验，这需要一个更强大的分析平台去优化流程。数字化大大提高了保险业务的效率，云平台的建设使保险公司能够处理并利用大数据，在降低成本的同时也加快了与其他产业融合发展的进程。近年来，大型保险公司充分发挥资金和人才优势，不断加大对数字基础设施建设的投入，将保险科技应用于保险业务全流程。其中，云平台、统一客户资源平台以及综合营销服务体系的建设是保险公司关注的重点。

1. 传统保险公司加大数字化转型的投入

以中国人寿、中国平安为代表的大型保险公司积极设立保险科技子公司，加大保险科技投入。它们还将信息技术相关部门整合为一个技术平台，建设数据中心，开展全方位数字化运营。同时，大部分保险公司致力于打造连接内外部的保险科技生态圈，提升全流程用户体验，并相继推出统一的 APP，连接公司内部的人身保险、财产保险业务。一些牌照齐全的综合性保险集团还将银行、基金、保险等其他金融业务整合到一个应用程序中,使得用户可以一站式处理所有金融业务。例如,泰康人寿作为保险业中较早投入保险科技创新的企业,目前已经构建了由泰家园、泰行销、泰生活三大平台相互协同的科技生态圈,以此创新商业模式。另外,自 2017 年起,平安保险就开始部署"金融+科技""生态+科技"双轮驱动发展战略,对区块链、云计算及人工智能这三大核心技术开展深入研究。

2. 互联网保险快速发展

与传统保险业务相比,互联网保险的优点在于投保人的选择更自主、保险产品的价格更低廉、保险销售方式更便捷。互联网保险公司和各类平台利用数据和流量优势开展保险业务,关注经营客户,与传统保险公司选择低风险客户的策略有很大不同。

由于互联网保险具有普惠性和场景性的特征,公众可以很容易地了解互联网保险产品信息。当前,更多消费者的消费习惯逐渐由线下迁移到线上,在这种情况下互联网保险充分发挥了操作便捷和易触达的优势,有效地提升了人民群众的风险防范意识,并且提高了消费者对保险业的关注度。

三、保险科技创新保险产品设计进程

(一)扩大可保风险的范围

保险业不断扩张的可保风险范围有利于实体经济活动的开展。长期以来,随着保险技术的进步,可保风险范围正不断加速扩大。保险科技可以通过前沿的科学技术精准地量化风险,从而将不可保风险转化为可保风险,创造并推送更满足客户需求的产品,与实体经济融合发展。

首先，保险科技可以更充分地发挥保险互助共济的功能，提供更可靠、更充分的保障。例如，在医疗保险领域，出现了单病种保险，满足了更多人群的需求，原先因为患有特定疾病而不能购买保险的人，可以通过健康数据的实时监测，获取保险公司的信任，从而获取相应的医疗保险。

在我国，慢性病及其并发症是居民死亡的主要原因之一。然而我国商业保险很少能够保障这类疾病，因为很难搜集到相关疾病的数据，也很难把控个体的健康管理。随着可穿戴设备的兴起，相关医疗数据得到开发，慢性病保险的供给正逐渐增加。

其次，保险公司通过科技赋能，在很大程度上完善了巨灾保险的产品解决方案。巨灾保险发展的基础是量化风险，其保险产品和风险转移方案的设计都建立在对巨灾风险的识别、监测、预测和计量的基础上。但由于数据观测的局限性和客观准确量化巨灾风险较困难，长期以来，这一直限制了巨灾保险的发展。以中国再保险股份有限公司为首开发的"中国地震巨灾模型"具有代表性，基于此产生的巨灾保险在震后救助中的应用已有所成效。中国再保险股份有限公司依靠该模型为国内保险市场提供了大部分巨灾保险方案。

（二）开发更多的场景化产品

一方面，场景化保险产品能满足消费者现有的场景化需求，并进一步刺激潜在的保险需求。通过大数据与机器学习技术的使用，保险公司能够利用人工智能等技术发现消费者需求，从而有针对性地推出场景化保险产品。在投保场景化保险产品时，消费者不仅可以用较低的成本满足当前的需求，还可以通过此次投保联想到未来自身可能面临的风险。这样，保险公司就达到了进一步刺激保险需求的目的。

另一方面，保险科技的快速发展为保险公司提供了发展大规模个性化产品的机会。它们利用保险科技获取了大量的场景数据和多维数据,再通过对这些数据进行深入挖掘,获取全面精准的用户画像,提高对客户需求的敏锐程度并推动自身产品的有效创新。尤其是大型保险公司会在保险价值链中应用多种新技术,逐步开拓新市场并进一步寻求新突破。例如,众安在线财产保险股份有限公司曾推出一款场景化保险产品,当游客在上海迪士尼乐园游玩遇到高温或暴雨天气时,这款产品会为他们提供一定的赔偿;还有一款航班延误险,如果飞机由于自身原因延误,则保险公司会向购买该保险的旅客赔付一定的费用。

互联网保险公司专注于产品创新,接连推出场景化、碎片化的保险产品,与购物、旅游、医疗、在线零售等场景深度融合。在每一种场景下,定制的营销策略会刺激保险需求,并提供方便的投保渠道。例如,当潜在客户预订酒店或订火车票时,他们可能会意识到相关风险,并通过嵌入式选项购买保险。随着日常生活的数字化转型,更多的场景化、碎片化保险产品将不断得到开发。

四、保险科技满足消费者多样化的需求

在保险科技兴起之前,大部分保险公司都是从自身的角度来经营保险产品,而随着保险科技的发展,保险公司开始通过各种方式积极地与消费者进行交流互动,在产品和服务上为消费者带来优惠,从而维持稳定的客户关系,增强客户黏性。

(一)保险产品更加多元化和个性化

1. 提升客户体验和满意度

一方面,由于市场上保险产品种类繁多,同时由于对保险条款的理解不充分,大部分保险消费者往往不能充分了解其面临的风险最

适合购买何种保险，而要想找到最合适的保险产品则需要耗费大量精力去进行多方询问和比较，最终还未必能够挑选到真正满意的保险产品，这会在很大程度上打击那些通过自己比较去购买保险产品的消费者的信心和热情。而随着一站式比价平台的出现，投保人可以从价格、保障范围等多方面自主了解各种各样的保险产品的区别，不仅节省了比对产品的时间，也更容易缩小可挑选的保险产品的范围。这有助于帮助投保人选择与实际需求更匹配的保险产品。

另一方面，消费者对保险产品的需求正在向综合需求转变。随着我国中产阶级群体规模的不断扩大和社会财富的不断积累，消费者对保险在他们生活中的价值逐渐有了更深刻的认识。在消费升级的大背景下，消费者对保险产品的要求会越来越高。互联网保险凭借其普惠性、易触达的优势高速发展，有利于保险公司充分采集用户需求并实现有效对接，进而推进保险产品设计与研发，开发基于个性化产品的服务模式，促进保险业的整体创新发展。

2. 有效满足人民群众多元化保障的需求

风险无处不在，而层出不穷的医疗卫生问题、日新月异的商业环境及不断变化的社会发展趋势每时每刻都在推动新风险的出现。与之相对应，消费者也会产生新的投保需求。但消费者目前已购买的大部分保险并没有涵盖这些新出现的风险，由此产生了缺口。保险公司可利用保险科技加快开发新的保险产品，提高对市场的敏锐度和判断力，加速创新、提高自身竞争力以更好地适应环境的变化，进而占据市场份额。比如保险公司利用可穿戴设备、手机APP等手段可以获得所需数据，从而利用新技术评估被保险人或保险标的的风险水平，进而对保险产品予以差异化定价。

另外，随着经济快速发展与科技进步，逐渐衍生出新的社会需求与问题。互联网保险通过理念与技术创新，在解决社会难题的过程中发挥积极作用。互联网保险坚持以人民为中心的原则，利用普惠性、易触达等优势满足人民群众多元化保障的需求。主要体现在以下两点：一是产品更多元化。运费险、航空险等产品的出现，使得大众在消费、出行等方面的保障需求得到满足。二是服务更便捷化。互联网使得保险等金融服务更加具有可获得性，保险服务普及小微企业、欠发达地区和低收入人群，普惠性大幅提升。

（二）保险服务更加便捷和全面

首先，随时随地就能购买保险的方式可以使客户更方便地享受服务。场景化保险是一种只为某种特定保险事故发生时可能面临的风险提供保障的产品，它允许投保人通过手机上的应用程序快速地为他们的生命、健康和物品等投保。传统保险中的航班延误险、旅游意外险等都属于场景化保险，这类产品不受地域的限制，在省去烦琐步骤的同时，也节省了各项成本和费用。

其次，保险科技的深度应用使得保险公司能够有机会为客户提供不间断的保障。互联网和科技已经与人们的生活紧密地联系在一起，从能够提醒人们多运动多喝水的智能手表，到能够检测到皮肤异常状态并提供护肤流程的智能美妆镜，再到只需下载一个应用程序便能控制家里的所有电子设施，毫无疑问，科技正在渗入人们生活的各个角落。而互联网公司在保险业的参与体现出其成熟的线上应用能力与庞大的用户基数优势，保险科技的深度运用对于提升整体社会保障能力具有重要意义。

在健康保险领域，通过可穿戴设备等装备，保险公司能够持续收集和追踪被保险人的日常活动等有效信息，从而可以根据个人的日常生活习惯等因素动态调整保费。这样做的结果是，健康保险不仅能为被保险人提供保护，还有可能延长他的寿命。

在车险领域，保险科技有利于车险定价与承保的实现，通过车联网技术分析不同投保人的驾驶风险，实现差异化的车险定价。对客户而言，这不仅有利于他们认识到自身可能面临的风险，还可以帮助他们有意识地去养成正确的驾驶意识和驾驶习惯。未来，保险科技将帮助保险公司为客户提供更全方位的贴心服务，如通过传感设备自动识别车辆损失，做到客户理赔无感化。

五、保险科技挑战传统保险监管模式

近年来，我国发布了诸多保险监管政策（见表 5-1），使得监管力度稳步提升，保险创新朝着回归本源的方向迈进。

表 5-1　近年来我国发布的部分保险监管政策

发布时间	政策
2013 年 5 月	《中国第二代偿付能力监管制度体系整体框架》
2014 年 8 月	《关于加快发展现代保险服务业的若干意见》
2017 年 4—5 月	"1+4" 系列文件
2019 年 10 月	《健康保险管理办法》
2020 年 12 月	《互联网保险业务监管办法》
2021 年 11 月	《保险集团公司监督管理办法》
2022 年 1 月	《保险公司非现场监管暂行办法》

由于保险业是数据密集型行业，数据与保险管理的技术水平和绩效有着密切的关系，因此数据的获取一直都是保险业发展的重要因素。近年来，保险科技的快速发展赋能了保险业包括产品创新、用户识别以及理赔支付在内的多个流程。而在这个过程中，最具有创新价值的就是大数据的发掘与运用。保险科技应用和保险业数字化转型提高了保险业风险评估、定价能力，有利于稳定行业资产管理，提高保

险风险承受能力，但也带来了一些问题。

（一）市场准入监管界限模糊

保险业的数字化转型，赋予了拥有海量数据的公司进入保险业的有利条件，大量科技公司虽然不是在保险领域发展，但由于它们拥有更大的数据持有量以及更强的数据分析能力，因此相对于传统的保险公司更具有优势。这些科技公司在发现保险业拥有大量客户资源和客户数据后，被吸引到保险市场中。在激烈的外部竞争的挑战下，传统的保险公司急迫需要转型，或是积极寻找和拥有海量数据的公司的合作机会，或是努力开拓本公司的业务板块，从其他领域探索转型发展的机会，因而保险业逐渐呈现出跨界经营的走向。

当下，我国主要通过发放许可证的方式控制保险市场的准入，由监管机构负责申请人的审查工作，准予符合经营主体资格的保险业务；同时，监管机构还负责对持牌机构的日常监管。为保险业务主体申请牌照，监管部门如果发现其违规行为，有权处罚该主体，但是，此权责尚不明确。由于保险市场的传统商业模式较为单一，上述形式的准入监管可以更完整地覆盖所有市场行为。然而，由于市场中不断有新主体加入，数字化转型也不断深入，当前的监管形式正面临双重压力：

一方面，监管机构对牌照申请者的审核流程会比之前更烦琐。更多元的主体意味着有更大的概率会牵涉到其他专业领域，所以需要考量牌照申请者的现有业务和保险业务之间的互补关系和竞争关系。此外，科技升级会加大监管部门监测保险公司是否合法经营业务的难度。

另一方面，监管机构对于跨界经营的监管仍存在一定的空白。保险科技的发展带动保险业与其他产业融合，而产业融合将会混淆各产业的边界。不同于传统的保险业务，跨界经营的业务，尤其是P2P模式，因为牵涉的内容很多，且发展还未完善，所以有更大概率汇聚风险，然而监管范围还没有正式包含此类业务，无法及时监控风险，从而易造成各类侵犯消费者权益的问题。①

（二）市场行为合规性问题有待解决

1. 消费者权益难以得到保护

第一，大数据的应用为线上精准营销提供了助力，但精准营销的背后是消费者个人信息权益的保护问题。大数据、人工智能等技术天然带有隐私、透明度和机密性等方面的风险。通过运用新技术，保险公司甚至可以不经客户允许就获得大量的私人数据，并在此基础上完成深入的预测性评估以影响企业决策。《中华人民共和国个人信息保护法》于2021年11月1日正式实施，这意味着保险业将对传统的客户数据管理理念、技术和模式做出改变。但就目前的情况而言，大多数保险公司对数据的处理都与《中华人民共和国个人信息保护法》的要求相去甚远。个人数据、分散数据和经过整理的数据不断增加，保险公司能够利用大数据技术掌握这些数据，这不仅会对消费者的隐私权和个人信息安全造成威胁，而且对于整个保险业来说也是一个长期的难以回避的问题和现实的挑战。

第二，保险业中使用大数据技术可能会存在歧视性偏差。虽然利用信息技术处理大数据的过程在根本上是客观公正的，但是，主观的人可以编写命令人工智能分析数据的程序，而在这个过程中代入的细微歧视性偏差会在人工智能的重复运行中被不断放大。随着大数据技术的持续进步和个人数据的不断增加，会有越来越多的人无法获得保

---

① 锁凌燕，吴海青. 数据要素化与保险监管改革. 保险研究，2021（10）：79-89，105.

险服务。除此之外，保险公司在对潜在投保人进行评估时本身就带有一些歧视，新技术的运用会进一步加大这种歧视。它们可以利用大数据监测各个用户的日常习惯、行为选择以及他们心理和身体的健康状况，从而完成用户画像的精准描绘，进而获得区分各类人群的机会，这会影响全社会的团结和凝聚力。①

2.市场行为风险形成的方式发生变化

由于保险公司掌握了大量的数据，它们和保险消费者相比拥有绝对的信息优势。数据获取和挖掘技术的不断提高，使得保险公司更容易获取消费者数据，同时对个人和群体行为的预测精准度也会相应提高。在某种程度上，这将逆转传统保险业在信息方面的劣势地位，并导致大数据"杀熟"等操作。

另外，随着大数据的不断发展，市场上的产品交易和营销途径都呈现出多样化趋势，比如"贴条险"之类的噱头保险和平台网络红人的广告营销，导致保险宣传更普遍出现夸大和虚假的问题，网络又进一步增强了这些问题宣传的影响力。在大量真假难辨的网络信息面前，缺少保险知识的用户将会处于更加弱势的地位，而当下的监管机构在监管市场和保护消费者权益方面也难以兼顾。

（三）完善保险监管体系的对策建议

1.实施动态监管

随着大数据的发展，保险市场中出现了更多的非保险类机构，跨界经营的趋势已经成为必然。部分科技企业由于手握大量的用户数据，在信息资源上存在明显优势，便借此不断渗透保险业以及其他金融业务。它们的加入逐步增加了具有保险性质的业务种类。由于这些

---

① 陈佳.保险科技应用带来的风险及监管对策：以区块链和大数据技术为例.审计观察，2021（4）：88-93.

新主体属于跨界经营，对其监管类别的判断比传统的保险类机构更加复杂，如若无法及时将它们纳入合适的监管领域，便会造成监管真空和企业套利，从而损害消费者的合法权益，并打破保险市场原先的生态平衡状态。在外部形势变得更加错综复杂的情况下，要抓住保险业务的核心本质来判断这部分新兴主体以及业务类型，并将所有符合保险核心本质的业务纳入保险监管的范围。

同时，应逐步增强功能监管。当前，虽然难以在短时间内实现不同监管模式的彻底转换，但至少应该做出一些过渡性的改变。例如，针对新兴主体开展的符合保险本质的业务，可以利用功能监管将其纳入保险监管；针对已有保险机构新的拓展业务，继续根据机构监管原则进行规范与监督。通过机构监管和功能监管的优势互补，可以全方位监管大数据的使用，以规避单一的监管形式在一些业务扩展上的遗漏，从而全面规范保险市场的科技使用。

2. 升级优化监管手段

监管科技在保险科技的发展下应运而生。各国各地区的监管机构在"用科技监管科技"方面已经达成普遍共识，并共同朝着这个方向发展。保险业在数据要素化的现状下面临着新的风险和挑战，因此要求监管机构也要利用大数据及相关科技手段完善现有的监管，应用区块链技术就是一个典型和有效的例子。区块链技术既能够做到去中心化，又能够做到公开透明，所有的参与者都有权在数据库中进行记录，数据的存储愈加便捷，这也是将来处理数据确权、追踪问题的重中之重。区块链技术能够定位数据的最初来源，并根据这个来源实现数据确权；也能够对所有数据进行全过程追踪，且能在必要时精准识别风险的发生节点，并据此确认需要监管的主体。这非常有利于处理监管权责不明、监管重叠和真空等问题，并能有效降低数据泄露的风险。

3. 密切加强监管合作

在宏观统筹下，保险监管机构在国内市场上应增强与其他监管部门的合作，在全球市场上应加强与各类保险监管机构的交流。数据确权、定价和流动牵涉保险之外的许多部门，保险在数据要素渗透中只占一部分。若要在真正意义上实现数据的市场化流通，国家需要进行整体调控，使得各个部门的需求得到满足、能力得到体现。而保险监管机构则要以开放的态度与其他部门积极沟通、充分交流，助力实现真正的数据市场化，并在此基础上制定合理高效的监管举措。

第五章
中国特色现代保险制度建设原则

改革开放四十多年来,中国特色现代保险制度不断发展进步。截至 2021 年末,我国已连续四年保持全球第二大保险市场。中国特色现代保险制度已经成为应对灾害事故风险的重要机制,充分发挥了保障民生的重要作用,多层次保险市场体系已经形成。目前我国的保险市场仍然面临不少现实问题和重大挑战,建立适合我国国情的中国特色现代保险制度至关重要。

一、为人民服务原则

(一)正确处理政府与保险市场的关系

因为保险市场中普遍存在信息不对称问题,所以政府适当地干预保险市场是有必要的。在投保人发出投保要约时,保险公司一般无法识别投保人的风险状况,所以只好以同样的保险费率向所有投保人提供保险,而这势必会吸引高风险人群投保,而排斥低风险人群投保,导致保险的价格越来越高,最终使保险市场无法达到均衡甚至坠入崩溃。这就是保险市场中常见的逆向选择问题(即投保人最优的保险购买数量与其风险状况正相关）。为了避免这一问题，保险公司要么搜集更多投保人的个体特征数据，使用定价模型对不同特征的投保人进行差异化定价；要么根据激励相容原理设置两种保单，引导高风险人群和低风险人群自行选择。但是，在保险市场发育尚不成熟的时期，投保人风险数据积累严重不足，保险公司无法实现差异化定价，只能根据激励相容原理，引导高风险人群选择以高风险费率购买保险，低风险人群选择以低风险费率购买保险。为了降低低风险保单对高风险人群的吸引力，保险公司只好限制低风险保单的保障程度，从而导致保险市场中的有效供给不足。

社会保险的加入可能会培育和发展保险市场，实现社会总福利的提升甚至帕累托改进。首先，社会保险强制所有风险类型的参保人参保，从而避免了逆向选择问题。其次，因为社会保险的销售几乎不需要佣金，所以其附加费用很低，参保人可以以接近保险成本的价格获取保险保障。最后，社会保险积累了海量的个体风险数据。在商业保险和社会保险可以共享数据的假定下，社会保险积累的数据可以帮助保险公司更加精确地估计个体的风险，实现差异化定价。最终，如果保险公司可以根据社会保险积累的数据完美地估计个体风险，那么任何风险类型的参保人都可以在购买了社会保险的基础上，以与自身风险水平相适应的精算公平保费购买商业保险，进而实现社会总福利的提升。

但是，社会保险的保障程度和保险责任也不是越全面越好。其中原因如下：第一，社会保险虽然解决了逆向选择问题，但是道德风险问题仍然存在。特别地，当社会保险对于保险资金的赔付审核不严格时，道德风险问题会变得尤其严重。第二，社会保险经办机构一般是政府下属的部门或事业单位，而这类社会保险经办机构运营的效率和保险赔付的管控程度一般要低于专业化的商业保险公司，从而导致保险市场效率低下。第三，社会保险强制所有投保人以相同的保险费率购买相同数量的保险，迫使低风险人群支付比自身需求更高的保险费率，有可能会损害低风险人群的福利。

横向比较各个国家的现代保险制度可以发现，几乎没有任何一个国家完全以社会保险的方式运营保险市场，即使是社会保险制度发展很完善的国家，也非常重视商业保险的建设。比如在美国的养老保险市场中，雇主或个人购买的私营养老保险计划的基金结余是公共养老保险计划 OASDI 基金结余的数倍，商业养老保险是绝对的供给主体。

综上所述，政府在经营社会保险时，不仅要科学地制定社会保险保障程度和保障范围，还要尽可能地提升社会保险经办机构的运营效率，重视对保险赔付的审核。只有这样，政府才能在降低保险市场信息不对称程度、培育和发展商业保险市场的同时，尽可能地控制道德风险，避免损害低风险人群的效用，实现帕累托最优甚至社会总福利最大化。

（二）适当提高社会统筹层次和扩大统筹范围

长期以来，中国的社会保险的统筹层次比较低，统筹范围比较小。这至少会造成以下几个严重的后果，分别是劳动力流动的锁定效应、保险基金支出的高波动性、保险基金收支不均衡和社会保险基金投资的无效率。

社会保险统筹层次较低不利于劳动力的流动。因为各地区之间的社会保险待遇不同、缴费标准不同，社会保险信息系统也不完全联通，所以当劳动力从一个地区流向另一个地区时，其新工作地区的社会保险部门可能不会承认他在旧工作地区所应该享受的社会保险权益，甚至会要求他重新开始缴费。考虑到其中的社会保险权益损失，劳动者可能会选择留在旧工作地区，而不再流向那些更需要劳动力的劳动力边际产出更高的地区。

社会保险统筹层次较低会导致社会保险基金投资的无效率。目前，除了社会养老保险基本实现了省级统筹外，其他几项社会保险基金的绝大部分仍然由县市级的地方社会保险经办机构管理。

社会保险统筹范围较小不利于降低保险基金支出的波动性。保险机制发挥作用的过程，本质上是被保险人风险聚集和分散的过程。根据精算平衡理论，社会保险覆盖的人数越少，基金支出的变异系数越大，也即基金支出的波动性越高。较高的基金支出波动性增加了社会保险基金的破产概率，不利于社会保险功能的发挥。

社会保险统筹范围较小会导致各地区收支不均衡。中国幅员辽阔，各个地区的人口构成情况、经济发展情况等因素各不相同。如果各地区各自为政，陷入地区保护主义的误区，必然会导致有些地区的社会保险基金结余很多，有些地区却出现亏空，从而损害中央政府的公信力，造成各地区之间的不团结，甚至可能会危害国家安全。

横向比较各个国家的现代保险制度可以发现，多数国家社会保险的统筹层次较高、统筹范围较大。即使是在中央对地方控制较弱的美国，其公共养老保险计划 OASDI 也是全国统筹的。因此，适当提高社会统筹层次和扩大统筹范围不仅是国际上的通行做法，也是促进劳动力流动、降低保险基金支出的波动性、维护各地区之间团结的必然要求。

（三）提升政府和保险公司的信用和社会形象

保险业的低信用会阻碍保险市场的发展。投保人购买保险，在某种程度上购买的是一种对未来损失的不确定性的补偿。然而，如果保险公司为了追求规模扩张而夸大保险产品的功能，造成保险业信用的恶化，那么投保人相当于购买的是未来损失不确定性的"不确定的补偿",也即投保人观察到保险业的低信用后,会认为自己在未来发生损失时获取的补偿也是不确定的。考虑到这种不确定性,投保人会选择不再购买保险。另外,保险业的低信用也会阻止优秀的人才进入这个行业。因此,在保险业整体信用较低时,保险市场的发展会越发难以为继。

横向比较各个国家的现代保险制度可以发现,当一个国家保险业的信用较好、保险从业人员(包括保险代理人)值得尊敬时,这个国家的保险市场也较为健康,市场基本能实现稳步增长。因此,政府和商业保险公司都需要积极提升自身的信用和形象。政府可以制定规范而完整的社会保险基金报告,增加社会保险基金运营的透明度,也可以为每一个社会保险的参与人提供方便的社会保险缴费方法和未来应获得的保险待遇水平报告,从而增加政府在社会保险运营中的公信力。商业保险公司可以积极与政府合作,利用政府的信用背书开发一些普惠型保险产品(比如惠民保),让广大人民群众更深入地了解保险的理念,切实地获取保险的赔付和保障,从而重拾对保险业的信任。

二、为社会治理服务原则

(一)合理划分中央政府与地方政府的财权和事权

1994年分税制改革之后,在财权方面,地方政府的税收收入大幅度减少,但是在事权方面,地方政府的社会保险管理责任却没有明显减少。财权和事权的不统一,势必造成地方政府想方设法地通过相对不正当的途径筹集社会保险运营资金。典型的例子如进城务工人员退保后不能领取全部余额,还有地方社会保险经办机构挪用个人账户的余额填充统筹账户。

横向比较各个国家的现代保险制度可以发现,各个国家解决中央政府和地方政府财权和事权不统一的方法主要有两个,分别是事权上移和财权下移。事权上移是指提高社会保险的统筹层次,由中央政府统一管理社会保险基金,地方政府无须参与,典型的例子如美国的公共养老保险计划OASDI。在OASDI设立之初,美国联邦政府就以《社会保障法》的形式规定:OASDI计划是一项联邦保险计划,实行联邦统筹统收统支,与州政府无关,不受州政府干预。财权下移是指中央政府将一定的运营费用征收权力下放到地方政府,地方政府有了正当的收入来源之后,就减少了另寻他路筹集社会保险运营资金的动机。

相比较而言,中国的社会保险经办机构的运营资金绝大多数来源于财政的直接拨款,而当财政拨款不足或不能及时到位时,地方政府就有通过其他途径筹集社会保险运营资金的动机。因此,中国可以借鉴其他国家的经验,在统筹层次较低时适当地下放社会保险经办机构运营费用的征收权力,在统筹层次逐渐提高后,再逐渐收回该项权力。

(二)建立社会保险基金亏空时的应急机制

为了充分保障社会保险参与人的利益,提升政府在社会保险基金运营中的公信力,中国需要在社会保险基金亏空前制订好调集资源的预案,可供使用的方法至少有以下几种,分别是建立预防性资金储备、完善统筹基金余额调度制度、实施社会保险税的减税或增税举措、发行社会保险公债。

建立预防性资金储备。为了预防社会基本养老保险基金未来可能出现的收不抵支问题,中国已经建立了全国社会保障基金理事会,其资金来源主要是中央财政预算拨款、国有资本划转、基金投资收益和国务院批准的其他方式。目前,全国社会保障基金理事会的年化收益率非常可观,但是面临庞大的未来养老保险支出缺口,其在基金总量上仍然显得捉襟见肘。未来预计还需要进一步扩大全国社会保障基金理事会管理的基金规模,为抵御养老风险做足准备。

完善统筹基金余额调度制度。由于各地区人口结构和经济发展水平不同,其社会保险基金收支情况不均衡,有些地区已经出现了连年亏空,而某些地区连年结余。想要应对地区社会保险基金收不抵支问题,除了提高统筹机制之外,还可以建立各地区之间统筹基金余额的调度制度,在制度上规定社会保险基金结余相对富余的地区支援社会保险基金发生亏空的地区,适当减缓地区之间的不均衡,促进全国范围内的公平。

实施社会保险税的减税或增税举措。在重特大灾害(比如自然灾害、重大公共卫生事件)发生时,适当减免企业或个人的社会保险税率,帮助他们渡过难关。

发行社会保险公债。在极端困难的情况下可以由中央政府面向全社会发行社会保险公债,弥补特殊时期社会保险基金亏空的问题。

三、可持续发展原则

(一)定期发布科学的保险精算报告

中国商业保险的精算报告披露制度已经较为完善,但社会保险的精算报告披露制度仍然相对薄弱。在商业保险的监管上,中国已经建立了以第二代偿付能力监管制度体系为主体的保险监管制度,要求精算师们合理预估未来风险,计算偿付能力充足率,最终以报告的形式提交国家金融监督管理总局审查。但是在社会保险的监管上,中国仍未建立定期的社会保险精算报告披露制度。2017年人力资源和社会保障部及财政部发布的《统一和规范职工养老保险个人账户记账利率办法》中虽然提到了职工养老保险个人账户应该体现精算平衡,但是没有做出更详细的制度规定。如果社会保险的缴费与待遇仅仅依靠"以支定收,收支平衡"的短期原则指导确定,而缺少定期披露的保险精算报告,那么至少会有以下几种后果。

首先,社会保险基金在中长期会出现严重亏空。随着人口老龄化的加剧和预期寿命的延长,我国社保基金的支出将增大,新增保险将无法弥补支出缺口。以社会医疗保险为例,目前我国的医疗保险基金尚能做到收支平衡、略有盈余,但如果考虑到"婴儿潮"一代人的退休、计划生育的一代人进入市场、医疗费用上涨和工资增长速度放缓,未来医疗保险基金的收支情况不容乐观。

其次,人民群众参保的积极性和政府的公信力会下降。在缺乏社会保险精算报告披露制度的环境下,人民群众可能会质疑未来社会保险基金的支付能力,对自己是否能获得足额保障产生怀疑,从而不再愿意缴纳社会保险费。

最后,社会保险政策的制定会缺乏科学依据。社会保险精算制度的其中一个作用是利用历史数据建立模型,模拟某项社会保险政策对不同属性参保人群的影响,分析政策实施的效率性和公平性。如果缺少社会保险精算制度,政府就很难预测某项政策的实际影响,从而难以做出科学的决策。

横向比较各个国家的现代保险制度可以发现,为了应对可能出现的收不抵支问题,各个国家的精算机构都会定期对社会保险基金的中长期财务状况做出预测。比如欧盟发布的老龄化报告就使用一个宏观模型,测算了人口老龄化趋势下社会保险基金的财务压力,美国社保障管理局精算办公室和国会办公室将随机性引入基金收支的预测当中，每年都会对社会保险基金未来 75 年的财务状况做出预测。

（二）制定稳健的保险基金投资制度

商业保险公司出于追求利润最大化的诉求，已经在相关的法律法规之下建立了相对完善的保险基金投资制度，而社会保险基金投资制度还处于相对薄弱的阶段。理论上，中国现收现付制下的社会保险制度是当期收缴、当期发放的，不存在贬值压力。但在实际运行中出于对未来不确定性的考量，社会保险基金的收入一般要略大于支出，形成"以支定收、收支平衡、略有结余"的收支现状。在社会保险基金存在结余时，如果没有配套的保险基金投资制度，社会保险基金会缩水，从而损害被保险人利益和政府公信力。

当前中国数万亿元社会保险基金正面临"缩水困局"。根据目前的法律规定，我国社会保险基金的结余部分只能用于存款或国债购买，不允许其他任何形式的投资。然而，因为存款和国债的利率较低，在许多年份甚至低于通货膨胀率，所以社会保险基金结余不仅很难实现保值增值，在很多年份甚至呈"缩水"的态势。

横向比较各个国家的现代保险制度可以发现，让社会保险基金进入资本市场，通过市场化的运作降低社会保险基金结余被通货膨胀侵蚀的风险，是各国普遍采用的通行做法。如美国通过社会保障信托基金委员会来管理、运营和投资社会保险基金，智利通过引入市场化机制，由政府授权的相互之间存在竞争的私营养老基金管理公司来负责投资社会保险基金，新加坡通过设立中央公积金局实行高度统一的集中投资管理。中国也设立了全国社会保障基金理事会，理事会与各地区社会保险经营机构签订《基本养老保险基金委托投资合同》，间接地负责地方社会保险基金的投资。

（三）推动保险数字化与信息化建设

保险业是以数据为基础的行业，保险业的进步在某种意义上是由数据驱动的。由于商业保险公司获取数据的成本较高，所以它们非常重视数据的积累，拥有较为科学的数据录入系统和数据储存系统。一些保险公司为了获取某些领域的风险数据，甚至宁愿亏损也要进入这些领域开展保险业务。然而，因为社会保险是强制性保险，而且不赚取利润，所以社会保险经办机构一般没有内生动力去搜集和储存数据。因此，政府建立了科学的社会保险数字化与信息化系统，来记录社会保险运行过程中投保人的个体特征和赔付记录。具体而言，积累保险运营数据有以下两个好处：

第一，积累保险运营数据可以帮助保险运营机构更准确地估计未来的风险。对于商业保险公司，数据的积累可以帮助它们给个体特征不同的投保人制定差别费率，从而减少逆向选择问题，增加商业保险市场实际购买量，维护和稳定商业保险市场中的均衡。对于社会保险机构，数据的积累有助于它们更准确地预估社会保险基金未来的风险收支情况，建立基金收支状况的预警系统，及时调整社会保险费率和待遇水平，维护社会保险基金的稳定运营和广大参保人的长期福祉。

第二，积累保险运营数据有助于开辟新的险种。在数据积累严重不足的保险市场中，保险公司出于担心亏损的原因，往往会选择不进入该市场。此时，即使投保人存在很强烈的保险需求，因为有效供给不足，他们也无法买到足够的保险。若社会保险能够加入该市场，以社会平均风险水平提供保险，积累风险数据，就有可能帮助保险公司识别该市场中的风险状况，从而吸引商业保险公司慢慢加入市场，提供商业保险。最终，在该险种对应的保险市场中，社会保险和商业保险同时存在，有效供给充分，有效需求得到满足。

横向比较各个国家的现代保险制度可以发现，在保险市场发展比较好的国家中，其保险数字化与信息化建设一般也相对完善。比如美国的连续工作历史样本库（CWHS）、收入动态面板研究（PSID）和当前人口调查系统，以及欧洲国家的欧洲收入和生活状况抽样调查（SILC）。中国也有"金保工程"，为支持劳动和社会保障、医疗保障业务经办、公共服务、基金监管和宏观决策等核心应用提供数据支持。

建设方案篇/实务篇

第六章
多层次医疗保险制度

一、医疗保险制度概述

医疗保险是一种健康保险，为被保险人接受诊疗、支出医疗费用提供保障。一般来说，医疗保险是补偿性质的，当合同约定的保险事故发生时，保险人进行保险金赔付，补偿的范围涵盖医药费、门诊费、住院费、各种检查治疗费用等，内容比较复杂。目前，世界各国普遍关注建立多层次医疗保险制度，是医疗保障体系发展的基本取向。

（一）医疗保险制度的概念

医疗保险制度是政府按照保险原则筹集、分配和使用医疗保险基金的制度。在整个社会保险制度框架中，医疗保险制度是非常重要的部分，是保障国民健康水平的有效筹资机制，也是国际上通行的卫生费用管理模式。广义医疗保险制度既包括基本医疗保险，也包括商业健康保险以及大病保险等以保险的手段管理医疗风险、保障人民群众健康的制度安排。通常认为，狭义医疗保险制度涵盖基本医疗保险和商业健康保险。

1. 基本医疗保险

基本医疗保险始于德国。德国于1883年颁布了《疾病保险法》，规定了一些行业中工资低于规定限额的工人需要被强制加入医疗保险基金会，这标志着强制性医疗保险的产生。在全球经济危机（1929—1933年）后，德国又对医疗保险立法进行了全面规范，细化了保障对象与范围、待遇水平、相关服务等内容。

2. 商业健康保险

除了基本医疗保险外，商业健康保险也在医疗保险制度中发挥越来越重要的作用。由于不同商业健康保险的重要性和在医疗保障体系中发挥的作用各不相同，商业健康保险大体上可分为基本型、替代型、补充型和增补型四种模式。

（1）基本型商业健康保险。在一些国家和地区，基本医疗保险尚未实现全民覆盖，商业健康保险有机会发挥更关键的作用，在医疗保障制度中占据主导地位。根据发挥作用的差异，基本型商业健康保险可进一步分为基本主导型和基本替代型。美国的商业健康保险是基本主导型的典型代表。在美国，只有军人和老幼病残者能够参加公共保险计划，由市场解决除此之外的民众的医疗保障问题。德国是基本替代型的典型代表。在德国，如果收入达到特定水平，就可以只参加商业健康保险而不参加社会医疗保险。

（2）替代型商业健康保险。在部分国家和地区，官方会提供全民医疗保险，高收入人群有权享受基本医疗保险，同时也可以购买商业健康保险，享受更快捷、更全面的医疗服务和医疗保障。

（3）补充型商业健康保险。采取社会医疗保险制度的国家和地区，一般会对基本医疗保险设置一定的自付比例以及起付线和封顶线，居民仍需自己承担一部分医疗费用。商业保险机构会提供补充医疗保险产品来覆盖这部分风险敞口。比如，法国提供覆盖全民的公共医疗保险，但是保障程度不高，多数法国人还会通过其他方式得到补充保障；再比如，在澳大利亚，联邦政府会按照规定，对私立机构住院患者的医疗服务费用报销75%，其余部分由患者自负或者由商业健康保险报销。

（4）增补型商业健康保险。这一模式下的商业健康保险主要包含一些特种医疗保险，保障视力矫正等法定医疗保险目录之外的医疗项目。

（二）医疗保险制度的国际模式

国际医疗保险体系的萌芽、建立、发展、改革的过程就是多层次模式的形成过程，主要经历了医疗救助阶段、主体医疗保险制度阶段、商业健康保险深度参与阶段三个阶段。

在全球范围内，许多国家和地区都面临着老龄化程度加深与医疗保险费用支出增长的双重压力。在此背景下，OECD国家的商业健康保险呈现出不断深化发展的趋势，与基本医疗保险的联系越来越紧密，并参与到医疗服务的行为约束和费用管控中，填补了基本医疗保险体系中的空白。

1. 美国——以市场为主体的多支柱型医疗保险制度

美国的医疗保险制度是以市场为主体的多支柱型医疗保险制度，商业健康保险为主体层，公共医疗保险为保底层，市场运作为主，政府保障为辅。作为医疗保险制度市场化程度最高的国家，美国的商业健康保险深度位居OECD国家之首。美国的管理式医疗发展较快，追根溯源，主要是美国在20世纪70年代出现了经济滞胀现象，高额的雇主医疗保险费支出使企业越来越难堪重负。在这样的背景下，缴费水平较低、可以有效进行医疗控费的管理式医疗就受到了广泛欢迎。研究发现，如果参加社会化低保费用方案，被保险人的年均医疗费用相较于参加管理式医疗方案要高,幅度可达50%。

2. 英国——国家卫生保健服务体制下的多层次医疗保险制度安排

英国的全民医疗保险制度以国家医疗服务体系（NHS）为主体,以商业健康保险与医疗救助制度为补充。英国的NHS是一项全民免费医疗制度,具有较好的公平性和较高的健康投入产出比。自2010年起,英国NHS实施了成立以来规模最大的医疗改革,内容包括公立医疗机构转型为基金会形式、全科医生医疗服务委托、促进竞争和选择等。

英国的国家卫生保健服务体制是相对成熟的模式,但NHS提供的医疗卫生服务也存在一些问题,例如,排队就医候诊时间长、政府财政压力大等,因此,约有20%的高收入人群参加了商业健康保险。

3. 德国——社会医疗保险制度下的多层次医疗保险制度安排

德国是最早建立社会医疗保险制度的国家。德国的医疗保险制度以政府主导的法定健康保险为主体,以福利性医疗保险与商业健康保险为补充。德国的医疗卫生系统比较健全,为其人口提供全面的健康保险覆盖和全面的福利篮子,参保人可自由选择医疗服务提供者,等待时间比较短,同时成本分摊要求较低。但是,德国的医疗卫生系统也面临着管理架构复杂、法定健康保险和替代型商业健康保险协调性不足、门诊和住院护理在组织和支付方面严重分离等挑战。

德国的医疗保险制度覆盖全民,以法定健康保险为主,绝大多数德国人必须参加法定健康保险。德国的社会医疗保险覆盖面非常大,可达99%以上,提供的保障也非常全面。德国法律规定,凡月收入低于5 550欧元（2023年的标准）的就业人员必须投保法定医疗保险。

4.新加坡——个人储蓄型社会保障体制下的多层次医疗保险制度安排

新加坡采取个人储蓄型社会保障体制,健保双全计划和乐龄健保计划是新加坡比较有特色的模式。前者为患有慢性病或重病的中央公积金会员及其家属提供保障,类似于大病保险的概念;后者针对老年群体,旨在为遭到严重伤残需要长期照顾的老年群体提供基本的经济保障。从筹资上看,其资金来源主要是私人部门筹资、政府部门补贴以及中央公积金的医疗储蓄账户。其中,私人部门的支出占总体医疗健康支出的60%以上,其次是政府补贴,占比超过1/3。

二、我国医疗保险制度发展现状

我国多层次医疗保险制度相比国际上其他国家和地区的医疗保险制度具有一定的独特性。我国的多层次医疗保险制度包括基本医疗保险、商业医疗保险、医疗救助、大病保险、其他补充性医疗保险等多种形式。

党的十九届五中全会对构建多层次医疗保障体系提出了明确要求。为深入贯彻党的决策部署,2020年2月,中共中央、国务院印发《关于深化医疗保障制度改革的意见》(以下简称《意见》),推动中国特色医疗保险制度的建立。《意见》明确提出:"到2030年,全面建成以基本医疗保险为主体,医疗救助为托底,补充医疗保险、商业健康保险、慈善捐赠、医疗互助共同发展的医疗保障制度体系。"据此,我国多层次医疗保险制度可以分为功能相对清晰的四个层次,如图6-1所示。

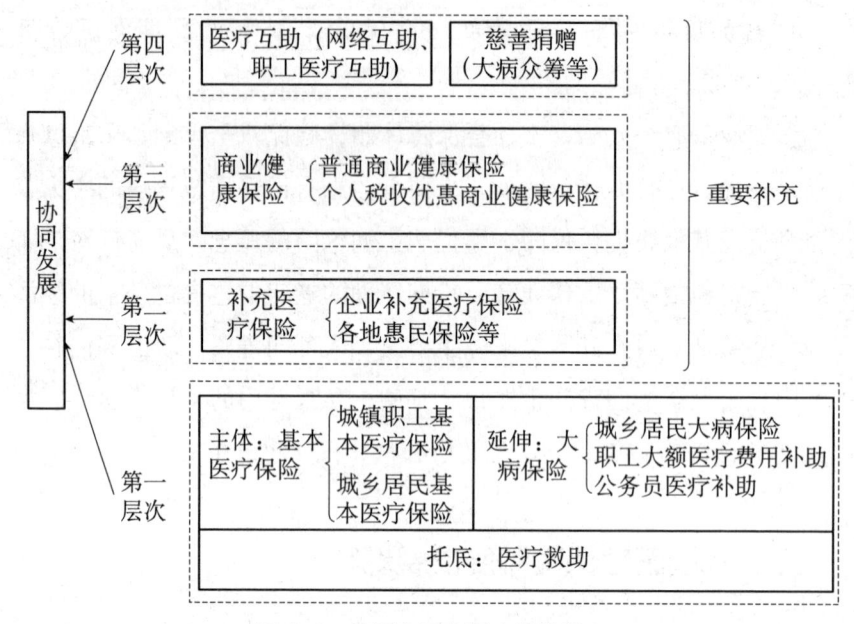

```
                ┌─────────────────────────────────────────────┐
     第四层次 →  │ 医疗互助（网络互助、  慈善捐赠             │
                │ 职工医疗互助）        （大病众筹等）         │┐
                └─────────────────────────────────────────────┘│
                ┌─────────────────────────────────────────────┐│
     第三层次 →  │ 商业健  ┌普通商业健康保险                  ││
协              │ 康保险  └个人税收优惠商业健康保险            │├ 重要补充
同              └─────────────────────────────────────────────┘│
发   第二层次 → ┌─────────────────────────────────────────────┐│
展              │ 补充医   ┌企业补充医疗保险                  ││
                │ 疗保险   └各地惠民保险等                    │┘
                └─────────────────────────────────────────────┘
                ┌─────────────────────────────────────────────┐
                │ 主体：基本 │城镇职工基│延伸：│城乡居民大病保险│
     第一层次 →  │ 医疗保险   │本医疗保险│大    │职工大额医疗费用补助│
                │            │城乡居民基│病保险│公务员医疗补助  │
                │            │本医疗保险│      │                │
                │─────────────────────────────────────────────│
                │             托底：医疗救助                    │
                └─────────────────────────────────────────────┘
```

图 6-1 我国多层次医疗保险制度

（一）我国医疗保险制度发展历程

回顾我国医疗保险制度的发展历程，总体呈现出从多元分割到逐步整合、从单一结构到多层次结构、从个人负担到多方分担、从局部受益到全民普惠的演进过程。在计划经济时期，企业劳保医疗和公费医疗组成了城市的医疗保险体系；农民自发探索的合作医疗成为在农村小范围内的集体保障。改革开放后，城镇职工基本医疗保险率先展开探索并建立，新型农村合作医疗与城镇居民基本医疗保险也相继诞生，共同确立了我国社会医疗保险的制度框架。

1. 探索试点社会医疗保险制度（1978—1998 年）

自 1978 年改革开放以来，旧的医疗保险制度不再适应经济形势的变化，地方开始了贯穿该阶段的医疗保险改革，总体遵循"地方先行试点—中央总结经验—进一步扩大试点"的过程，见表 6-1。

表 6-1 社会医疗保险制度的探索试点

时间	地区	内容	备注
1987年起	北京、四川	部分区域和行业开展实施职工大病医疗费用社会统筹和退休人员医疗费用社会统筹	试点处于早期阶段，存在许多不成熟之处
1989年起	辽宁丹东、吉林四平、湖北黄石和湖南株洲等地	改革医疗费用支付方式，制定基本药品目录和公费医疗用药报销目录，建立政府、用人单位、医院共同分担医疗费用的三方共担模式	建立起三方共担模式
1994年	江苏镇江、江西九江	又称"两江试点"，对职工医疗保险的目标、原则等进行了规定，具体实施细则主要围绕职工医疗保险的基金来源、个人账户与社会统筹基金的划拨、待遇享受以及基金管理等方面展开	初步确立了我国城镇职工医疗保险的制度框架
1996年4月	全国56个城市	国务院在总结"两江试点"经验的基础上扩大范围，做出统账结合的原则性规定，没有明确具体方案，各地在试点中采用了不同的做法	各地试点在筹资来源、具体支付方面会有所差别

2. 建立覆盖全民的基本医疗保险制度（1998—2009年）

覆盖全民的基本医疗保险制度发展过程见表6-2。

表 6-2 覆盖全民的基本医疗保险制度发展过程

时间	内容	备注
1998年12月	国务院发布《关于建立城镇职工基本医疗保险制度的决定》，正式提出根据财政、企业和个人三方的承受能力建立保障职工基本医疗需求的社会医疗保险制度	我国建立全民社会医疗保险制度的开端
2002年10月	中共中央、国务院发布《关于进一步加强农村卫生工作的决定》，提出建立以大病统筹为主的新型合作医疗制度和医疗救助制度	农村地区的医疗保险从规模小、分散化、缺乏稳定筹资来源的集体性保险走向区域性、集中化、由国家财政补贴进行资金支持的社会保险制度

续表

时间	内容	备注
2003年1月	国务院办公厅转发卫生部等部门《关于建立新型农村合作医疗制度意见的通知》，正式提出建立新型农村合作医疗制度，并将其定义为"由政府组织、引导、支持，农民自愿参加，个人、集体和政府多方筹资，以大病统筹为主的农民医疗互助共济制度"	新型农村合作医疗制度从试点到逐步扩大，最终在全国建立起来
2007年7月	国务院发布《关于开展城镇居民基本医疗保险试点的指导意见》，提出开展针对城镇非从业居民的城镇居民基本医疗保险试点，以实现建设覆盖城乡全体居民的医疗保险体系的目标	初步形成了基本医疗保险体系，将所有人群纳入社会医疗保险体系

3.新医改背景下全民医疗保险的发展与完善（2009年至今）

新医改背景下我国医疗保险的发展与完善见表6-3。

表6-3 新医改背景下我国医疗保险的发展与完善

制度	时间	政策	备注
基本药物制度	2009年8月	卫生部等九部门发布《关于建立国家基本药物制度的实施意见》	标志着国家基本药物制度自此建立，有助于破除公立医院的逐利机制
基本药物制度	2017年9月	所有公立医院都取消了药品加成；全面实施一般诊疗费，并纳入基本医疗保险门诊统筹支付范围	医疗费用不合理增长的势头得到了有效遏制，群众的就医负担持续减轻
分级诊疗制度	2015年9月	国务院办公厅印发《关于推进分级诊疗制度建设的指导意见》，提出构建分级诊疗制度的要求	不同层级的医疗机构对应承担不同程度疾病的诊疗，从而扭转不合理的医疗资源配置格局，实现对医疗卫生资源的有效配置

续表

制度	时间	政策	备注
全民医疗保险制度	2016年1月	国务院发布《关于整合城乡居民基本医疗保险制度的意见》，提出整合城镇居民基本医疗保险和新型农村合作医疗两项制度，建立统一的城乡居民基本医疗保险制度	进一步统一经办服务和信息系统，提高运行质量和效率
	2018年	国家医疗保障局成立	基本医疗保险制度不断优化完善，人民医疗保障水平明显提高
现代医院管理制度	2015年5月	国务院办公厅印发《关于城市公立医院综合改革试点的指导意见》	
	2017年7月	国务院办公厅印发《关于建立现代医院管理制度的指导意见》	实现医院管理能力现代化，构建科学规范的医院治理体系

在新医改背景下整合城乡居民基本医疗保险，加强了制度的公平性。此前，包含城镇职工、城镇居民基本医疗保险和新农村合作医疗在内的基本医疗保险制度，虽然覆盖全民，但仍然存在诸多问题，既不符合现代保险制度对于精算平衡和大数法则的要求，也损害了制度公平性。

（二）城市定制型商业医疗保险制度

近年来，我国涌现出城市定制型商业医疗保险，俗称"惠民保"（各地名称各异）。该形式是一种商社融合型普惠性医疗保险，主要是指由地方政府统筹、保险公司承保的普惠性补充医疗保险产品。惠民保是近年来我国具有较大积极作用的商业医疗保险模式创新，这款商业医疗补充保险能够衔接商业医疗保险与社会保险，很好地满足政府部门的需求，尤其是医疗保险部门的需求。它可以为民众提供高于基础保险的另一重保护，并能够完善我国多层次医疗保险制度的建设。[①]

惠民保源于深圳市在2015年首次推出的重特大疾病补充医疗险（简称"深圳重疾补充保险"），由政府主导制定政策，通过政府采购确定商业保险公司承办运营，基本医疗保险参保人自愿购买，医疗保险个人账户可支付参保保费。该模式自落地实施以来一直平稳运行，参保人数也从2015年的486万增长至2020年的780万，增长了60.49%，同时，参保率也从42.7%增长至50%左右。

随着深圳重疾补充保险取得了较好的市场反响，南京、珠海、广州也从2018年开始陆续推出惠民保产品，自此惠民保呈现出点状城市探索的趋势，并于2020年迎来井喷式发展，在全国各城市得到迅速推广。

促成惠民保迅速发展的原因在于各方对其的切实需要，但从各地的实践情况来看，这一商业健康保险新兴模式仍存在诸多问题。商业健康保险相较于其他人身险产品来说更复杂、更有挑战性，同时也更能发挥保险公司产品设计能力，未来惠民保的发展模式还需要在各方的研究和实践基础上不断完善。

（三）我国多层次医疗保险制度现状分析

当前我国医疗保险制度的多层次目标虽已经明确，但发展仍然存在一些问题。基本医疗保险独大而其他层次的保险发展滞后，市场主体和社会组织虽有积极性但难担重任。随着经济水平的进一步提高和老龄化程度的进一步加深，我国多层次医疗保险制度也需要不断优化，通过提升效率与公平来满足人民群众的需要。实现多层次医疗保

[①] 任禹凡，郑家昆. 行为经济学视角下"惠民保"的挑战和解决方法. 中国保险，2022（4）：37-39.

险制度的优化需要从顶层设计、各层次内部的资源整合、各层次之间的衔接等方面实现。

基本医疗保险是我国多层次医疗保险制度中的主体,包括城镇职工基本医疗保险和城乡居民基本医疗保险。基本医疗保险应当遵循公平为主兼顾效率的原则,但在实践中,城镇职工基本医疗保险和城乡居民基本医疗保险在筹资模式、责任分担、待遇清单及保障水平等方面均有不同程度的差异性。基本医疗保险制度是多层次医疗保险制度建设的基石,只有基本医疗保险制度明确,个人才能准确评估自己的健康风险敞口并通过其他方式化解剩余风险,其他各层次的保险才会有清晰的发展空间。

大病保险作为基本医疗保险的延伸,其实是从城乡居民基本医疗保险中分离出来的。从本质上看,大病保险是对基本医疗保险的参保人在罹患重疾时报销医疗费用的待遇叠加。医疗救助为基本医疗保险的托底,以人人都能"病有所医"为目标,但是发展程度还很低。

商业健康保险发展迅速,是我国多层次医疗保险制度的重要补充,但也存在一些发展乱象。基本医疗保险与商业健康保险之间是既竞争又互补的关系,寻找恰当的合作模式,有利于发展基本医疗保险与商业健康保险、完善多层次医疗保险制度与社会保障体系。

补充医疗保险(第二层次)和慈善捐赠、医疗互助(第四层次)是我国多层次医疗保险制度的重要内容,不可或缺,尤其是其中的惠民保、网络互助和大病众筹,近年来发展势头非常迅猛。作为多层次医疗保险制度的重要组成部分,这些新兴模式的发展能够对该制度的建设和完善产生直接作用,也可以通过与商业健康保险的协同发展机制间接发挥作用。

三、我国多层次医疗保险制度的完善

从总体上看，我国多层次医疗保险制度体系结构渐趋完整，多层次减负机制有效发挥作用。同时，我们仍然需要继续健全多层次医疗保险制度，以全面推动健康中国战略的实现。为了构建公平可持续的全民医疗保险，我国需要在如下方面继续努力完善多层次医疗保险制度。

1. 巩固夯实基本医疗保险制度综合保障

继续强基固本，促进全民参保和个人账户的制度性改革，并健全大病保险以及医疗救助。此外，不同于基本医疗保险，医疗救助的管理重心更侧重基层，跟基层社会治理相关，因此需要深入研究政策，以掌握其内在的规律，完善一系列医疗救助的管理机制。此外，大病保险是基本医疗保险的延伸，也是多层次医疗保险制度的重要构成。我国的大病保险制度自2012年起引入市场化机制，坚持政府统筹、商业保险公司专业运作的模式，到2022年已惠及超过12亿城乡居民。但是大病保险与基本医疗保险的衔接仍有待加强，保障能力也仍有待提升，需要尽快建立多元化的稳定筹资机制。[①]

2. 发挥好市场主体、社会力量的作用

要充分发挥慈善捐助、商业健康保险和医疗互助等方面的补充作用，尤其要刺激商业健康保险的发展，现在商业健康保险费用在卫生总费用中所占的比例仍然很低，要加大力度支持其发展。所以，要积极推进社商合作，加大宣传力度，提高消费者的健康风险意识，帮助提高商业保险公司的风控和精算能力，促进整合医疗服务、药品的供应。

商业健康保险应该与社会医疗保险协调发展，相互补充、相互配

[①] 李成志.完善多层次医疗保障制度体系的实践和思考：以上海市为例.中国医疗保险，2021（9）：44-47.

合。近年来新兴的惠民保就是商业健康保险与社会医疗保险相互配合的一个典型例子。惠民保有别于普通商业健康保险,也不属于社会医疗保险,既有商业健康保险运作的特点,又与社会医疗保险十分相近,是对后者的有益补充,是一种衔接了社会保险与商业保险的补偿型医疗保险新兴模式,对于完善我国现有的多层次医疗保险制度具有重要意义。

网络互助是我国金融科技与保险科技领域的创新,是一种具有类保险性质的新型风险保障形式。自2011年我国第一家网络互助平台"康爱公社"成立至今,网络互助已为超过3亿人次提供了低成本的普惠保障,对我国现有的医疗保险制度形成了有益的补充。惠民保也是发挥市场主体在承办保险业务上的效率优势和官方在推进传统惠民保险的信任优势方面的社商合作产品,对于填补人民群众的保障空白、提升保障水平具有重要意义。

3.进一步提高医疗保险信息化建设水平

建设多层次医疗保险制度,要求把理论落实,聚焦"报销一件事",利用新技术打通各板块,令基本医疗保险完成实时结算、异地结算,让"数据多跑路、百姓少跑路",完善多层次医疗保险待遇的给付,增强参保者的满意度。

以保障数据安全和客户隐私为前提条件,可以开放基本医疗保险的数据,使商业保险机构能够在日常业务中运用上述数据。此外,鼓励商业保险向基本医疗保险提供相关参保人员的数据,从而实现双方的数据共享。

宏观上,促进系统间的互通。允许商业保险和基本医疗保险共享必要的参保客户信息。中观上,完成数据开放以及一站式结算。医疗数据的共享将帮助减轻商业保险客户在就医过程中的垫付压力,能够优化理赔的整体流程并简化相关的理赔手续。根据有限原则和必要原则向商业健康保险机构提供经过脱敏处理的数据，加强商业健康保险的产品保障，提高其费率计算的针对性。微观上，精准核保理赔。在获得客户同意并能保证其隐私的前提下，允许医疗保障部门向商业保险机构开放参保客户的相关数据，来规避道德风险。①

4.加强医疗保险制度的法律基础建设

对医疗保险进行法治管理，既是夯实医疗保险法律基础的重要举措，又可以提升医疗保险管理服务的质效。破除医疗保险制度在法律层面遇到的障碍，创新医疗保险经办的服务模式，实现提高医疗保险服务能力与服务质量。

首先，基本医疗保险的法律条例亟须确立。从整体的基本原则到包括具体的筹资缴费、待遇支付标准、基金监管等细节在内的各层面内容都迫切需要从法律层面加以约束和规范。法律基础建设的第一步就是解决医疗保险制度的法律位阶问题，然后走向依法参保、依法施保、依法治保，走向具有中国特色的医疗保险法治化道路。②

其次，在确保数据隐私权的前提下，加快医疗保险数据的整合，提升信息化管理水平，方便参保人员得到医疗保险服务，改善医疗保险服务体验。相关大数据平台的建立可以实现医疗保险机构服务质效的提升，参保人能够简化流程和手续，更加方便地享受到医疗保险服务。

---

① 冯鹏程.多层次医疗保障制度下商业健康保险发展的国际经验及启示.中国医疗保险，2022（04）：112-117.
② 仇雨临，王昭茜.我国医疗保险制度发展四十年：进程、经验与展望.华中师范大学学报（人文社会科学版），2019（01）：23-30.

第七章
多层次养老保险制度

一、养老保险制度概述

养老保险是一项中央的社会保险制度，合理的养老保障水平有助于社会和谐稳定。根据相关文献的概念定义，养老风险属于社会保障风险，指老年人缺乏基本生活保障，因而在生存上面临意外性和不确定性。

养老保险是由国家立法，强制缴纳社会保险费（税），集中形成养老基金，通过向退休者支付退休金保障其基本生活的一项重要的社会保险制度。目前，世界上有传统型、国家统筹型和强制储蓄型这三种模式的养老保险制度。随着人口老龄化的加剧，养老保险在应对老龄化问题方面发挥着越来越重要的作用。

（一）养老保险制度的概念

养老保险制度是国家依法为保障劳动者的退休生活而建立的。因此，养老保险本质上是对个体生命周期中的资源进行的配置：个体在工作时间通过制度安排进行缴费，在退休之后根据制度安排领取生活保障。通常，养老保险有两种模式，第一种是收益确定型，劳动者退休后的生活水平标准是事先确定的，先为劳动者确定退休后的生活水平标准，再根据这个标准计算出养老金替代率，根据养老金替代率来确定养老金支付标准。第二种是缴费确定型（DC），劳动者缴纳的保险费用是事先确定的，以此费用建立个人账户，由企业和劳动者定期按这个标准缴纳保费，劳动者退休时按个人账户的金额领取养老金。在缴费确定型模式中，风险由劳动者承担。根据筹资模式的不同，养老保险可以分为现收现付制、完全积累制、部分积累制三种类型（见表7-1）。

表7-1 按照筹资模式分类的养老保险

	概念	优点	缺点
现收现付制	本质上是一种会计核算方法。退休人员的养老金来自同一时期在职人员的缴费	1.操作简单，预期短，养老保险费率容易测算；2.养老金可以及时发放；3.保险基金筹集规模有限，养老金保值压力小，管理成本低；4.能有效应对通货膨胀和退休金贬值风险	1.只顾及当前的养老收支，无法应对人口老龄化带来的挑战；2.养老金的代际转移意味着代际的收入再分配，激化代际矛盾
完全积累制	又称基金制。个人和企业按工资的一定比例定期缴纳养老保险税（费），并计入个人账户；账户内积累额和利息用于退休后支付养老金	遵循"同代自养"的原则，对于参保人，缴费与领取的总金额达到长期平衡	1.管理成本高，需要对每个参保人分别开设账户且需持续管理多年；2.养老金贬值风险大
部分积累制（统账结合）	结合现收现付制和完全积累制两种模式	1.实现养老金的代际转移和收入再分配功能；2.养老金保值增值压力小；3.在一定程度上可以应对人口老龄化	1.费率计算相对烦琐；2.养老金通过不同方式筹集，存在一定的管理隐患

国际上，为缓解人口老龄化带来的风险，世界银行在1994年和2005年分别提出三支柱体系和五支柱体系。

（二）多层次养老保险制度的国际模式

养老保险与人民生活息息相关，是关系国计民生和国家长治久安的重大战略性问题。从国际经验来看，无论政府、企业还是个人，都无法仅依靠单一支柱解决这些问题。当前，世界各国基本上形成了构建多层次养老保险制度的共识。

1.多层次养老保险制度的建立——三支柱体系

世界银行认为，单一的公共支柱体系不足以同时承担再分配、储蓄和保险的功能。1994年，为了解决人口老龄化，世界银行的《防止老龄危机——保护老年人及促进增长的政策》报告通过理论论证和实证分析研究了各国的退休收入结构，提出了三支柱养老保险制度（见图7-1）。第一支柱是强制性的，具有收入再分配的功能、是由政府负责的以为全社会提供退休收入保障为目的的制度。第二支柱也同样具备强制性，是由私人部门负责的个人账户形式的固定缴费计划。第一支柱和第二支柱各自展示了养老保险制度的两大功能——收入再分配和储蓄。与上述两支柱不同，第三支柱是通过自愿形式开展的、以雇主为基础的、为想要额外的退休收入的企业职工专门建立的养老金计划。[1]

在三支柱养老保险制度的理念中，第一支柱是强制性的，作为一项公共管理计划，它的保险资金来自税收，旨在解决老年人的贫困问题并应对多种多样的潜在风险，主要通过固定收益、家计调查以及最低养老金等方式实施。第二支柱也是强制性的，作为一项私人管理

---

[1] 陈秉正.多层次、多支柱养老金体系辨析及商业保险的作用.中国保险，2021（4）：8-14.

计划，其所有资金均通过完全积累制由私人进行管理，消费与收益挂钩，能够平滑个人一生的收入，主要通过职业储蓄计划等方法实施。第二支柱可采用两种形式：个人储蓄账户或职工企业年金计划。若第二支柱的运转较为成功，人们对第一支柱的依赖程度就会降低。第三支柱是自愿性的，作为一项个人储蓄计划，旨在提高老年人的收入水平，保障其老年生活。从结构层次上看，第一层次"保基本"，以保障基本生活为目标；第二层次作为第一层次的补充能减轻政府的财政压力；第三层次具有较强自主性，旨在为退休后的老年生活提供更为充足的养老保障。

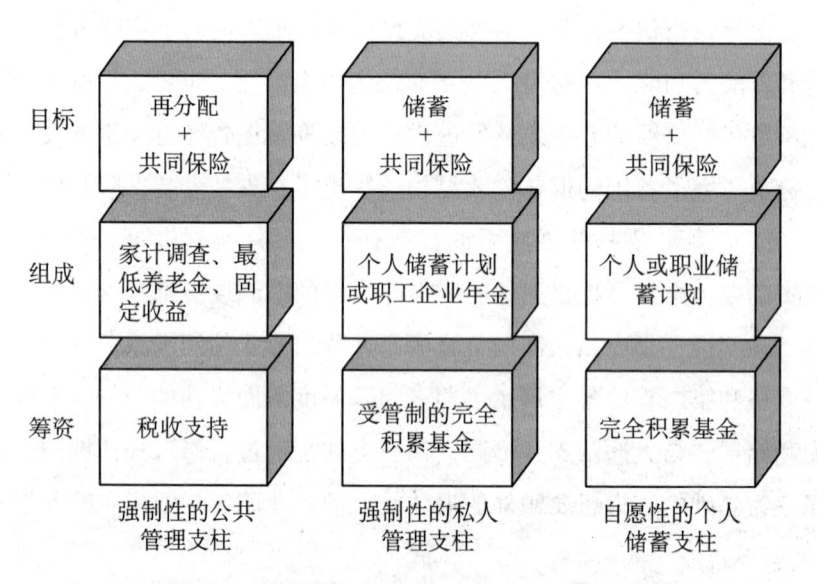

目标	再分配 + 共同保险	储蓄 + 共同保险	储蓄 + 共同保险
组成	家计调查、最低养老金、固定收益	个人储蓄计划或职工企业年金	个人或职业储蓄计划
筹资	税收支持	受管制的完全积累基金	完全积累基金
	强制性的公共管理支柱	强制性的私人管理支柱	自愿性的个人储蓄支柱

图 7-1 世界银行主张的三支柱养老保险制度

2. 多层次养老保险制度的发展——五支柱体系

基于部分国家在结构调整时出现的系列问题，2005年，在总结世界各个国家和地区的养老保险制度改革经验的基础上，世界银行发布了一项重要报告——《21世纪的老年收入保障：养老金制度改革国际比较》。该报告表示，养老金制度改革的最好办法就是多支柱方案。

该报告在总结过去十余年养老保险改革经验的基础上对三支柱体系进行了改革，进一步提出养老保险制度五支柱体系的构想：①零支柱不要求缴费，目标是通过社会养老保险为每一个有需要的国民提供基本生活的物质保障；②第一支柱的缴费与收入相关联，退休造成的收入损失可由政府的公共养老金弥补部分；③第二支柱是强制性的，本质是通过各种方式建立的个人储蓄账户；④养老金计划的确认可由多种方式完成，可以自由支配，具有灵活性；⑤住房和医疗保障属于代际和家庭内的非正式财务或非财务来源。各国应根据国情决定包含尽量多要素的方案，确保方案既能抵抗风险，又具有高实施效率。

经历从三支柱体系向五支柱体系的拓展，世界银行逐步完善了多层次养老保险制度，以应对全球老龄化风险。这一拓展进一步强调了多层次养老保险制度的重要性。当前全球老龄化危机日益严峻，需要更为完善的制度设计和更多的政策工具来应对。多支柱养老保险制度设计可以有效弥补单一支柱养老保险资金来源的不足，更好地推动养老金的财务可持续发展，同时这一制度具有更强的灵活性，有助于分散风险，更好地满足多样化养老保险需求，为老年人提供更为可靠的退休收入来源。三支柱体系向五支柱体系的拓展进一步强调了政府养老保险的兜底作用。世界银行认为，零支柱是一种非缴费型养老金模式，主要是指政府为老年群体中的弱势人群提供最低水平的生活保障，这进一步强调了政府在养老保险领域的基础性作用，体现出政府为降低贫困承担的兜底责任。三支柱体系向五支柱体系的拓展进一步强调了市场化机制在多支柱养老保险制度中的重要作用。

二、我国养老保险制度发展现状

我国从20世纪八九十年代起，就已开启职工养老保险改革。经过多年发展，我国养老保险制度日益健全，特别是基本养老保险在政府强有力的政策推动下，基本实现了"广覆盖、保基本"的政策目标，作为补充养老保险重要组成部分的企业年金也已发展了30余年，取得了一定成效。

（一）我国养老保险制度发展历程

1951年，我国正式建立养老保险制度。随着时间的推移，我国养老保险制度经历了从无到有，从企业职工到城乡居民，从城镇到农村，从现收现付制到部分积累制，从城乡统筹、省级统筹到全国统筹，从单一支柱到多层次等不断发展改革、完善的过程。筹资模式、支付方式、覆盖人群、统筹层次都在不断发展变化。结合我国实际情况，经过不断探索和深入改革，形成了具有中国特色的养老保险制度发展历程。

1. 我国养老保险制度的创建阶段

我国养老保险制度创建于1951年。新中国成立初期，我国的经济发展相对落后、国家财政收入有限，做好人民的基本生活保障成为当时的首要任务。在养老保险制度创建初期，国家首要考虑的是保障基本生活水平，由于财政能力有限，这一时期养老保险制度的特点主要是低水平、广覆盖。

1951年，相关部门颁布《中华人民共和国劳动保险条例》（简称《劳动保险条例》，1953年修正），并于1953年颁布《中华人民共和国劳动保险条例实施细则修正草案》。该条例对职工的退休年龄和养老金等做出了规定，覆盖对象主要是城镇职工，是一种福利型劳动保险制度。保险基金主要依靠财政与企业收入，职工无须缴费，也就是国家承担了养老保险的全部责任。劳动保险覆盖率在所有企业职工中超过90%。

1955年，国务院颁布《国家机关工作人员退休处理暂行办法》和《国家机关工作人员退职处理暂行办法》。因国家机关工作人员和企业职工的工资标准不同，工龄计算方法也不同，1951年颁布的《劳动保险条例》不适用于国家机关工作人员。为了更好地处理国家机关退休工作人员的相关问题，两个暂行办法确立了国家机关工作人员的退休条件和退休金的比例，这是机关事业单位确立职工养老保险制度的标志。

在这个阶段，我国国家机关工作人员和企业职工的养老保险由国家保障，单位承担养老保险金的缴纳，职工不需要缴纳，这无疑增加了企业的负担，也给国家的财政带来了巨大压力。

2.我国养老保险制度的发展阶段

创建阶段的养老保险制度覆盖人群是国家机关工作人员和企业职工，都是依托单位实现的。为了实现去单位化，体现养老保险的互济性特征，在这一阶段，养老保险的覆盖人群开始涉及之前关注较少的农村居民，农村社会养老保险"旧农保"制度得以建立，多层次养老保险制度初现，统账结合的城镇职工基本养老保险制度得以建立。

1991年，国务院颁布《关于企业职工养老保险制度改革的决定》，首次提出省级统筹，要求基本养老金由市、县统筹逐步过渡到省级统筹。养老金的缴费模式逐步由现收现付制发展为部分积累制，提出"国家提倡、鼓励企业实行补充养老保险"，实行国家、企业、个人三方共同承担的模式。由基本养老保险、企业补充养老保险和个人储蓄性养老保险组成的多层次养老保险制度初步形成。

1992年，民政部印发《县级农村社会养老保险基本方案（试行）》，针对农村人口建立农村社会养老保险制度，标志着农村社会养老保险制度的建立。该方案明确参保对象为农村人口，养老金以个人缴纳为主、集体补助为辅、国家给予政策扶持的方式筹集，建立个人账户，养老金根据个人账户的总金额发放。"旧农保"制度只是个人积累，养老金主要靠个人缴纳，虽然以集体补助为辅，但大部分农村没有条件给予补助，国家只给予政策扶持，并不给予资金支持。由于缴费标准低，"旧农保"养老金筹资不足、支付不足，养老保障水平低，农村人口的参保积极性不高。2000年以后，"旧农保"制度就基本处于名存实亡的状态。

1993年，国务院颁布《关于企业职工养老保险统筹问题的批复》，标志着企业统筹的确立。国务院批复同意交通部等部门和单位的养老保险基金直接组织统筹，养老保险基金的企业统筹推动了我国养老保险制度的改革。

1995年，国务院颁布《关于深化企业职工养老保险制度改革的通知》，明确基本养老保险费用由企业和个人共同负担，实行社会统筹与个人账户相结合，社会统筹与个人账户相结合的改革进入试点。

1997年，国务院颁布《关于建立统一的企业职工基本养老保险制度的决定》，以解决改革试点阶段基本养老保险制度不一致、统筹层次低、管理制度不健全、企业负担重等问题。养老保险的覆盖范围进一步扩大，覆盖了城镇所有企业及其职工，个人缴纳部分养老金，并记入个人账户，其余部分则由企业缴纳。

3. 我国养老保险制度的改革阶段

我国养老保险制度由早期借助工会和企业统筹，到县市级统筹，再到省级统筹，不断提高统筹层次，建立健全省级调剂金制度，扩大基本养老覆盖范围，全面推出第二层次企业年金，为社会的稳定发展做出了重要贡献。早期阶段的全国统筹，通过各级工会和相关企业直接的职责关系实现。基层工会定期将结余逐级上缴，通过省、市工会一直到全国总工会，同样，全国总工会每个月也会将调剂金逐级下发，直到基层工会。

第七章　多层次养老保险制度

1998年，国务院颁布《关于实行企业职工基本养老保险省级统筹和行业统筹移交地方管理有关问题的通知》，通知针对企业职工的基本养老保险，提出要加快实现省级统筹、行业统筹移交地方管理，并规定了省级统筹的范围。

1999年，劳动和社会保障部、财政部联合颁布《关于建立基本养老保险省级统筹制度有关问题的通知》，要求健全省级调剂金办法，逐步建立省级统筹制度。

2004年，劳动和社会保障部颁布《企业年金试行办法》，在基本养老保险的基础上提出新增企业年金作为自愿建立的补充型养老保险制度，第一层次为基础养老保险，第二层次为企业年金，该办法的出台标志着我国多层次养老保险制度的第二层次企业年金正式试行。

2005年，国务院颁布《关于完善企业职工基本养老保险制度的决定》，为给劳动力市场人员合理流动创造条件，该决定要求进一步扩大养老保险的覆盖范围，健全养老金统筹，完善市级统筹，并在此基础上加快实现省级统筹。

2007年，劳动和社会保障部、财政部联合颁布《关于推进企业职工基本养老保险省级统筹有关问题的通知》。该通知第一次具体描绘了省级统筹的积极作用，历史性地实现了养老金省级统筹的判定规范的统一，同时也对各地区相关工作的关键提出了意见。

4.我国养老保险制度的完善阶段

积极探索新型农村社会养老保险（"新农保"）制度的建设，建立健全城乡居民养老保险制度，不断扩大养老保险的覆盖面，结束"双轨制"的养老金制度，继续推动我国社会养老保险制度的城乡统筹。逐步实行全国统筹。

2009年，国务院颁布《开展新型农村社会养老保险试点的指导意见》，在全国10%的县开展"新农保"制度试点。"新农保"的参保对象覆盖了没有参加城镇职工基本养老保险的农村居民，其基金来自个人缴费、集体补助和政府补贴。相比于"旧农保"，一方面，"新农保"的政府补贴更多，更注重实际，缴费档次多，尊重农村居民的参保意愿，提供多种缴费档次，居民可根据实际情况选择档次。另一方面，"新农保"是以政府的财政补贴来带动农民参保，政府在农村养老保险中起主导作用，养老保险待遇得到提高。

2010年，《中华人民共和国社会保险法》提到，我国基本养老保险基金要逐步实行全国统筹。城镇职工社会养老保险的参保对象是城镇职工，也就是城镇从业居民。2011年，为扩大养老保险的覆盖范围，使城镇非从业居民也能享受养老保障，我国建立城镇居民社会养老保险，并于2011年7月1日启动城镇居民社会养老保险试点，使得更多的居民可以得到养老保险。

2014年，国务院颁布《关于建立统一的城乡居民基本养老保险制度的意见》，在城镇居民养老保险与新型农村养老保险试点经验基础上将两项制度并轨，整合为城乡居民基本养老保险（简称"城乡居民养老保险"）制度。

2015年，国务院颁布《关于机关事业单位工作人员养老保险制度改革的决定》，将机关事业单位和城镇企业工作人员的养老保险制度并轨，整合为城镇职工养老保险。立足中国基本国情，将机关事业单位的比例退休金制调整为与城镇企业职工一致的由单位和个人共同承担缴费责任。之后，我国还颁布了《机关事业单位职业年金办法》等多项职业年金办法，为机关事业单位工作人员建立第二层次养老金——职业年金，初步形成由基本养老保险、职业年金或事业年金和商业养老保险组成的多层次养老保险制度。

2018年，《关于开展个人税收递延型商业养老保险试点的通知》对上海市、福建省（含厦门市）和苏州工业园区等试点单位，实施为期一年的个人税收递延型商业养老保险试点。

2021年,《"十四五"国家老龄事业发展和养老服务体系规划》提出要大力发展企业年金、职业年金,提高企业年金覆盖率,促进和规范发展第三支柱养老保险,推动个人养老金发展。在保障基本养老保险较高的参保率的同时,促进第三支柱的发展和逐步完善多层次养老保险制度。

2022年,《国务院办公厅关于推动个人养老金发展的意见》提出要推动发展适合中国国情、政府政策支持、个人自愿参加、市场化运营的个人养老金,与基本养老保险、企业(职业)年金相衔接,实现养老保险补充功能。

(二)我国多层次养老保险制度现状分析

目前,我国已形成了以职工基本养老保险为基础、企业年金和个人养老金共同发展的多层次养老保险制度。第一层次为基本养老保险,包括城镇职工基本养老保险和城乡居民基本养老保险;第二层次包括企业年金、职业年金等,由《企业年金试行办法》等国家相关政策规定;第三层次是个人养老储蓄计划,包括职工个人储蓄和个人税收递延型商业养老保险等。

从规模结构上看,第一层次基本养老保险是由政府主导并管理的公共养老保障,覆盖人群广泛。养老保险覆盖率逐年提高,待遇水平稳步提升。第二层次养老保险制度一般由企业发起,是由专业投资机构管理的职业养老金计划,主要覆盖企业职工,是政府公共养老金的重要补充。截至2021年末,全国约有11.75万户企业建立企业年金,覆盖职工达2 875万人。第三层次是居民自愿参加的个人养老储蓄计划,通过购买不同风险偏好的养老基金、养老保险等金融产品,满足了更多样化的养老需求。当前,我国个人养老金发展缓慢、难以满足人民日益增长的美好生活需要。个人养老储蓄计划作为第三层次养老保险，在我国起步较晚，发展缓慢。

如图7-2所示，随着我国基本养老保险不断完善，参保人数逐年增多。到2021年底，全国上下参加基本养老保险的总人数为102 871万人，其中有48 074万人参加城镇职工基本养老保险（包括职工34 917万人以及离退休人员13 157万人），有54 797万人参加城乡居民基本养老保险（实际领取待遇人数为16 213万人）。养老保险制度覆盖人群广，经过多年的改革与发展，无论是机关事业单位工作人员，还是企业职工、城乡居民或者个体工商户，以及灵活就业人员群体，都有相对应的养老保险制度。

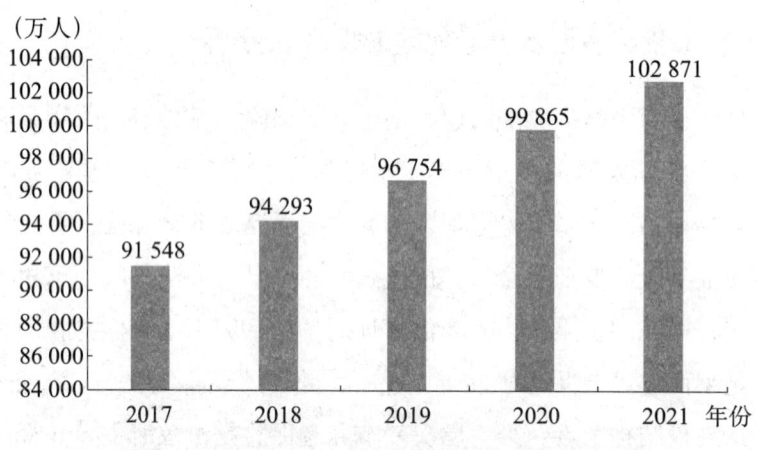

图7-2　2017—2021年全国参加基本养老保险人数

目前，我国多层次养老保险制度发展不平衡。基本养老保险一支独大，第二层次和第三层次的补充养老保险发展不足。基本生活能够由基本养老保险保障，覆盖面广，但随着人口老龄化的加剧，受经济、文化等诸多因素的限制，基本养老保险制度面临财政负担过重、统筹程度较低、长期规划缺乏等问题，制度结构老化、养老金收支压力大，可持续发展面临挑战。第二层次的企业年金（职业年金）从

2004年开始全面推行但至今其覆盖范围仍然有限、增长空间依旧受限，发展缓慢，没有很好地起到为基本养老保险分担压力的作用。第三层次的个人养老储蓄计划起步较晚，居民对第三层次的了解较少，投保意识较低，投保率不高，参与积极性也不高。

（三）我国多层次养老保险制度存在的问题

虽然我国养老保障水平不断提升，但多层次养老保险制度建设仍然存在一定的问题。现阶段，我国养老保险制度存在的问题如下：

（1）存在个人账户空账运行情况。虽然基本养老保险实行统账结合的模式，但是在实际执行过程中部分省份在社会统筹账户基金不足时借支个人账户基金，造成个人账户空账运行。

（2）养老保险的可持续发展面临挑战。传统的养老保险制度采用收益确定型缴费，实行现收现付制养老金的筹集方式，本质上是由在职的一代赡养已经退休的一代。这种筹集养老金的方式只顾及当前的养老收支，依赖人口年龄结构，无法应对人口老龄化带来的挑战。随着老龄化的加剧，退休人员的数量超过在职员工的数量，也就是需要领取养老金的人数远远大于缴纳养老金的人数，使得养老金收不抵支，出现资金缺口，养老保险的可持续发展受到威胁。

（3）区域差异明显，统筹层次低。目前，我国养老保险制度统筹层次不高，受不同地区经济发展情况不同的影响，不同地区的养老保险缴费标准、退休后的领取标准都存在差异，不利于管理，也有失公平。当下，我国社会养老保险制度初步实现省级统筹，针对越来越多的劳动力市场中跨省流动的人口，养老保险不能同步跨省统筹，给劳动者的生活带来了不便。

（4）三支柱体系结构失衡且各自有发展问题。第一支柱基本养老保险面临制度结构老化、基金收支压力增大等问题，发展的可持续性面临挑战；第二支柱的补充养老保险面临覆盖范围有限、增长空间受限等问题；第三支柱个人养老储蓄计划则因缺乏明确顶层设计和政策支持，长期处于缺位状态。三支柱体系建设出现严重失衡。

三、我国多层次养老保险制度的完善

为应对人口老龄化对制度的冲击，我国积极推动社会养老保险制度改革。基于对我国多层次养老保险制度建设的现状梳理，我们将对存在的问题提出可能的改革探讨。本节从如下几个方面提出完善建议：

（1）提高养老保险统筹层次。

提高养老保险统筹层次，有助于扩大养老保险的覆盖面，体现养老保险制度的公平性。同时，养老金不再受区域限制，可以充分发挥养老保险的收入再分配功能，提高基本养老金的运行效率、减轻财政负担。统筹层次高有助于减少各地区劳动力流动阻碍，有效缩小地区差距，增强养老保险制度的公平性，提高各地区基本养老保险基金的抗风险能力，解决劳动人口社会保障账户异地衔接的问题，更好地实现区域间经济协调发展，促进各地区经济的共同发展。

（2）推动第二、第三层次养老保险制度的发展。

基本养老保险制度的目的是"保基本"，但人民需要更高水平的保障。企业年金是企业自愿建立的，商业养老保险由居民自愿购买，如果给予其税收优惠，企业和企业职工的参保积极性就会提高。同时，也要做好税收优惠的配套，保证优惠落地生效，扩大第二、第三层次养老保险制度覆盖面。各级政府要认识到发展第二、第三层次养老保险制度的重要性，在制定优惠政策的同时，做好相关配套，提供必要的财力保障，同时认真做好第二、第三层次养老保险制度的政策宣传工作。

（3）拓宽筹资渠道，缩小养老金缺口。

目前，我国养老金面临筹资渠道窄、收不抵支的问题，出现缺口。一方面，可以引入民间资本，以拓宽筹资渠道，减轻政府财政的压力。另一方面，要优化投资结构，通过投资实现养老金增值。可以丰富用养老金购买的投资产品种类。为了降低投资风险，实现养老金保值，一般将部分养老金存入银行或用于购买国债，这是比较安全的做法。通过优化投资结构，达到分散风险并实现收益保值的目的，有助于促进养老金可持续发展。

（4）加快健全多层次养老保险制度。

目前，我国基本养老保险覆盖率高，发展相对完善，企业年金、职业年金和商业保险作为其补充，发展相对缓慢，多层次养老保险制度发展失衡。第一层次的基本养老保险是"保基本"，需要依靠政府的力量；第二层次的企业年金和职业年金，需要企业支持，发展第二层次有助于调动企业的力量筹集资金，减少财政压力；第三层次的商业养老保险由对养老保障有更高要求的个人量力购买，涉及多样、灵活的商业保险，可以满足不同群体需要，因此要加强第三层次养老保险的顶层设计，提高居民参保积极性。同时，要鼓励保险公司提高养老配套服务，拓宽投资渠道，确保养老金的保值增值，提升养老保险待遇。

（5）弹性延迟退休，实现养老保险可持续发展。

人口老龄化带来了养老金缺口，在一定程度上增加了下一代人的负担，不利于实现代际公平。适当延迟退休，可以通过改变养老保险的实际利率来实现养老保险制度的可持续发展，使养老统筹基金增加收入、减少开支，减小基金缺口，降低国家养老金支出压力以应对人口老龄化。延迟退休政策需要综合考虑多方面因素。2021年3月，我

现代 保险制度建设

国已经提出要渐近式延迟法定退休年龄。根据我国实际国情，可以针对不同行业、不同工作性质的人群有差异地制定退休年龄；设计弹性退休制度，退休年龄可以是一个区间，员工自主选择退休时间节点，但也有退休年龄的上限，一旦达到上限，就必须办理退休。

第八章
生育保险制度

一、生育保险制度概述

生育是人类文明和基因传承的纽带，为人类社会和全球经济持续发展提供了重要动力来源。然而，生育行为同样伴随着一系列特殊风险。生育保险伴随着人类社会进步而产生，其发展与妇女解放和社会对于妇女劳动力的依赖程度息息相关，有助于保障女性的劳动权和生育权益。在生育期间，生育行为所包含的怀孕、妊娠、分娩、哺育和养育的过程往往会以直接和间接的方式给女性的生产和生活带来风险。

国家主要通过建立生育保险制度管理生育风险。生育保险是一种社会保险，由国家对生育行为承担者提供物质保障。它的保障范围不仅包括产前阶段、分娩阶段和产后护理阶段，也包括对产前流产等特殊过程的照护。生育保险旨在帮助女性减少生育行为带来的一系列风险，并保障女性能在享受生育权的同时不被迫丧失劳动权，进而提高生育率和人口素质，是促进母亲及儿童健康、保障福利待遇、推动人口长期增长的重要手段。

（一）生育保险制度的概念

生育保险制度是由国家立法保障女性权益，旨在向承担生育责任的家庭提供补贴的一种社会保障制度。生育保险能够减少生育带来的诸多风险和成本，促进女性生育和生产身份的有机结合，尽可能保障女性在生养后代的同时参加生产、实现个人价值，提高生育意愿，进一步推动人口持续发展。

从内容上看，生育保险制度提供了补贴、医疗资源和生育假期等，来保障母婴健康及维持家庭生活水平。具体内容包括：

（1）生育医疗费用。生育医疗费用旨在减轻生育家庭经济负担，通过对女性生育行为引起的看护、体检、急救等医疗服务提供一定比例的报销，进而保障母婴健康。

（2）生育津贴。生育津贴是指依据国家法律规定，对生育者在法定休假内的收入损失给予一定程度的资金补贴。其目的一方面是弥补生育导致的收入中断和支出增加带来的经济损失，保障女性职工的基本生活；另一方面是为儿童提供较为公平的成长起点，保障新生儿健康水平，降低儿童死亡率。生育津贴的发放期限通常参照产假期限，采用以工资为基础的定额制、比例制等多种发放方式。

（3）生育假期。生育假期是指为生育行为承担方提供生育前后的休假待遇，旨在保障生育女性身体素质及劳动力恢复，平衡男女双方抚幼及工作压力。生育假期的内容以女性产假为主，辅以陪产假、育儿假、晚婚晚育假等多种形式的假期制度，具体时长因产妇年龄、怀孕胎数、分娩方式等有所不同。通常法律法规要求单位不得在此期间降低职工待遇及解除劳动合同，以保障职工基本权益。

生育保险作为社会保险之一，其健全和完善程度也能从侧面反映出一个国家的法制及文明发展进程。从保障女性生育权角度来看，生育保险注重对女性和婴幼儿健康的保障。女性在生育过程中需要耗费大量体力和精力，需要更多的休息时间以及丰富的营养摄入。生育医疗费用为女性产前检查、住院分娩及产后并发症的治疗提供了重要保证，生育津贴为保证母婴基本生活条件提供了支持，为女性在生育过程中保证收入、保持生活水平创造了条件，为顺利分娩创造了有利环境。

（二）生育保险制度的国际模式

19世纪末20世纪初，西方世界人口急剧膨胀，工业化进程使得生活资料价格随之不断走高。1883年，德国率先立法对生育保险做出相关规定，以保护生育妇女权益。随后，奥地利、比利时、丹麦、瑞典等国也相继推出了疾病和生育保险法。1919年国际劳工组织（ILO）通过了《保护生育公约》，规定了女性产假和津贴水平，为女性产前产后就业起到了巨大推动作用。1952年，ILO通过了《保护生育建议书》等一系列文件，对妇女生育津贴、哺育时间、劳动保护等方面做出说明，此后世界各国纷纷在保障妇女权益的相关法律中规定了生育保险的内容。

20世纪后期，随着经济全球化发展，全球女性经济活动参与程度加深，传统生育保险的实施面临挑战，主要包括以下三方面：一是女性经济活动率不断上升，女性参与的劳动领域逐渐拓展；二是生育成为女性就业受到歧视的主要原因；三是产妇和婴儿的死亡率在有些地区仍然居高不下，且贫富国家之间存在极大差距。基于此，ILO于2000年修订了生育保护相关文件，修订内容主要体现了对女性在生育过程中面临的就业问题的保护。英国、意大利、荷兰等国家也相继建立了本国的生育保险制度。至此，世界各国对生育女性的保障措施愈加完善，生育保险也趋于全面发展。

国际上采取的主要模式包括以下三种：

（1）社会保险模式。通过法律规定政府、雇主、个人以一定比例筹集资金，建立统一保险基金来保障生育保险的相关支付，以美国、德国、芬兰等为代表，目前世界上多数国家采用此类生育保险制度模式。

这类模式有以下特点：第一，覆盖对象一般是所有雇员，有些国家仅覆盖部分雇员，特殊行业另行规定。第二，在管理方式上，一般将其与医疗保险或其他社会保险合并管理，如德国就实行将生育保险和医疗补助合二为一的基金管理方式。

（2）普遍医疗待遇与直接提供现金待遇双重制度模式。采取这种模式的有加拿大、瑞士、澳大利亚、日本等国家，这些国家通常经济发达且国民福利待遇水平较高。此类模式的医疗服务通常适用于所有本国居民，常住民无须缴纳或只须缴纳很少费用就可以享受医疗保险待遇，部分国家对工作时长有一定要求。

（3）公共管理的储蓄基金和雇主责任制模式。前者又称公积金制度，在本质上是一种强制储蓄制度。通过定时扣除雇员一定比例的薪资，与雇主的相应缴费共同成立基金，当生育行为发生时从基金中提出生育保险基金支付。此类模式通常发生在马来西亚、新加坡等发展中国家。其中，马来西亚实行公积金制度，对被保险人提供一次性生育补助和定期支付；新加坡同时实施公积金制度和雇主责任制，即对疾病和生育补助采取雇主责任制，对医疗则采取中央公积金制度。

综合世界各国的经验，生育保险制度的三要素是覆盖范围、享受资格、保障待遇。

（1）覆盖范围。由于世界各国经济发展水平不同，生育保险的覆盖率差异很大，主要有覆盖全部或部分雇员、覆盖部分或全部居民四种情况，具体根据参保人的行业、居住权有所不同。

（2）享受资格。部分国家采取无资格限制方式，如芬兰规定生育保险待遇享受对象为国内所有居民；对于采取资格限制方式的国家，主要有三种情况：

① 对居住权有要求。如卢森堡规定在国内居住12个月方有资格享受待遇。

② 对保费缴纳时限有要求。如墨西哥规定必须在生育前12个月内连续缴费30周才能享受保险待遇。

③ 对工作时长有要求。如丹麦规定受保人必须在产假前2个月内有72小时工作记录。

（3）保障待遇。主要分为生育现金补助或生育津贴以及生育假期两部分内容。各个国家对于补助和津贴给付方式的划分依据有所不同，主要分为以下两种：

① 定额制。即根据规则对受保人给付相同的数额。如英国规定向受保人每周给付100英镑。若受保人周收入少于100英镑，则支付平均周收入的90%。

② 工资比例制。即按照受保人产前工资的相应比例发放。大部分国家和地区都实行工资比例制，如奥地利、卢森堡、荷兰和法国按照产前工资100%发放；意大利按照工资的80%发放，若产后再休6个月，则支付工资的30%。部分国家还对生育补助的最高限额或最低限额做出了明确规定。

在生育假期方面，国外主要设置了产假、陪产假、育儿假以及其他假期：

①产假制度往往与本国人口政策相适应。在欧洲人口不足的国家，为鼓励生育，国家采取多生多假的政策。相对而言，一些需要节制生育的亚洲国家，女性的生育待遇往往与胎数成反比。

② 陪产假在世界范围内起步较晚，表现出长短不一、普遍较短的

特点。随着女性广泛参与社会生产过程，此类强调父母双方责任平等的陪产假开始发展。1994年以来，通过国家立法规定法定陪产假的国家数量不断增加，且陪产假时间出现了延长趋势。

③育儿假时间往往较陪产假更长，但福利待遇低，且在发达国家较为常见。目前各国施行的育儿假制度存在较大差别，主要体现在假期时长、享受主体、保障待遇以及灵活度四个维度。

此外，在生育保险基金的管理方面，各国主要包括如下四种筹集方式：

（1）由受保人、雇主和政府三方共同承担。此类筹集方式被世界上的大部分国家所选择，受保人依据工资收入的不同形式缴纳不同比例的费用。

（2）雇主和政府双方共同承担，如丹麦、意大利、菲律宾等国家。责任划分通常依据怀孕周次、固定分配比例、工资水平而不同。

（3）全部由雇主承担，如瑞典等国。

（4）受保人及雇主双方共同承担。

通常，生育保险基金管理方式主要有两种：单独管理生育保险基金，单独缴纳保费；与其他社会保险项目合并管理，统一收取保费。

二、我国生育保险制度发展现状

（一）我国生育保险制度发展历程

随着我国政治、经济、文化的发展，生育保险制度随着生育政策不断发展。以新中国成立为起点，我国生育政策和生育保险制度发展历史脉络可以梳理为以下四个时期。

1. 自由生育阶段——社会生育保险期（1949—1961年）

20世纪50年代，新中国需要大量的人力物力来发展经济、稳定社会。此时我国对于生育政策采取了自由生育、严禁流产和非法堕胎的态度，短时间内死亡率大大降低，生育率迅猛提高。这个时期也成为我国历史上人口增速最快的时期。

我国对女性生育权利的保障早已有之，生育保险的雏形出现在1951年《中华人民共和国劳动保险条例》之中，该条例对女性职工的保障内容包括休假、分娩和产检费用、补助等，几乎与现代生育保险体系所包含的项目相差无几。此阶段由企业负责生育保险的管理和缴费，缴纳费用按一定比例存放于中华全国总工会和企业工会基层委员会账户之中，分别作为国家劳动保险总基金，以及用于支付本企业保险。

2. 探索实施计划生育政策——企业生育保险期（1962—1979年）

20世纪60年代，我国人口再次迎来新一轮极速增长。自由生育政策虽为经济复苏做出了重大劳动力贡献、促进了人口再生产、带来了一定的经济复苏，但由于人口增速与社会发展进程步调不一致，社会运行压力激增，城市住宅和公共设施供应短缺、家庭经济负担重等弊端逐步显现，育龄女性之中产生了较普遍的节育需求。

1962年，中共中央及国务院已经明确提出要控制人口自然生长率，引导生育问题逐渐从无计划过渡到有计划的进程。1978年，中共中央第一次明确提出计划生育目标，所倡导的"一对夫妇一个孩子"成为当时人口发展的重要要求。计划生育政策实施初期，中国人口出生率由1963年的历史最高值骤降一半，计划生育政策取得了明显成效。

在此时期，生育保险主要为计划生育政策服务，社会主义经济体制的转变使得企业成为负责生育保险的主体,其职工的生育保险责任需要由企业自身承担。1969年2月,财政部颁布《关于国营企业财务工作中几项制度的改革意见(草稿)》,此改革标志着生育保险从社会保障完全转向企业保障。

3. 严格实施计划生育政策——生育保险改革探索期(1980—2013年)

党的十一届三中全会后,为提高全国人民生活水平,党和国家提出在20世纪末控制人口的精确目标。随后在1982年将计划生育政策定为基本国策,同年末写入宪法。1999年,我国总和生育率已降到替代水平以下,并呈现出稳步下降趋势。

在严格实施计划生育政策时期,1994年《企业职工生育保险试行办法》的发布标志着生育保险正式成为社会保险中的独立险种,从此有了全国统一的统筹办法。

2010年,我国颁布了社会保障领域的第一部立法——《中华人民共和国社会保险法》(简称社会保险法)。《社会保险法》的正式生效,标志着生育保险作为社会保险组成部分,实现了从条例到法律的飞跃。

4. 计划生育政策放宽阶段——新型社会生育保险期(2014年至今)

在计划生育政策的出台和实施控制下,新中国成立初期人口增速过快的现象得到抑制。然而在人口总量问题得到疏解时,人口老龄化、劳动力短缺等负面效应逐步显露,人口结构问题成为制约社会经济发展的新因素。为应对此类问题,国家在2010年后几次调整《中华人民共和国计划生育法》,逐步放宽生育政策,以求促进人口数量的合理增加,进而改善人口结构。我国在实施双独二孩政策的十年后,正式于2021年全面实施三孩政策。为积极推进人口政策,各地对生育保险做出了一系列调整，主要集中于产假和生育津贴两方面。

（二）我国生育保险制度现状分析

下文从多个方面梳理和分析我国生育保险制度的现状。

1. 生育保险模式

我国生育保险实行两种制度并存的模式，且正在由以企业为责任主体过渡为社会保险模式。第一种制度即用人单位根据《女职工劳动保护特别规定》等国务院发文，由单位作为责任主体，负责女职工怀孕期间的工资发放和相关医疗费用。第二种制度即社会生育保险。企业参加生育保险社会统筹，根据规定向当地机构缴纳生育保险费，而职工无须缴纳费用。由生育保险基金支付相关医疗费用及生育津贴。二者的主要区别在于前者的主体是用人单位，保险基金由单位管理；后者由社会保险机构管理保险基金，旨在实行社会统筹。

2. 生育保险覆盖范围

目前我国生育保险主要覆盖国家机关、人民团体、城镇企业、事业单位、个体企业等企业所辖的职工。职工的未就业配偶可享受部分待遇，灵活就业人员和农村女性生育一般不在生育保险覆盖范围之列。

对于广大农村女性来说，由于缺乏全国统一政策，生育保险的保障功能被分散在养老保险和医疗保险中，且在管理上存在多头管理的混乱情况，产妇及家庭权益无法得到应有保障。

3. 生育基金统筹与管理

（1）生育保险与医疗保险合并管理。

自2020年1月1日起，我国全面落实生育保险和职工基本医疗保险合并（下文简称"两险合并"），合并后的政策除确保之前待遇不变之外，主要对两险种参保登记、基金征缴及管理、医疗服务管理和经办四个方面做出统一规划。

国家医疗保障局医疗保险统计数据显示，截至2021年底，两险合并后的生育保险参保人数为23 851万人，比2020年底增加283万人，增幅达到1.2%。生育保险待遇支出同比下降7.4%。两险合并后基金较2021年的当年结存3 814亿元高出885.19亿元，增长了23.2%。两险合并为生育保险带来了以下积极影响：

一是覆盖面扩大，参保人数上升。两险合并实施统一参保登记，不仅改善了此前部分参保单位仅为职工缴纳医疗保险、逃避缴纳生育保险的乱象，也将此前不受保障的灵活就业人员和失业人员纳入覆盖范围。两险合并实现了基本医疗保险与生育保险的共同良性发展，切实促进了生育保险覆盖面的扩大。

二是保险基金渠道拓宽。两险合并扩大了基金收入规模，使得社会保险共济能力提升，缓解了部分地区生育保险基金透支的现象。

三是经办流程优化。两险合并后，医院中生育与医疗业务实现"一个窗口"的一条龙经办服务，不但减少了前台工作人员业务量，也优化了办理手续、降低了运行成本。

（2）基金统筹。

我国生育保险目前实行以省级统筹为主、以县级征缴为基础的统筹层次。在基金管理方面，在两险合并后，《中华人民共和国社会保险法》规定：除两险合并建账及核算外，其他各项社会保障基金按照社会保险险种分别建账，分账核算。

2015年7月，为响应党的十八届三中全会提出的适时适当降低社会保险费率、完善生育保险政策，人力资源和社会保障部、财政部发布《关于适当降低生育保险费率的通知》，对各地生育保险基金做出针对性调整：

① 生育保险基金合理结存量为相当于6~9个月待遇支付额。各

地要根据上一年基金收支和结余情况,以及国家规定的待遇项目和标准进行测算,在确保生育保险待遇落实到位的前提下,通过调整费率,将统筹地区生育保险基金累计结余控制在合理水平。

② 生育保险基金累计结余超过 9 个月的统筹地区,应将生育保险基金费率调整到用人单位职工工资总额的 0.5% 以内。

③ 基金累计结余低于 3 个月支付额度的地区则要制订预警方案。

4. 生育保险待遇

(1) 生育医疗费用。

生育医疗费用主要包括女职工在孕期、分娩期和产褥期内因生育而产生的各种医疗费用,以及因计划生育而产生的相关医疗费用,由生育保险基金支付,支付标准各省份规定不同。如北京产前检查支付采用限额 3 000 元,住院分娩则依据医院等级、分娩方式不同,采取不同定额支付标准的方式。

两险合并实施后,规定女职工产前检查费用仍按照原来一次性 800 元包干,生育医疗费用则取消了定额报销政策,规定按照城镇职工基本医疗保险待遇报销。

对于我国广大农村女性来说,生育医疗费用补助来源主要依靠新农村合作医疗的限额或定额补助,各地标准不等,缺乏系统基金筹集。2016 年合并为城乡居民医疗保险后,多数地区报销范围仍限于产前检查及正常分娩,对于难产、计划生育医疗费用等情况不予报销。2023 年,《关于做好 2023 年城乡居民基本医疗保障工作的通知》中提出要加强居民医保生育医疗费用保障,进一步减轻参保居民生育医疗费用负担,鼓励有条件的地区进一步健全保障机制。

(2) 生育津贴。

生育津贴的设立初衷是为了保障女性因生育暂离工作岗位时的基本生活水平。依据《中华人民共和国社会保险法》的相关规定,女职工享受生育津贴的情形主要包括生育产假、计划生育手术休假和法律、法规规定的其他情形。根据地区不同，享受待遇差异较大。

2020年两险合并后，生育津贴的支付方式由此前"国家规定产假及各地增加产假期间生育津贴由生育保险基金支出"改为"各地增加产假期间生育津贴由用人单位发放"。

（3）生育假期。

生育假期主要包括生育妇女的产假、丈夫的陪产假以及夫妇双方享有的育儿假。

① 产假。2012年国务院规定：女职工生育享受包含双休日和法定节假日在内的98天产假，其间用人单位不得以辞退等方式解除劳务合同，不得降低工资。对诸如难产、流产等特殊情况又有具体细分。

在此基础上，我国产假体系呈现出"国家法定产假+地方延长假"模式。2015年《中华人民共和国人口与计划生育法》取消了晚婚晚育假后，我国31个省份陆续对产假做出了延长调整，大部分地区目前产假延长了两个月，但少数地区间仍然存在较大差别。自2021年5月提出三孩政策以来，多地积极响应政策，截至2021年底，全国大多数地区宣布延长产假天数。具体如表8-1所示。

表8-1 截至2021年底我国各地区产假天数

产假天数	城市	特殊规定
<158天	天津（128天）、江苏（128天）、广西（148天）、西藏（133天）	
158天	北京、上海、吉林、陕西、河北、浙江、安徽、云南、内蒙古、宁夏、辽宁、湖南、四川、陕西、山东、新疆、贵州、湖北	河北：一二孩158天，三孩188天 浙江：一孩158天，二三孩188天 陕西：三孩再增加半年奖励假
178天	重庆、广东、福建	福建：158~180天

续表

产假天数	城市	特殊规定
180 天	甘肃、黑龙江	
188 天	江西、青海	
190 天	河南、海南	

此外,《中华人民共和国人口与计划生育法》规定公民接受计划生育手术应享受相关休假,地方层面上也有多地以条例或特别规定等形式对节育假做出相关规定。

② 陪产假。陪产假是在配偶生产时,男职工用于陪护配偶、照顾孩子的带薪假期,其间用人单位应对其给予法律规定的经济补偿。目前我国陪产假制度尚未有统一规定,主要分散在各地方条例中,法律位阶较低造成了全国各地区陪产假规定差异较大的混乱情况。15 天居多,时长从 7 天至 30 天不等,具体如表 8-2 所示。

表 8-2 截至 2021 年底我国各地区陪产假制度

陪产假天数	城市	特殊规定
7 天	天津、山东（拟延长）	
10 天	上海	
15 天	北京、海南、青海、黑龙江、广东、吉林、陕西、河北、浙江、福建、山西、新疆、贵州、湖北、江苏	陕西：生育三孩再增 15 天
20 天	重庆、辽宁、湖南、四川	
25 天	内蒙古、宁夏、广西	
30 天	河南、江西、甘肃、安徽、云南、西藏	

③ 育儿假。育儿假是供父母双方照顾新生儿的假期。2000 年国际劳工组织倡议为育儿父母设立相应的育儿假期,同年通过的《保护生育建议书》进一步做出了相关规定,该规定成为育儿假的国际标准。

《中华人民共和国国民经济和社会发展第十四个五年规划和2035年远景目标纲要》提到要"探索实施父母育儿假",这是育儿假在相关规定中首次现身。2021年6月,国务院发文强调要强化家庭监护责任,提出了应全面落实生育假期制度和哺乳时间等相关规定,鼓励探索开展育儿假试点城市等意见。随后,全国各地陆续公布当地人口计生条例修正案。目前已经有多个省份根据修正案出台了地方性法规,大多规定夫妻双方在子女三周岁之前每年都拥有一至两周的育儿假;安徽与重庆甚至将子女的年龄放宽到了六周岁。此外,部分地区已明确育儿假的各项工资,包括奖金和福利待遇在内都要和出勤保持一致。具体如表8-3所示。

表8-3 截至2021年底我国各地区育儿假制度

城市	规定
北京、上海	子女满三周岁前,夫妻每人每年可享受5天育儿假
河北、黑龙江、浙江、江西、湖北、四川、辽宁、河南、广东	三周岁以下婴幼儿父母双方每年各有10天育儿假
山西、青海	子女不满三周岁的,夫妻双方所在单位分别给予其每年15日的育儿假
安徽	子女六周岁以前,每年给予父母双方各10天育儿假
重庆	夫妻双方可以在子女六周岁前每年各累计休5~10天的育儿假

5.我国生育保险制度存在的问题

近年来,党中央多次在会议中强调建设生育友好型社会,生育保险也应发挥应有之力。然而,生育保险制度在实际运行中仍然存在以下方面的问题。

(1)政府公平责任缺失。

①立法缺位导致各地生育保险制度发展不平衡、统筹层次低。目

前，我国仍然没有一部单独的全国性生育保险法律。除《中华人民共和国社会保险法》之外，与之相关的规定散见于各种形式的文件中，多以通知和办法等形式出现，部分省份更是仅有暂行或试行办法的形式，规范效力低下，既无法对企业产生约束效力，也无法制裁拒不执行相关规定的企业，不但不利于监管，也影响其他企业的参保积极性。

② 覆盖率不足。国际劳工组织曾在《保护生育公约》中强调，生育保险应覆盖一切非典型就业女性。对于灵活就业人员来说，与传统就业方式相比，其工作生活更不稳定，更容易被市场经济波动带来的风险影响；对于农村女性来说，其在农村男性留守劳动力流失的情况下，需要承担比以往更多的劳动责任，而农村医疗条件差、负担重的特点往往令农村产妇面临更大的生育风险。随着新的就业形势的发展，生育保险也应与时俱进，平等保障各类女性的权益。

提升生育保险政策覆盖率旨在将弱势群体纳入覆盖范围，提升保障程度。在社会地位上处于弱势但有保险需求的生育女性由于经济能力不足，往往比普通人暴露在更多的风险之下。如果此类弱势群体被排除在保障范围之外，不仅意味着生育保险丧失了社会保险基本的公平性原则，更意味着我国大量新生儿的出生环境缺乏医疗和物质保障。我国历次《中国妇女发展纲要》对于参保率的相关目标正在逐步实现从笼统到精确的转变，近年来更是提出了"参保率达到95%"的明确要求。可见扩大生育保险参保率是有效提升生育保险保障水平、实现优生优育的应有之义。

（2）政府财政责任缺失。

① 基金征缴困难。目前，生育保险由企业缴纳费用，个人不缴费，政府不补贴，生育成本没有得到有效分摊。由于各地生育保险费率之间存在较大差距，费率较高的地区企业经济负担更重，降低了企

业的参保积极性，多种因素导致部分单位拖欠、拒缴生育保险费用的情况较普遍。

② 保险待遇水平低下。在生育津贴方面，我国生育保险基金费率定价原则上遵循"以支定收、收支基本平衡"。然而，图8-1中生育保险基金相关数据显示，我国生育保险参保人数、基金收入和基金支出连年上升，2019年底结余600亿元左右。不论从经济发展水平还是目前的医疗费用收费标准来看，这样高的基金结余都不能算充分释放了生育保险的保障效力。

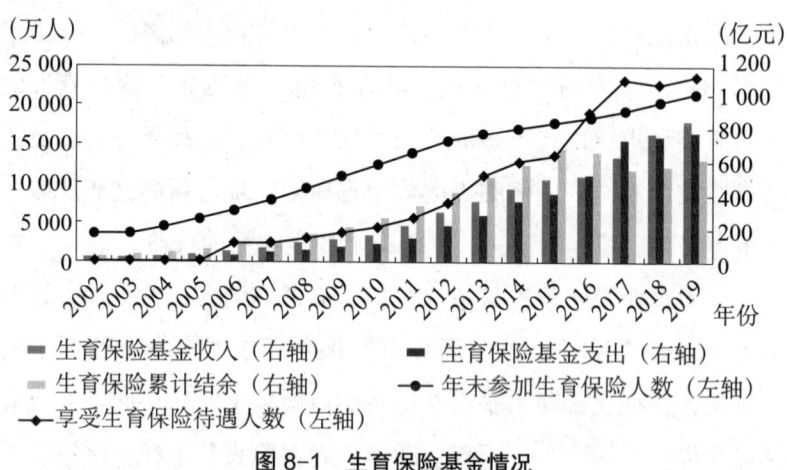

图 8-1 生育保险基金情况

资料来源：国家统计局。

生育津贴是生育保险的主要保障，理应占到基金支出的80%以上。然而实践过程中的津贴待遇享受受到极大限制，影响了保障功能的发挥。此外，各地区生育津贴支付标准、时限和方式等细则极不统一，2019年全国约1 500万生育妇女中，成功享受生育津贴待遇的不足三分之一。生育保险的功能和作用亟待调整优化，以更好配合我国人口方针、完善生育保障体系的战略支撑。

在实践中，生育产生的医疗费用主要通过定额支付和实报实销方式支付。前者降低了操作难度但难以控制费用，原因主要是医疗机构超标收费以及增加额外非必需项目检查,同时由于报销制度不完善,致使未明确规定的报销外项目进入范畴,造成实际报销支付负担。后者虽然有利于控制费用,但难以实际保障生育期间的医疗需求。此外,由于多数地区采用的报销标准十余年来未做调整,与实际女性生育过程中产生的医疗费用相比存在极大差距,严重削弱了保障功能。2020年的两险合并虽在一定程度上有利于提升生育保险共济保障能力、简化管理并节省成本,但受经济下行、筹资限制等影响,大部分地区依旧无力提高补贴待遇。

在育儿假落实方面,育儿假作为三孩政策的配套支持措施,政策制定与保障落实还未能做到步调一致。负责制定政策的部门尚无统一明确的施行规范及惩罚标准,负责实际推动保障落实的部门责任缺失,未出台具体的执行标准。在缺乏成本分担机制的当下,假期增加的用工成本压缩了企业经营利润,致使企业难以积极推进落实育儿假政策。

三、我国生育保险制度的完善

下文在分析我国生育保险制度的基础上提出相关完善建议。

1. 明确政府责任

在立法层次方面,应尽快制定全国统一的生育保险法。党的十九大把全面推进依法治国总目标写入"八个明确",为生育保险的立法提供了良好的前提。应将生育保险从《中华人民共和国社会保险法》中独立出来,整合生育保险制度散落在各个法规文件中的现象,提高立法层次,提高生育保险法律的执行强度和监管力度,规范待遇标准、缴费标准、基金统筹、法律监管等层面,对全国各地制定明晰统一的标准,推动生育保险制度完善发展。

在政府责任方面，生育保险制度在建立之初对生育女性的保障体现出福利色彩。在西方发达国家中，被保险人的生育保险费用完全由政府和企业承担。国际劳工组织也多次强调政府对保障的托底作用。但是，即便是在经济发达国家，此类单一福利责任也会造成政府和企业的财政负担过重，同时削弱被保险人的责任意识，令生育保险面临难以为继的后果。随后，西方国家开始尝试推行由政府、企业和个人三方共同承担保险费用的方式，扩大生育保险基金来源，在提高保障程度的同时实现制度的可持续性。

因此，从保障女性劳动参与权利、减轻企业费用负担角度考虑，应强调政府责任，在必要时考虑增加个人责任，建立合理可行的生育保险资金筹集和分担机制。此外，还需健全法律制度，明确落实中央和地方政府在生育保险中承担的管理、监督、财政责任；对企业提供与生育保险费用缴纳程度挂钩的优惠政策，从而分担生育行为给企业带来的成本和压力。具体做法有：一是按照实际发生的生育费用比例确定企业减税标准；二是借鉴韩国做法，在员工休假时由政府分担企业雇佣临时工的部分费用。

2. 提升统筹层次

在我国，各地生育保险制度的细节都有所不同，主要由市级统筹，各地区具体的生育保险缴费比例会通过地方文件进行规定。由于各地区的现实状况各不相同，生育保险和生育津贴标准具有显著差别。

3. 扩大生育保险覆盖范围

一方面，我们建议及时更新修订《中华人民共和国社会保险法》中关于生育保险的条款，明确将保险覆盖范围扩展到所有医疗保险参保人员，以实现生育保险全覆盖的公平性。如上海市就在两险合并实施时统一了覆盖群体，借此将生育保险的覆盖面扩展至所有医疗保险参保人群。另一方面，在新业态不断发展的情况下，相关部门也需要考虑为非传统雇佣关系的灵活就业人员及农村女性等弱势群体建立完善的参保缴费机制。

4.提升生育保险待遇水平

在世界范围内，虽然具体的生育保险政策实施效果会受到教育水平、家庭收入等因素的影响，但提升生育保险待遇对促进生育率仍具有积极作用。因此，在提升保险待遇水平时，不仅需要聚焦女性，也需要注意均衡男女双方待遇。可供借鉴的方法包括：

（1）提升生育医疗保险待遇和生育津贴水平。

政府财政支持力度对政策效果的影响极为重要。法国自二战结束后就开始实行奖励生育措施，根据胎数按月发放高额补贴，直到子女成年为止。法国一度成为欧洲生育率第一的国家。同样地，在俄罗斯政府的大规模财政投入下，俄罗斯生育水平显著回升。目前我国生育保险基金结余过多，应强调最大化发挥生育保险基金利用效率的原则，而非单纯调整企业缴纳费率。

在生育保险津贴方面，由于生育保险法规定按照用人单位上一年度职工月平均工资计发的无下限设置，在原本工资水平较低的欠发达地区削弱了女性的保障力度，造成了保障不充分不均衡的局面。通过提升统筹层次，明晰各地区生育津贴计发标准，设置最低保障限额，避免各地区生育津贴支付标准差异造成的保障不足。

（2）完善生育假制度。

国外研究显示，生育假期政策对生育产生了积极影响。俄罗斯的一项研究表明，产假有助于帮助女性缓解生产与再生产之间的冲突，产假制度在保障了妇女劳动力供给的同时，也提高了生育率。这一结果在1970—1990年欧洲低生育率地区同样显著。还有学者通过定性分析发现，产假政策不仅有上述积极影响，而且对提升生育率的效果比单纯的补贴更明显。

① 延长法定产假时长。国家法定产假时长的增加和地区延长假上浮上限的设定，能够缩小地方产假待遇的差距，总体提升全国女职工在生育时期的权益水平，使得我国产假制度的公平性加强并向着系统化发展，这有利于激发生育积极性，有效提高出生率。[1]

② 强化陪产假制度落地执行。在通过陪产假制度强调父母共同抚养子女的过程中，减少了仅有女性因生育退出劳动力市场的情况，使得传统性别分工侧重于女性承担抚幼责任的刻板印象逐渐淡化，就业中的性别歧视也得以缓解。应尽快建立法律层面统一的陪产假制度及监督机制，明确男性陪产假时长，减轻女性生育及养育子女压力，引导性别平等良性发展。

③ 探索建立育儿假制度。我国亟待填补育儿假立法方面的空白，建立一套符合我国国情的、父母双方都可以参与的育儿假制度，提升生育权益保障水平，优化国内生育环境，进而扭转我国人口出生率持续下降的趋势。

---

[1] 樊丽丽. 论我国生育假法律制度的完善. 就业与保障，2021（12）：22-23.

第九章
失业保险制度

一、失业保险制度概述

失业风险是指劳动者工作时可能遇到的失去职业的风险。失业的发生使个人收入遭受损失，甚至使其遭受精神痛苦、人格发展受限，并影响家庭和谐，同时失业率的上升会导致实际 GDP 下降，经济资源遭到浪费，国民经济发展受阻，社会秩序遭受冲击。

就业即最大民生，是国家施政的重点。各国政府通常通过制定相关法律、明确政府责任、规范市场秩序来解决就业问题。失业保险是国家通过立法成立集中的保险基金，对符合条件的失业者在一定期限内提供经济保障的社会保险制度，其核心是分散失业风险，设立的初衷是保障失业者的基本生活，并对其进行职业教育，促进其再就业。在此基础上，实践中不同的国家和地区赋予了失业保险多重目标和功能。

失业救助是指公民因失业而面临生计困难时，由国家和社会提供的维持其最低生活水平的资金和物资的救助项目。[①] 有别于失业保

---

① 王云昌，张茂松.社会保险理论与实务.郑州：黄河水利出版社，2001.

险，失业救助的目标侧重于通过福利支出减轻失业个人或家庭的贫困程度。

（一）失业保险制度的概念

失业保险制度是由国家立法强制实施、由社会集中建立保险基金、对因暂时中断劳动而无法获取劳动报酬的失业者给予救助的社会保险制度。该制度旨在为失业人员提供必要帮助，以保障其最基本的日常生活，并借助转业训练以及职业介绍等方式，帮助他们重返职场。在制度实行过程中，就业保障的相关概念也得到了不断扩展。

作为就业保障制度一大支柱的失业保险制度侧重于提供基本生活保障，并推动达成阻止贫困的目标和实现再就业。失业保险制度的基本构成包括如下五个要素：

（1）失业保险的覆盖范围与当地经济发展水平息息相关，发达国家失业保险覆盖范围广，涵盖大部分就业人群，发展中国家失业保险覆盖范围有限，以收入稳定的工薪阶层为主。从世界范围看，失业保险的覆盖对象主要是从事正规职业的企业雇员，近年来也有部分国家将失业保险的覆盖范围逐步扩大至家政人员、农林渔业从业者等特殊就业群体。

（2）享受失业保险的人员必须满足一定资格条件。一般而言，要求失业人员非自愿中断就业、已办理失业登记并仍有求职意愿，个人就业时长和保费缴纳期限达到最低要求。

（3）失业津贴给付标准受国家内部各地区发展水平和生活水准影响。多数国家依照失业者失业前平均收入的一定比例（50%~75%）并综合考虑地区差异、经济环境等因素后确定失业津贴给付标准，像波兰等少数国家则按照固定水平进行津贴给付。

（4）失业津贴给付期限将失业者的缴费期限和年龄作为主要影响

因素，受制于当地政策、财政状况和失业保险基金规模。各国给付期限不同，大多数国家给付期限为8~36周，一般为26周。

（5）失业保险基金的筹集主要涉及政府、雇主和雇员三个主体，筹集方式包括：三方共担、雇主和雇员双方承担、政府和雇主双方承担、雇主单方承担、政府全部承担。

（二）失业保险制度的国际模式

失业保险制度起源于工业革命时期的欧洲。工业革命推动了欧洲社会结构的转型，生产的社会化使产业工人的规模不断扩张，然而社会生产力提升的同时产业工人的生活水平和基本权利没有得到应有的维护和提高。产业工人一旦失业，个人和家庭无法抵御由此带来的冲击，攀升的失业率使得个人和家庭风险逐步转化为社会风险。19世纪中叶工人因此团结起来建立互助会来开展失业救济活动，工会在其中发挥了重要作用。

进入20世纪后，欧洲经济学家们逐渐发现经济的周期性波动同样会造成失业，客观的社会经济因素不佳也会造成失业，进而导致个人和家庭的贫困，国家需要重新认识失业和贫困的关系。在此背景下，1901年比利时出台了由地方政府、工会、互助会合作的失业保险保障计划。法国、挪威、丹麦也陆续建立起非强制性失业保险制度。1911年英国议会通过《国民保险法》，建立了首个强制性失业保险制度，政府第一次在解决社会失业问题中发挥主导作用。20世纪20年代末经济危机蔓延至整个资本主义世界，带来大规模的失业冲击，凯恩斯主义等倡导国家干预经济的思潮应运而生，各国政府为应对危机、巩固执政地位纷纷进行失业保险制度建设探索。瑞典、美国等资本主义国家先后建立失业保险制度，完善社会保障体系并迈向社会福利国家模式。

根据是否由国家主导强制实施、个人是否需要承担相应义务，现有失业保险制度可以划分为四种模式。出于对设立目标和实施基础的考虑，各国采取适应本国国情和就业市场的制度模式。其中，强制性失业保险制度作为主流模式被广泛采用。具体情况如表9-1所示。

表9-1 失业保险制度的国际模式比较

制度模式		模式特点	代表性国家
强制性失业保险制度		国家立法强制要求在制度覆盖范围内的用人单位和劳动者必须无条件参加失业保险并承担缴纳失业保险费等相应法律责任，该模式是国际上失业保险制度实施的主流	美国、中国、加拿大、挪威
非强制性失业保险制度		非立法强制实施，管理主体一般为工会，劳动者自愿参加	丹麦
失业救济制度		国家以政府预算补助经费直接向失业人员发放救济金以维持其生计，劳动者无须履行缴费义务	澳大利亚、新西兰
双重失业保险制度	强制性失业保险制度+失业救济制度	该制度模式在西方国家较为常见，一般根据本国就业状况和历史演进逻辑，将基础制度模式进行两两组合	英国、德国
	非强制性失业保险制度+失业救济制度		瑞典、芬兰

1. 强制性失业保险制度——以美国为例

强制性失业保险制度目前作为失业保险制度实施的主流模式被大多数国家和地区采用，美国是代表性国家之一。美国的失业保险制度是其社会保障体系中实行最早、覆盖范围最广的一项社会保障制度，也是其劳动就业制度的重要组成部分。相较于其他资本主义国家，美国政府在1929年经济危机爆发后才开始真正关心社会保障问题。为了应对经济危机带来的高失业率，罗斯福制定并实施了以普遍福利为核心的社会保障制度。在罗斯福的积极推动下，1935年《社会保障条例》通过，为美国强制性失业保险制度的实施提供了最高法律依据，标志着美国失业保险制度的正式建立。经过80多年的发展，美国失业保险从一开始仅限于私营工商企业雇员扩大至如今涵盖全美90%左右的劳动力，覆盖范围不断扩大。1998年克林顿颁布《劳动力投资法案》，为失业者提供就业核心服务，加强对失业者服务技能的培训。2007年美国政府颁布《继续拨款修订决议》，形成了较为完善和发达的失业保险制度。

总的来看，美国失业保险制度具有五大特点：第一，制度实施具有强制性，配套法律体系健全；第二，实行联邦政府和州政府双层管理、常规失业保险计划和应急失业保险计划双重保障制度，应急计划凭借动态灵活的给付期限调整机制，在应对经济危机和长期失业问题时作用显著，弥补了常规失业保险给付期限较短的问题，极大增强了美国失业保险制度对逆周期的调节；第三，以税收方式筹集失业保险资金，企业雇主是资金的主要来源；第四，领取条件较严苛，约2/3的失业者无法真正领取失业津贴；第五，强化了失业预防和促进再就业的功能以解决结构性失业问题（见图9-1）。

2. 非强制性失业保险制度——以丹麦为例

丹麦采用非强制性失业保险制度模式，是全世界国家中社会福利最为慷慨的国家之一。1907年丹麦国会通过《丹麦失业待业者保险法》，开始实行自愿保险补贴制度，工会作为负责经营管理的主体向失业者提供失业福利。二战后至20世纪60年代是北欧国家就业的黄金时期，在此背景下丹麦的失业保险制度得到了进一步完善。进入70年代后，经济危机和新兴技术的双重冲击改变了丹麦劳动力就业结构并使得国内失业率攀升，为此丹麦政府于1970年和1976年先后通过了《雇员失业保险法》和《独立劳动者失业保险法》，明确了失业基金会成员的权利和义务、津贴领取最长时间等内容并规范失业保

现代 保险制度建设

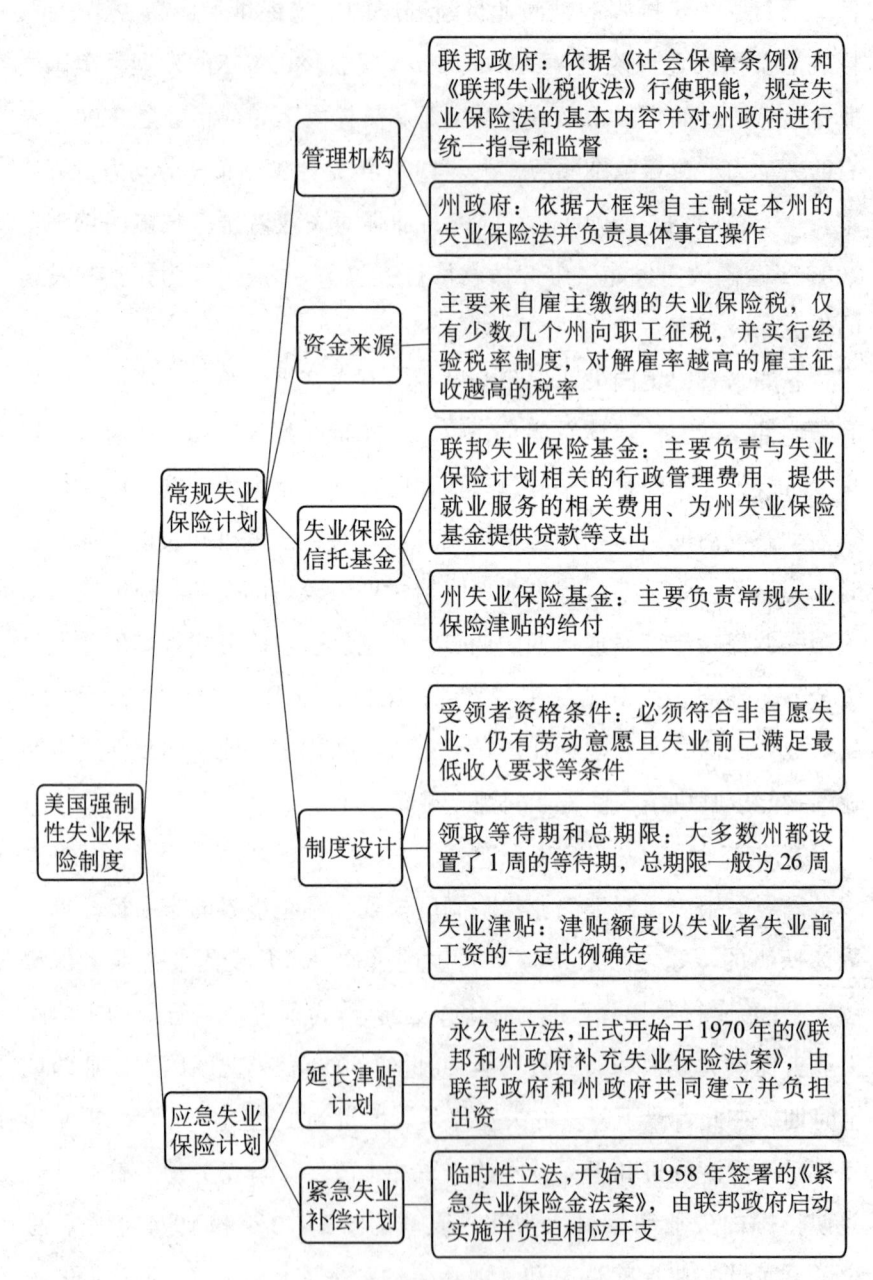

```
美国强制性失业保险制度
├── 常规失业保险计划
│   ├── 管理机构
│   │   ├── 联邦政府：依据《社会保障条例》和《联邦失业税收法》行使职能，规定失业保险法的基本内容并对州政府进行统一指导和监督
│   │   └── 州政府：依据大框架自主制定本州的失业保险法并负责具体事宜操作
│   ├── 资金来源：主要来自雇主缴纳的失业保险税，仅有少数几个州向职工征税，并实行经验税率制度，对解雇率越高的雇主征收越高的税率
│   ├── 失业保险信托基金
│   │   ├── 联邦失业保险基金：主要负责与失业保险计划相关的行政管理费用、提供就业服务的相关费用、为州失业保险基金提供贷款等支出
│   │   └── 州失业保险基金：主要负责常规失业保险津贴的给付
│   └── 制度设计
│       ├── 受领者资格条件：必须符合非自愿失业、仍有劳动意愿且失业前已满足最低收入要求等条件
│       ├── 领取等待期和总期限：大多数州都设置了1周的等待期，总期限一般为26周
│       └── 失业津贴：津贴额度以失业者失业前工资的一定比例确定
└── 应急失业保险计划
    ├── 延长津贴计划：永久性立法，正式开始于1970年的《联邦和州政府补充失业保险法案》，由联邦政府和州政府共同建立并负担出资
    └── 紧急失业补偿计划：临时性立法，开始于1958年签署的《紧急失业保险金法案》，由联邦政府启动实施并负担相应开支
```

图 9-1 美国强制性失业保险制度

第九章 失业保险制度

资金的筹集和运用。进入90年代后，苏联解体和经济全球化使丹麦经济受到重挫，1993年失业率高达10%，靠高税收和外债来维持高福利和高补贴的模式难以为继。在国内外形势的影响下，丹麦政府通过提高领取失业津贴资格限制、缩短失业津贴给付期限、加大个人责任并刺激劳动力市场等措施加大失业保险制度改革力度，形成"金三角"灵活保障模式，成功扭转不利局面。丹麦国家统计局相关数据显示，2021年11月丹麦失业率成功降至24年来最低水平。丹麦非强制性失业保险制度见图9-2。

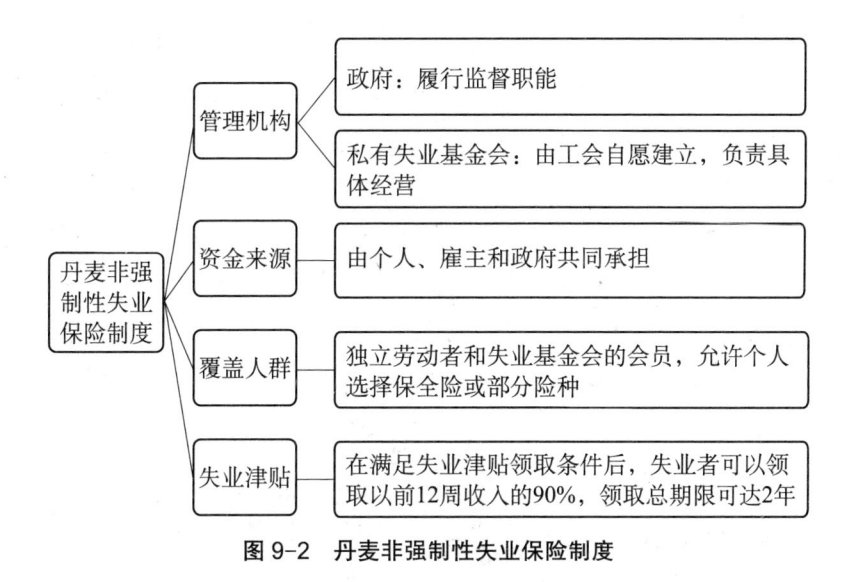

```
                ┌─ 管理机构 ─┬─ 政府：履行监督职能
                │           └─ 私有失业基金会：由工会自愿建立，负责具体经营
丹麦非强制性     ├─ 资金来源 ── 由个人、雇主和政府共同承担
失业保险制度     ├─ 覆盖人群 ── 独立劳动者和失业基金会的会员，允许个人选择保全险或部分险种
                └─ 失业津贴 ── 在满足失业津贴领取条件后，失业者可以领取以前12周收入的90%，领取总期限可达2年
```

图9-2 丹麦非强制性失业保险制度

3. 失业救济制度——以澳大利亚为例

澳大利亚等少数国家和地区采用失业救济制度来提供失业保障。20世纪30年代经济危机给澳大利亚带来了巨大冲击，由慈善机构提供援助的救济方式已无法满足现实需求，为此，1942年联邦政府开始利用所得税扩大社会保障方面的支出。在借鉴英美失业保险制度的建设经验后，1943年，联邦政府决定引入失业与疾病津贴。1944年，联邦政府通过了失业和疾病福利法，救济所有失业者和暂失工作能力

的劳动者，并于 1945 年正式发放救济金。失业救济金的发放目的是在维持失业者最低生活水平的同时帮助其接受教育、培训或安置以实现再就业。20 世纪 60 年代，澳大利亚取消了土著居民获得失业救济金的限制，扩大了救济覆盖范围。此后失业救济金分别新增应付租金补助、青年无家可归者津贴和 18 岁以下的求职津贴。1989 年，旨在改善长期失业救济金受助者就业前景的新起点（Newstart）计划成立，至此，澳大利亚全方位、多层次的失业保障体系基本成熟。2020 年 3 月，新起点计划更名为求职者津贴（JobSeeker Payment）。澳大利亚失业救济制度见图 9-3。

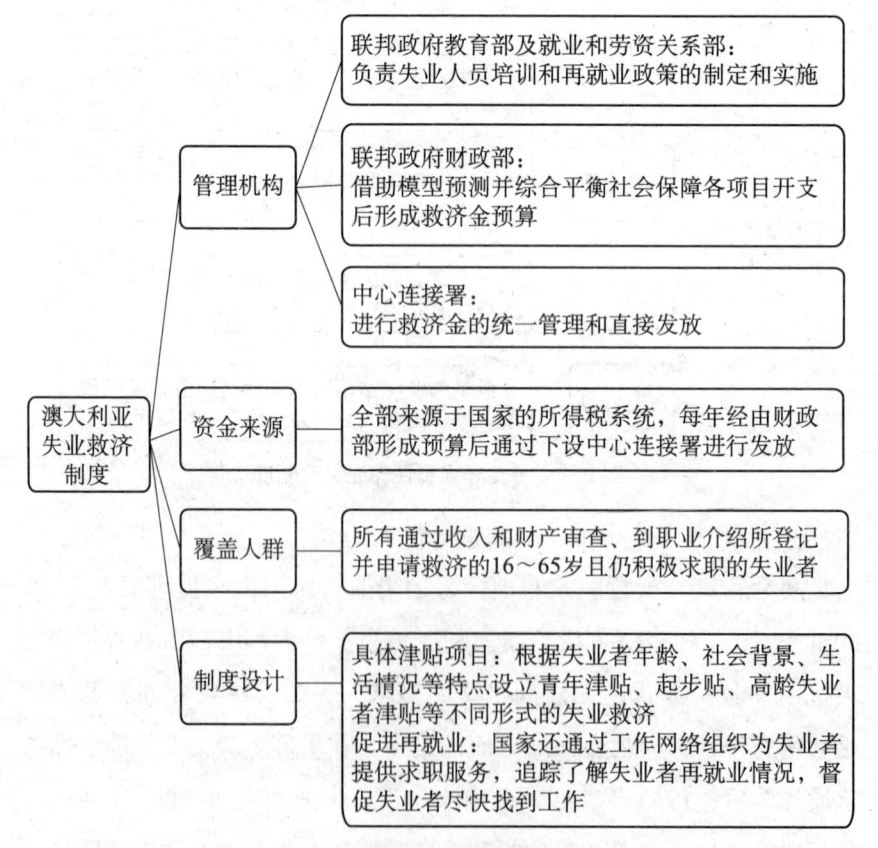

图 9-3 澳大利亚失业救济制度

总的来看，澳大利亚失业救济制度具有四大特点：第一，强调失业保险的福利性，采用以社会救济为核心的制度模式，救济金全部由政府负担；第二，统筹管理从分散走向统一，建立了整合高效的经办体系；第三，救济形式重视公平，彰显人文关怀；第四，注重鼓励失业人员再就业，降低高福利带来的道德风险。

4. 双重失业保险制度——以英国、瑞典为例

（1）强制性失业保险制度与失业救济制度并行——以英国为例。

1905年英国议会提出解决失业工人生活问题的第一个正式法案——《失业工人法》，明确指明了国家对于失业有着不可推卸的责任。1909年政府颁布《劳动介绍所法》，该法是世界上第一部就业服务立法。英国建立了世界上第一个由政府建立的全国性劳工介绍所，将失业和就业相结合，为失业保险的建立开辟了制度基础。1911年英国议会通过《国民保险法》，作为其组成部分的《失业保险法》的诞生是英国强制性失业保险制度建立的标志。

在20世纪90年代以前，英国的失业保险制度都致力于为失业人员提供较高水平的生活保障，然而这种消极的政策造成了失业者的福利依赖。从20世纪90年代起，英国政府探索失业保险功能的调整：一方面简化原先包含诸多福利项目的失业救济制度，通过缩减项目支出施行保障水平较低的普惠型救济政策；另一方面通过在1995年颁布的《求职者法》改失业保险制度为更具就业导向的求职者津贴制度、在1998—2000年陆续推出针对特定人群的就业新方案、向其他市场主体购买就业服务、于2002年成立特别就业中心等措施改革失业保险制度。2007年《准备好工作：我们一代实现充分就业》用弹性就业方案替代原先多个就业新方案。2013年英国政府实行有偿失业保险计划，要求领取失业保险津贴的长期失业者做一些工作来回报社会并按时参与工作培训以增加就业机会。英国双重失业保险制度见图9-4。

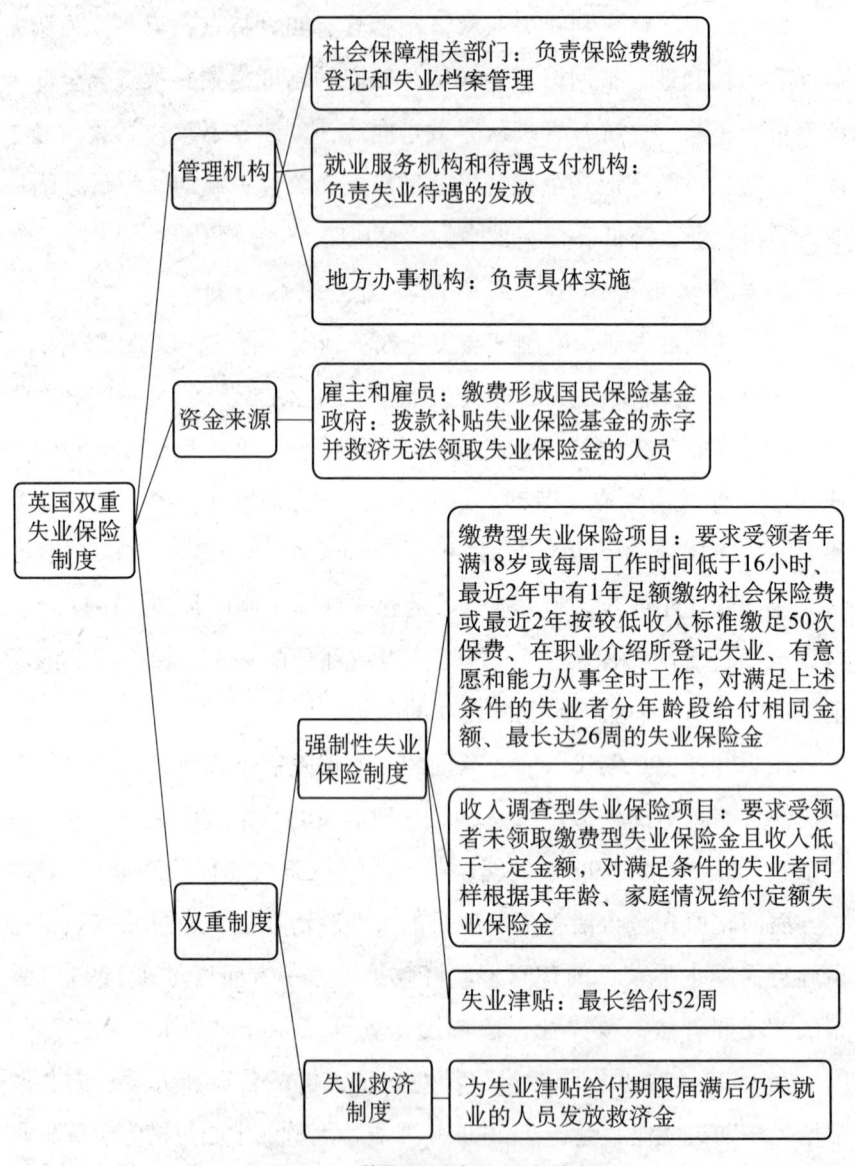

图 9-4 英国双重失业保险制度

英国双重失业保险制度

- **管理机构**
  - 社会保障相关部门：负责保险费缴纳登记和失业档案管理
  - 就业服务机构和待遇支付机构：负责失业待遇的发放
  - 地方办事机构：负责具体实施
- **资金来源**
  - 雇主和雇员：缴费形成国民保险基金
  - 政府：拨款补贴失业保险基金的赤字并救济无法领取失业保险金的人员
- **双重制度**
  - **强制性失业保险制度**
    - 缴费型失业保险项目：要求受领者年满18岁或每周工作时间低于16小时、最近2年中有1年足额缴纳社会保险费或最近2年按较低收入标准缴足50次保费、在职业介绍所登记失业、有意愿和能力从事全时工作，对满足上述条件的失业者分年龄段给付相同金额、最长达26周的失业保险金
    - 收入调查型失业保险项目：要求受领者未领取缴费型失业保险金且收入低于一定金额，对满足条件的失业者同样根据其年龄、家庭情况给付定额失业保险金
  - **失业救济制度**
    - 失业津贴：最长给付52周
    - 为失业津贴给付期限届满后仍未就业的人员发放救济金

图 9-4 英国双重失业保险制度

（2）非强制性失业保险制度与失业救济制度并行——以瑞典为例。

1934年瑞典国会通过了非强制性失业保险的第一个正式法案，国家开始承认并资助工会组建的失业保险基金。此后为了保障非失业保险基金会会员或不满足领取条件的失业者，瑞典政府又于1974年设立了劳动力市场现金援助（KAS）制度，由政府出资保障其福利。进入21世纪后，虽然持续发酵的"瑞典病"致使瑞典政府不断调整失业保险内容以减少失业保险支出，但双重失业保险制度并行的基本框架仍沿用至今（见图9-5）。

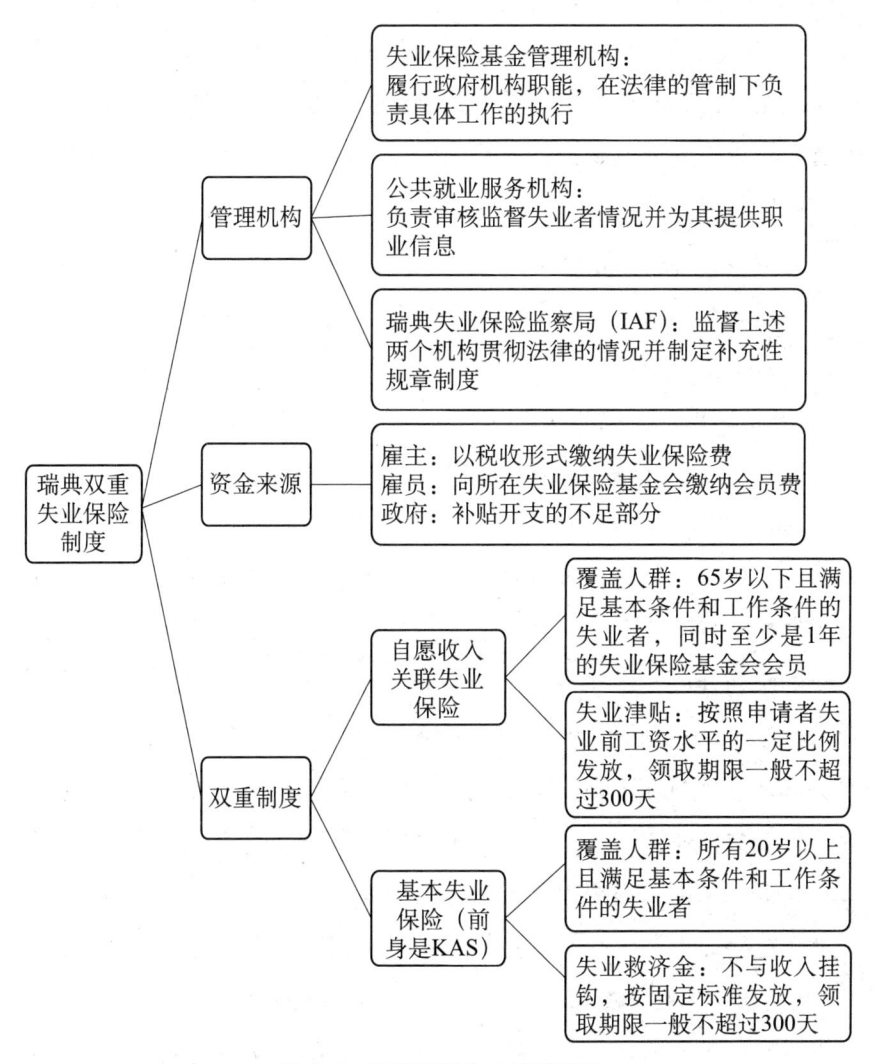

```
瑞典双重失业保险制度
├─ 管理机构
│   ├─ 失业保险基金管理机构：履行政府机构职能，在法律的管制下负责具体工作的执行
│   ├─ 公共就业服务机构：负责审核监督失业者情况并为其提供职业信息
│   └─ 瑞典失业保险监察局（IAF）：监督上述两个机构贯彻法律的情况并制定补充性规章制度
├─ 资金来源
│   ├─ 雇主：以税收形式缴纳失业保险费
│   ├─ 雇员：向所在失业保险基金会缴纳会员费
│   └─ 政府：补贴开支的不足部分
└─ 双重制度
    ├─ 自愿收入关联失业保险
    │   ├─ 覆盖人群：65岁以下且满足基本条件和工作条件的失业者，同时至少是1年的失业保险基金会会员
    │   └─ 失业津贴：按照申请者失业前工资水平的一定比例发放，领取期限一般不超过300天
    └─ 基本失业保险（前身是KAS）
        ├─ 覆盖人群：所有20岁以上且满足基本条件和工作条件的失业者
        └─ 失业救济金：不与收入挂钩，按固定标准发放，领取期限一般不超过300天
```

图 9-5 瑞典双重失业保险制度

二、我国失业保险制度发展现状

（一）我国失业保险制度发展历程

中国失业保险计划采取强制性失业保险制度的模式，该模式源于1950年的失业救济，初建于1986年公布的《国营企业职工待业保险暂行规定》，成形于1999年实施的《失业保险条例》。现行制度在《失业保险条例》基本框架的指导下，以更加积极的就业导向，结合实际国情和矛盾不断开发新的适应我国发展大局的政策举措，体现出高度的继承性与创新性。

1. 萌芽阶段：新中国成立初期失业救济制度

数据显示，新中国成立初期全国大中城市的失业人数高达470多万，失业率超过23%。面对严峻的形势，1950年6月，政务院下发《关于救济失业工人的指示》，同年6月，劳动部发布《救济失业工人暂行办法》（以下简称《暂行办法》），开始全面解决城市失业问题。

为贯彻执行《暂行办法》，政府组建救济失业工人基金来统筹负责救济工作，并结合多种方式保障失业工人的生活。救济失业工人基金的筹集依赖政府和社会各界的力量：一是政府安排预算来保障救济工作的顺利开展，1950年6月，财政拨出4亿斤大米作为建立救济失业工人基金的启动资金；二是要求单位和职工每月分别缴纳所付实际工资和所得实际工资的1%；三是号召社会各界通过做义工、捐款等方式帮助失业工人。一方面，基金以资金和物资发放的形式进行直接救济；另一方面，组织以工代赈等活动来提升失业人员工作技能并增加就业机会，以"生产—消费"的良性循环改善经济。

到1957年底，城市失业人数减少到200万，失业率降至5.9%，经济秩序回归正常。作为特殊时期特殊政策的失业救济制度取得了良好成效，光荣退出了历史舞台。

2. 形成阶段：1986—1998 年待业保险制度

20 世纪 80 年代，中国进入改革开放的探索阶段。为适应建设现代企业制度的需要，1986 年政府改革国营企业劳动用工制度，颁布《国营企业实行劳动合同制暂行规定》等，在企业内部推行劳动合同制。这一举措赋予了企业解雇工人的权力，在增强劳动力市场流动性的同时将失业问题显性化。1986 年国务院颁布《国营企业职工待业保险暂行规定》（以下简称《暂行规定》），初步建立失业保险制度以配合国营企业改革，迈出了我国建设现代化失业保险制度的重要一步。《暂行规定》确立了我国失业保险的基本框架和主要内容：以基金方式筹集保险资金池，并明确了享受失业保险金的资格条件、待遇水平和期限。然而由于《暂行规定》存在仅适用于国营企业、个人不承担缴费义务等问题，其实质上更像失业救济制度，在实际中的作用十分有限。

1993 年国务院颁布《国有企业职工待业保险规定》（以下简称《规定》）。《规定》在《暂行规定》的基本框架上调整覆盖范围、待遇水平、管理模式等内容，将适用范围由四类人员拓展至七类人员以适应新形势需要。这一时期的待业保险仍以救济保障为本质特征。

3. 成熟阶段：1999 年《失业保险条例》

改革开放的深化催生劳动力资源自由流动的客观条件。1999 年 1 月，国务院颁布《失业保险条例》（以下简称《条例》），我国失业保险制度体系的现代化和法制化发展从此进入新纪元。20 多年来，《条例》在保障失业人员生活、支持各项改革、维护社会和谐等方面发挥了积极作用。《条例》对 1993 年《规定》中的若干关键内容做了重大调整和突破。表 9-2 反映了《条例》的要点。

表 9-2 《失业保险条例》的要点

内容	意义或影响
制度更名为失业保险	首次使用"失业保险"概念,规范了长期以来对失业和待业概念的模糊认识,实事求是看待失业的客观存在
增加促进再就业新功能	突破了原先制度仅注重失业保障环节的局限性,回应时代需要
扩大制度适用范围至城镇各类企事业单位的全体劳动者	使失业保险覆盖范围得到实质性扩大,将农民、合同制工人纳入保障体系
分别提高企业、个人缴费费率至2%、1%	调整失业保险缴费费率,强化权利和义务相一致原则
规定失业保险申请者资格条件:缴费至少1年、非自愿失业、已办理失业登记且有求职要求	明确失业者领取失业待遇的资格条件
要求失业待遇介于当地最低工资水平与城镇居民最低生活保障线之间	明确失业待遇给付的上下限
按累计缴费时间划分不同给付期限标准	将给付期限与缴费时间相挂钩

资料来源:中华人民共和国人力资源和社会保障部官网。

4. 完善发展阶段:21世纪失业保险制度

21世纪,我国失业保险制度进入了完善发展阶段。在2010年以前,政府通过实行东部七省份试点政策、探索建立失业动态监测和预警机制、发挥失业保险应对2008年国际金融危机逆周期调节作用等创新工作拓展失业保险制度功能,凸显其预防失业、稳定就业的作用。2011年《中华人民共和国社会保险法》实施后,失业保险制度又拓展了参与社会治理的功能,成为实施"稳岗补贴"政策以化解过剩产能、助力脱贫攻坚的手段和工具。2017年,人力资源和社会保障部在依法落实党的十八大、十九大的指导下就《失业保险条例（修订草案征求意见稿）》公开征求意见，进一步完善具有中国特色、以保生活为基础、以防失业为重点、以促就业为目标的积极的失业保险制度。根据人力资源和社会保障部相关数据，2021 年全国城镇调查平均失业率为 5.1%，较上年下降 0.5 个百分点，我国失业保险制度服务经济社会发展的成效值得肯定。

（二）我国失业保险制度现状分析

中国现行失业保险制度以 1999 年《条例》和《中华人民共和国社会保险法》为主要法律依据，包括失业保险管理主体、覆盖范围、基金资金来源、享受待遇、资格条件、待遇给付水平、待遇给付期限、基金支出项目等主体内容。

为落实党的十八大和十八届三中全会会议精神、适应《中华人民共和国社会保险法》规定并解决现行失业保险制度实行过程中出现的问题，2017 年人力资源和社会保障部就《失业保险条例（修订草案征求意见稿）》（以下简称《征求意见稿》）公开征求意见。《征求意见稿》结合过去几年的实践成果和国外有益经验，对 1999 年《条例》做出如下修订（见表 9-3）。

表 9-3 《失业保险条例（修订草案征求意见稿）》修订要点

	《失业保险条例（修订草案征求意见稿）》	修订内容
定位功能	保障基本生活、预防失业、促进就业	增加预防失业功能
覆盖范围	企事业单位、社会团体、民办非企业单位、基金会、律师事务所、会计师事务所等组织及其职工	扩大覆盖范围，基本覆盖与单位建立劳动关系的劳动者

续表

	《失业保险条例（修订草案征求意见稿）》	修订内容
缴费费率	用人单位：单位工资总额一定比例； 职工：本人工资一定比例； 二者之和不超过2%	降低保险缴费费率，落实中央减费降税部署，赋予地方一定灵活性
基金统筹	直辖市实行全市统筹，省、自治区逐步实行省级统筹	提高基金统筹层级，降低基金运行风险，适应劳动者流动需要
基金支出项目	① 失业保险金； ② 基本养老保险费和基本医疗保费； ③ 技能提升补贴； ④ 职业培训补贴、职业技能鉴定补贴、创业补贴； ⑤ 丧葬补助金和抚恤金； ⑥ 稳定岗位补贴； ⑦ 其他费用	① 增加技能提升、稳定岗位、创业等补贴项目，预防失业，促进就业 ② 增加代缴基本养老、基本医疗保费项目，提高保障水平，加强保险与其他社会保障制度的衔接，适应上位法规定
农民、合同制工人	—	删去特殊规定，进一步实现城乡统筹和公平

资料来源：中华人民共和国人力资源和社会保障部官网。

根据表9-3可知，《征求意见稿》针对1999年《条例》存在的制度定位功能不健全、覆盖范围狭窄、缴费费率较高、基金统筹层级低、支付项目受限、保障水平不足等问题都给出了符合当前经济社会发展实际的解决措施，帮助建成多层次社会保障体系，切实履行服务民生的重大使命。

我国失业保险制度也存在着一些问题。失业保险制度在很大程度上受到国家或地区经济发展水平和就业状况的影响。经历了20多年的发展，我国失业保险制度建设取得了历史性成就。然而不可否认的是，目前我国失业保险制度建设仍处在发展阶段，现行制度条例还有很多亟待解决的不足之处，特别是新冠疫情对我国就业市场的冲击更是给我国失业保险制度建设提出了许多新要求。

(1) 上位法修订存在滞后。

距离2017年《征求意见稿》发布已经过去了近7年,国家在这期间也通过许多政策规定对现行条例进行调整以适应经济社会发展的需要,《征求意见稿》中相当一部分做法也都在实际中以其他形式的规章文件得到了实行,如返还不裁员或少裁员的参保企业上年度实缴失业保险费的50%[①]。此项规定即属于《征求意见稿》中增加稳定岗位补贴项目支出和降低失业保险缴费费率的实务操作。然而新的条例始终没有正式落地,上位法的修订存在滞后。

(2) 制度缺位问题突出,基金管理效率较低。

2019年末,新冠疫情席卷而来,就业市场面临空前的挑战,全国城镇调查失业率陡增,2020年2月更是达到6.2%的历史高位。餐饮行业、外贸行业等线下服务业受冲击影响最大,中小企业、个体工商户由于抗风险能力较弱面临着巨大的生存问题,出于经营压力的考虑,缩招、裁员、降薪在所难免,进一步加剧了社会面失业,尤其是青年群体失业的问题。

我国失业保险制度对此进行了相应的调整,出台了免、减、缓、返等应急政策以支持企业有序复工复产并稳定就业市场,同时放宽领取标准、扩大支出项目来增强保险保障效果。然而结合实际来看,参保群体和失业群体的错位使得我国失业保险制度的实际瞄准率很低,大量真正需要失业保险待遇的人员未能获得保障。2011—2021年数据显示,我国参保失业率[②]维持在1.2%左右,不超过1.5%,失业受益率[③]平均为22.8%,不超过25%。这意味着参保人员中失业人数不多,

---

① 《关于失业保险支持企业稳定就业岗位的通知》。
② 参保失业率=领取失业保险金人数/正在就业的参保人数。
③ 失业受益率=领取失业保险金人数/全部失业人数。

真正领取失业保险金的人数更是少之又少，仅有不超过四分之一的失业人员获得了失业保险保障。

具体来看，一方面，参与失业保险的人员中有相当大一部分就职于工作稳定、失业风险小的正规部门，而诸如网约工、个体工商户、农民工等就业灵活、失业风险大的群体却游离于失业保险之外，无法获得失业保险金。另一方面，从总量上看失业保险基金累计结余多，整体基金使用率低，但是失业保险基金结余存在地区不平衡的问题，部分失业群体集中的地区面临较大支出压力。表9-4反映了2011—2021年失业保险制度相关指标数据。

表9-4　2011—2021年失业保险制度相关指标数据

年份	2011	2012	2013	2014	2015	2016	2017	2018	2019	2020	2021
年末领取失业保险金人数（万人）	197	204	197	207	227	230	220	223	228	270	259
城镇登记失业人数（万人）	922	917	926	952	966	982	972	974	945	1 160	1 040
失业保险参与人数（万人）	14 317	15 225	16 417	17 043	17 326	18 089	18 784	19 643	20 543	21 689	22 958
参保失业率（%）	1.38	1.34	1.20	1.21	1.31	1.27	1.17	1.14	1.11	1.24	1.13
失业受益率（%）	21.37	22.25	21.27	21.74	23.50	23.42	22.63	22.90	24.13	23.28	24.90

续表

年份	2011	2012	2013	2014	2015	2016	2017	2018	2019	2020	2021
基金收入（亿元）	923	1 139	1 289	1 380	1 368	1 229	1 113	1 171	1 284	952	1 460
基金支出（亿元）	433	451	532	615	736	976	894	915	1 333	2 103	1 500
累计结余（亿元）	2 240	2 929	3 686	4 451	5 083	5 333	5 552	5 817	4 625	3 354	3 313

资料来源：2011—2021 年《人力资源和社会保障事业发展统计公报》。

（3）制度设计不合理，保障成效待提升。

目前，我国失业保险制度设计存在瑕疵，保障水平不足、给付期限过长、给付标准单一的问题都在一定程度上妨碍了保险功能的实现，抑制了劳动者参保积极性。

现行制度规定，失业保险待遇给付标准应介于当地最低工资水平和城镇居民最低生活保障线之间。从 2020 年数据来看，全国平均失业保险金给付标准为 1 506 元/月，全国规模以上企业就业人员月均工资为 8 115 元，平均替代率仅为 18.6%。相较于国际常见的 45%～80% 的替代率水平，我国失业保险保障水平明显不足。

研究显示，在其他条件不变的情况下，失业保险给付期限与失业持续时间呈正相关。[①] 国际劳工组织规定支付津贴的平均期限最短为 26 周，大多数国家给付期限为 8～36 周，而我国失业保险按照累计缴费时间将给付期限划分为最长 12 个月、最长 18 个月和最长 24 个月三档。相较而言，我国失业保险给付期限设计不合理，过长的给付期限可能会降低失业者寻找工作的意愿，造成福利依赖进而产生道德风险。

---

① 王元月，马驰骋. 失业保险给付期限差异下的失业持续时间研究. 中国管理科学，2005（6）：113-117.

三、我国失业保险制度的完善

下文在分析我国失业保险制度的基础上提出相关完善建议。

1. 加快新的《失业保险条例》正式落地

鉴于《征求意见稿》中相当大一部分做法都在实际中以其他形式的规章文件得到了实行,有关部门近年来在落实降低保险费率、拓宽保障范围、激发企业主体作用等措施的相关实践中积累了丰富的经验,为上位法的修订提供了借鉴。为此,必须尽快协调各方意见,促进新的《失业保险条例》颁布实施,健全失业保险制度的法律体系,真正做到有法可依、有法必依。

2. 提高制度瞄准率,完善基金统筹安排

提高参与失业保险人群和需要失业保险人群的重合度,将网约工、个体工商户等灵活就业人员以及初次就业的大学生群体纳入失业保险覆盖范围。目前,北上广等地已经开始了灵活就业人员自愿申报参加失业保险举措的探索。未来,有关部门应该在实践经验的基础上,建立高层次规范化的机制来实现对灵活就业人员的失业保障和就业帮助。同时通过修订现行法律建立针对初次就业大学生的专门津贴计划,由失业保险基金提供技能提升、见习实践补助,增强初次就业大学生群体的职业素质和实践经验。

改进失业保险基金的收支安排,提高失业保险基金征收和支出制度的规范化和透明化,自觉接受社会公众的监督。同时提高失业保险基金的统筹层次,逐步落实省级统筹,科学规划基金收支。此外要完善失业保险基金的跨地区调剂安排,简化基金省际调剂的流程,以满足各地区应对失业风险的需要。

3. 优化保障设计,增强就业激励

第一,优化保障设计。借鉴国际经验,将失业津贴给付标准与失业人员失业前工资水平相挂钩。一方面,这一做法有利于提高失业保险的平均替代率,达到提高保险保障水平的效果;另一方面,这一做法体现了对权利与义务相一致原则的坚持。此外,在兼顾效率与公平的考虑下,在按照失业人员失业前工资水平的一定比例给付失业保险金的基础上规定给付标准的上下限。同时,根据失业人员家庭成员构成、家庭总收入情况等个性化因素,适当调整失业保险待遇,充分实现保险保障的基础功能。

第二,增强就业激励。当前失业保险给付期限的设计缺乏对失业人员再就业的正向激励。考虑适当缩短给付期限,并实行递减式给付办法,随着失业人员失业时间的增加逐渐减少每次失业保险金给付金额,借此增强失业者寻找工作的紧迫感和动力,降低失业人员陷入福利依赖导致的长期失业风险。

4.未来制度建设的改革路径

我国失业保险制度建设应加强整体统筹,久久为功。明确我国失业保险发展定位,首要保障失业人员基本生活,坚持权利与义务相一致、公平与效率相统一的原则,着力解决上位法修订滞后、保险覆盖范围有限、保障设计存在瑕疵的发展痛点,发挥失业保险促进劳动力市场健康持续运转的作用,以时代和国家赋予的责任使命为改革方向,构建体系完备、运行高效、成效显著的失业保险制度。

第十章
工伤保险制度

一、工伤保险制度概述

　　工伤保险制度是在劳动者发生工伤事故后,由国家出面给予劳动者医疗费用和生活费用补偿,以确保劳动者及其家庭维持基本生活的一种社会保险制度,目的是帮助减轻职工和用人单位的损失。工伤保险作为社会保险,以存在伤害这一客观事实作为赔偿基础,体现了赔偿规则的优化,最大限度地保护工伤职工的利益。

　　我国 2010 年修订后的《工伤保险条例》对工伤范围做出了明确的界定:在工作时间和工作场所内,因工作原因受到事故伤害的;工作时间前后在工作场所内,从事与工作有关的预备性或者收尾性工作受到事故伤害的;在工作时间和工作场所内,因履行工作职责受到暴力等意外伤害的;患职业病的;因工外出期间,由于工作原因受到伤害或者发生事故下落不明的;在上下班途中,受到非本人主要责任的交通事故或者城市轨道交通、客运轮渡、火车事故伤害的;法律、行政法规规定应当认定为工伤的其他情形。

（一）工伤保险制度的概念

工伤保险制度为遭受工伤的劳动者提供医疗救治，帮助其医疗和职业康复，对劳动者及其家属给予物质生活保障和经济补偿。《中华人民共和国宪法》和《中华人民共和国劳动法》在根本上保障了劳动者享有工伤保险的权利。

工伤保险属于社会保险，具有社会保险的一般性特征，即强制性、互济性、非营利性和社会性，还具有补偿性与给付条件宽松性。

（1）强制性。由于国家立法，工伤保险制度具有强制性。工伤保险的强制性体现在工伤保险费的征收、缴费标准等都是国家强制规定的，用于保障劳动者在发生工伤事故后的基本生活水平。

（2）互济性。与其他社会保险相同，工伤保险也遵循风险共担原则，由社会保险机构统一安排工伤保险基金，支付工伤保险补偿，实现收入再分配，使得劳动者权益得到充分保障。

（3）非营利性。工伤保险作为社会保险的一种，由政府或非营利组织以非营利、保障职工的合法权益、合理赔偿职工因发生工伤事故而产生的损失为目的设立。与商业保险相比，其具有非营利性。

（4）社会性。工伤保险的社会性是指全社会共同面临工伤风险，工伤事故的发生能对全社会造成巨大危害。由于现代大工业生产环境的复杂化和流程化，工伤责任不能明确追溯到特定的某个人，工伤风险由全社会共同承担。而且，工伤保险的实施范围是社会上的所有用人单位，从这一点来看工伤保险也具有社会性特征。

（5）补偿性与给付条件宽松性。工伤保险是给付性保险，按照损失大小向受伤害的职工提供工伤补偿。从给付条件来说，工伤保险较为宽松。在工伤事故中，一般不对职工的个人过失进行追究，主要以存在劳动关系和因公受到伤害这两方面作为赔偿依据。而且，工伤保险待遇不受工龄和年龄限制，保障内容全面，保险待遇相对比较优厚。

从流程环节来看，工伤保险的基本内容包括工伤认定、劳动能力鉴定和伤残等级评定、工伤保险基金设立、工伤预防、工伤保险待遇支付、工伤康复、用人单位和员工责任七个方面。

（二）工伤保险制度的国际模式

国际上，工伤保险经历了雇主保险责任制阶段、工伤社会保险阶段和现代工伤保险制度阶段。工伤保险的事故范围由最初的工业意外事故逐渐扩大，而后才增加了职业病。

19世纪后期，工伤保险在德国首次以国家立法形式确定。1884年，德国颁布了世界上第一部工伤保险法，首次专门涉及工业事故和职业病及其预防与补偿问题。自此，各国相继将工伤保险以法律形式确立下来。世界部分国家工伤保险首次立法情况见表10-1。

表10-1 世界部分国家工伤保险首次立法情况

国家	首次立法时间	国家	首次立法时间
法国	1898年	美国	1908年
瑞典	1901年	荷兰	1901年
澳大利亚	1908年	意大利	1898年
西班牙	1900年	日本	1911年
英国	1897年		

世界各国工伤保险的立法时间虽然不同，但都是在制定了相关法律制度后，经过多次修改，在实践中不断完善，下面对世界部分国家的立法情况进行介绍（见表10-2）。

表 10-2　世界部分国家工伤保险相关立法概况

国家	立法概况
法国	1919 年颁布《职业病法》，1946 年修订
西班牙	1947 年颁布法令确认工伤保险中包括职业病
瑞典	1976 年法律规定工伤保险中包括工伤事故及伤害
英国	1992 年《社会保险缴费与待遇法》《社会保险管理法》
美国	1908 年后修订工伤保险制度 1956 年修订因工致残的条款 1984 年《伤残津贴改革法案》 1996 年修订工伤保险计划的基本内容
意大利	1929 年《职业病防治法》 1965 年颁布第 1124 号修订法
德国	1925 年颁布《职业病法》，1963 年、1968 年、1992 年修订 1911 年颁布《德意志帝国保险法典》(第三部) 1996 年联邦会议通过了新《工伤保险法》
日本	1947 年、1980 年、1986 年多次修订工伤保险相关法律 现行工伤保险法律由《劳动基准法》和《工人事故补偿保险法》组成
奥地利	1928 年颁布《职业病法》 1955 年颁布《社会保险论》 1956 年颁布《联邦医院法》及《联邦州医院法》
芬兰	1939 年颁布《职业病法》 1948 年修订《工伤保险法》，1988 年再次修订

1884 年德国《工伤保险法》的出台标志着世界上第一个工伤保险法律制度的诞生。作为世界上第一部工伤保险法，它突破了罗马民法的过错原则，首次将无过错赔偿制度带上了法律舞台。经过 140 年的发展，这一制度历久弥新，始终屹立不倒。由于其在德国内部实施的成功经验，许多其他国家纷纷以此为参照，创立了自己的工伤保险制度，极大地推动了世界工伤保险制度的发展。我国尚不成熟的工伤保险制度也可以参考这一里程碑式的制度。

1. 德国工伤保险制度主要内容

（1）保险方式。

德国工伤保险的保险方式灵活多样，分为强制保险、免除保险和自愿保险三种类型。强制保险指只要符合法律或是章程的人员均强制参与工伤保险。免除保险覆盖那些属于强制保险范畴，但符合不参与法定保险情形或提出申请解除保险的人群，具体内容由章程规定。自愿保险覆盖了有权加入工伤保险但并非时刻需要社会保障的群体，包含企业主及其家属等。

（2）适用范围。

在工伤认定上，工伤事故与职业病两类均可被认定为工伤。德国的工伤认定以人群直接作为基础，在覆盖人员范围上，其从最初只覆盖具有雇佣劳动合同的劳动关系，到现今覆盖雇佣劳动关系及类似劳动关系的各种情形，后者包含了自雇人员、临时帮工、学徒与访客等。这种对各类有关人员"应保尽保"的制度设计，体现出德国工伤保险的保护原则。

（3）保险待遇。

保险支付的货币待遇包括工伤补偿中的伤残补助金、过渡期补助金、伤残年金、遗属待遇（遗属年金、遗属补助、工亡补助金和丧葬费用）等，还包括工伤康复中涉及的实物待遇与服务型待遇等。在德国的工伤保险制度中，工伤康复先于工伤补偿。

工伤康复发生在工伤事故发生之后，致力于减轻事故给雇员带来的健康影响，改善其健康和生活状况，尽力帮助其恢复工作能力从而重回岗位，适应社会生活。工伤康复包括医疗康复、职业康复、社会康复三方面。

工伤补偿一般只提供货币待遇，在工伤康复确实无法解决问题时，工伤补偿提供货币支持。这常见于替代雇员发生工伤后产生的工资损失，如伤残补助金、过渡期补助金、伤残年金等。工伤补偿一般根据雇员工资水平按月发放，根据伤残水平等进行调整。

（4）管理机构。

德国工伤保险的管理机构颇具特色，是由按地域与行业划分的同业公会作为工伤保险的经办机构。同业公会采取国家监督下的自我管理模式，将行业与地域作为加入标准，在工会内部将风险发生率与缴费水平联系在一起，并有权颁布该地域、该行业的工伤保险管理章程。由于同业公会独立于政府部门而存在，它拥有非常大的自主权，工作高效灵活，实现了工伤保险从预防、康复到补偿的"三位一体"，具有"一手管理一切"的特点。

（5）资金来源及运作方式。

德国工伤保险的资金来源是雇主。国家与雇员并不缴纳工伤保险费。工伤事故的发生会对雇员的身体健康造成直接危害，工伤保险的设立在很大程度上是为了解决雇主没有能力或能力不足以承担工伤事故导致的赔偿与自身损失的问题。德国工伤保险的资金完全来源于雇主，采取现收现付的原则，即以上一年度保险支出的总金额与各项花销为主要依据，来收取下一阶段的保险费。为了避免行业内周期性资金短缺及应对一些突发情况，同业公会也会保留一部分储备金以备不时之需。

2. 德国工伤保险制度特点

（1）将工伤预防作为首要原则。

工伤的预防、康复和补偿是工伤保险制度的三大内容。在工伤事故发生前，要对潜在的工伤事故进行预防，防止其发生。

工伤预防虽然不如工伤康复和工伤补偿的效果那么立竿见影，但其重在防患于未然。对于工伤预防的投入越多，工伤康复与工伤补偿的支出便越少，它能在根源上避免工伤事故的发生。可以说，工伤预防能够直接减轻工伤保险赔付，从根源上减小工伤风险。

德国工伤预防的实施途径主要由法律法规规定，再由企业内部具体进行落实和实施。国家对工伤预防进行框架式规定，同业公会结合地域与行业具体状况将工伤预防要求进一步填充与丰富，企业内部根据相关规定来落实工伤预防的具体工作。

（2）工伤康复先于工伤补偿。

德国的工伤康复包含医疗康复、职业康复和社会康复。医疗康复作为工伤康复中最常见的手段，旨在为因公受伤的雇员提供必要的医学救治，对其进行治疗与身体机能恢复工作，防止其健康状况恶化。医疗康复的主要待遇包括急救、治疗、医疗药品、家庭护理以及在医院的各种治疗等。职业康复是在医疗康复的基础上，为身体机能部分或是完全恢复的雇员在原岗位或是其他岗位安排工作，主要待遇包括原岗位的保持、新岗位机会的提供、为新岗位的工作做职前培训和职业适应训练等。社会康复是关怀因公受伤雇员的日常生活，旨在帮助工伤雇员克服日常生活中遇到的困难，解决其所面临的社会问题，使其重新适应社会。而工伤补偿是在工伤康复之后，对于工伤康复实在无能为力的情况进行货币补偿。

可以看出，德国工伤保险将工伤康复置于工伤补偿之前，对于工伤康复无法覆盖到的情形，才会进行货币补偿。且德国的工伤康复手段多种多样，包含了身体健康、心理健康、社会适应、重获工作机会等各方面，用尽一切方式使工伤雇员恢复到之前的生活状态。

（3）雇主责任由工伤保险替代。

在德国的工伤保险制度中，由雇主缴纳保险费给同业公会，雇员为雇主工作，若雇员发生工伤事故，同业公会为雇员提供保险待遇。保险待遇在绝大多数情况下完全由同业公会负责提供，企业保险中雇主的给付责任完全由工伤保险替代。雇员在发生工伤事故后不应向雇主寻求工伤补偿,而是应向同业公会索赔。

德国工伤保险制度将雇主责任转移给同业公会。在不是雇主过错导致的工伤事故发生的条件下,雇主均不用承担民事赔偿责任。在涉及第三人侵权时,赔偿责任可以先由同业公会代为承担,在进行保险待遇给付之后,再向实际责任人行使追偿权,追回补偿。雇主通过缴纳工伤保险费将责任转移给同业公会,雇主本身不承担除自身过错之外的任何赔偿责任。

二、我国工伤保险制度发展现状

(一)我国工伤保险制度发展历程

我国的工伤保险制度经历了如下发展历程。

1. 第一阶段(1951—1995年),曲折发展

政务院于1951年颁布了《劳动保险条例》,这标志着包括工伤保险在内的社会保险首次立法。到了20世纪60年代,工伤保险逐步退化成企业保险,社会保险支出由企业承担,社会保险金不复存在。1978年之后,随着企业保险种种弊端的显现,1994年《中华人民共和国劳动法》颁布,工伤保险成为社会保障的法定内容。

2. 第二阶段(1996—2003年),稳步前进

1996年8月,在总结各地试点经验的基础上,劳动部颁布了《企业职工工伤保险试行办法》(简称《办法》),工伤保险改革自此在全国展开。《办法》与《劳动保险条例》相比,扩大了实施范围,将所有企业都纳入工伤保险制度;规定了工伤保险费用社会统筹,费用由企业负担,职工个人不缴纳保险费,征收时采用差别费率;明确了工伤的具体情形并扩大了工伤范围;全面改善了工伤保险待遇。《办法》

奠定了我国工伤保险制度的基础，推动了工伤保险事业的发展。

3. 第三阶段（2004—2010年），进一步规范化发展

为了解决《办法》在各地实施标准不一、推行作用不大等问题，国务院于2003年颁布了《工伤保险条例》并规定于2004年实施。《工伤保险条例》与《办法》中的制度设计基本一致，从国家法律层面对工伤保险做出了制度性规定，解决了《办法》作为部门规章制度强制性不足的问题，建立起全国范围内的工伤保险法律体系。与《劳动保险条例》相比，《工伤保险条例》最大的进步便是将企业保险内容去除，更加符合现代工伤保险的特征。

4. 第四阶段（2011年至今），进一步法制化发展

2010年全国人大常委会公布《中华人民共和国社会保险法》，2011年开始施行。该法的制定进一步推动了我国工伤保险事业的发展。此外，2011年修订后的《工伤保险条例》开始实施，至此，我国工伤保险法律制度已相对完备。

我国工伤保险制度发展大事记见表10-3。

表10-3 我国工伤保险制度发展大事记

发布时间	内容	意义
1949年9月	《中国人民政治协商会议共同纲领》	新中国宪法性纲领文件，提出逐步实行劳动保险制度
1951年2月	《劳动保险条例》	首次创建包括工伤保险在内的社会保险法律制度
1957年2月	《职业病范围和职业病患者处理办法的规定》	将职业病伤害列入工伤保险的保障范畴，初步确定职业病范围
1994年7月	《中华人民共和国劳动法》	将工伤保险纳入社会保障范围
1996年3月	《职工工伤与职业病致残程度鉴定》	和之后的《企业职工工伤保险试行办法》共同标志着我国工伤保险制度的初步确立

续表

发布时间	内容	意义
1996年8月	《企业职工工伤保险试行办法》	总结了《劳动保险条例》、各地试点、西方发达国家的成功经验，是一部从形式到内容相对完备的工伤保险制度
2001年10月	《中华人民共和国职业病防治法》	基本确立完整的职业病防治法律
2001年10月	《中华人民共和国安全生产法》	推动工伤保险预防的开展
2003年4月	《工伤保险条例》	进一步完善了我国工伤保险制度，完备了工伤保险法律制度
2010年10月	《中华人民共和国社会保险法》	有力推动工伤保险事业发展
2010年12月	《工伤保险条例》修订	在六大方面做出修改，进一步保障职工与雇主利益

（二）我国工伤保险制度现状分析

1.我国工伤保险主要内容

我国工伤保险的方式为强制保险。只要符合适用范围的人员，均被强制参加工伤保险。这种强制性一方面是与工伤风险的社会性相对应。由于工伤事故在全社会范围内均可发生，并且所造成的影响会对整个社会经济发展造成影响，因此工伤保险的覆盖范围也应当是全社会职工。另一方面是为了实现对广大职工的保障。强制保险的方式更符合我国国情，使得工伤保险具有社会性，更有利于工伤保险资金的调配和统筹。

在适用范围方面，职工享受保险待遇的基本前提是工伤认定，我国的工伤认定包括《工伤保险条例》中列举出的直接认定为工伤的情形与视同工伤的情形。我国工伤保险的适用范围是我国境内的各类企业职工和个体工商户的雇工（以下统称职工）。

在保险待遇方面，我国工伤保险的保险待遇包括工伤康复和工伤补偿。我国工伤康复的内容主要是医疗康复，包含了因公伤残职工的医疗、职业病的治疗、治疗所需用品等。而职业康复和社会康复尚处于非常基础的阶段。

在管理机构方面，与其他国家一体化设置不同，中国的工伤保险制度部门结构较为复杂。我国的工伤保险基金行政监督体系包含工伤保险经办机构、社会保险行政部门、财政部门、审计部门、社会保险监督部门等，它们分别是负责工伤保险工作的承办机构、主管部门、监督和审计部门，以及实施社会监督的部门。

在资金来源及运作方式方面，我国工伤保险的资金来源于企业与政府。工伤保险费由用人单位缴纳，职工个人不缴纳。各地区工伤保险基金留有一定比例的储备金，若储备金不足则由该地区政府垫付。工伤保险的资金绝大部分由企业承担，少数情况下由政府进行兜底。

我国工伤保险费的筹集方式为现收现付，费率确定的原则是以支定收、收支平衡，同时根据不同行业的风险规定行业的差别费率以及行业内若干费率档次。

表10-4反映了中德两国工伤保险制度基本内容比较。

表10-4 中德两国工伤保险制度基本内容比较

	德国	中国
保险方式	强制保险、免除保险和自愿保险相结合	强制保险
适用范围	不以具体工种为对象，以特定人群为对象	所有企业（包含个体工商户）
工伤认定	工伤事故（并未具体规定工伤情形，只从原则上进行定义）和职业病（具体列举）	工伤事故（《工伤保险条例》列举的认定工伤和视同工伤情形）、职业病（《职业病目录》中有所列举）

续表

	德国	中国
保险待遇	工伤康复（医疗康复、职业康复和社会康复）、工伤补偿	工伤康复（多为医疗康复）、工伤补偿
管理机构	同业公会一体化管理	多层次监督管理体系
资金来源	雇主	企业和政府
运作方式	现收现付	现收现付
模式	工伤保险模式	工伤保险与雇主责任并行

2. 我国工伤保险制度现存问题

基于现状剖析，我国工伤保险制度存在一些不足之处。

（1）工伤预防不受重视。

我国关于工伤预防的一般规定在《工伤保险条例》中列示，主要包含安全生产事故的预防和职业病的预防两方面内容。在安全生产事故的预防方面，主要方式有制定劳动保护法律对安全生产进行规范、进行劳动安全检查和劳动医疗检查、开展工伤预防宣传等。

我国对于工伤预防的法律规定比较细致，方法上也较为多样，主要问题在于监管缺位、缺乏惩治措施。根据《中华人民共和国安全生产法》，国务院及县级以上各级人民政府中负责安全生产监督管理的部门是工伤预防管理的法定机构，它们有权对企业的安全生产相关制度、条件等是否符合安全生产相关法律法规进行检查和监督。在立法中尚未明确指出，若是没有落实工伤预防的相关规定会有何后果，因此法律无法起到惩戒作用。故而，在实际中，工伤预防的开展并没有法律规定中那样细致，特别是没有按照安全生产和职业病预防法律法规进行落实的企业，并未受到法律意义上的惩戒与有效监督。对于监督及落实的不重视使得工伤预防效果也并不理想。这反映了我国工伤预防法律的不完善，工伤预防理念并没有深入人心。

（2）工伤康复制度尚未完善。

我国工伤康复工作起步较晚，相对于工伤补偿等方面，立法相对不完善，方式还不够多样化。我国工伤康复绝大部分是医疗康复，职业康复占少数，社会康复更是十分少见。在医疗康复上，我国的规定较为详细，也包含了职工因工伤、职业病所需的治疗和医疗器具用品等。这些都是通过医疗手段为因公伤残职工提供治疗，帮助其恢复健康。

有关职业康复的规定包含原岗位的保持、设立停工留薪期等。这一规定从内容上来看符合职业康复要求，但在实际操作中却困难重重。用人单位为因公伤残职工保留原岗位或安排新岗位的期限至多为12个月，并可以根据伤情的严重程度而延长。考虑到五至六级伤残程度不低，职工在恢复期过后可能无法恢复至受伤之前的身体状况，用人单位很有可能在恢复期后为其安排工资水平较低的新岗位。然而，用人单位没有义务对因公伤残职工进行新岗位的职前培训与适应性训练，所以职工可能很难在短期内适应工作的转变与接受新岗位较低的工资。若此时职工想要换回原岗位或是重新寻找一个心仪的新岗位，他也无法向用人单位或有关部门进行申诉或请求，因为他并无法律规定的选择权与申诉权，只能接受和服从用人单位的安排，或是自谋出路。这体现了在我国工伤康复中，医疗康复占绝大多数，存在职业康复与社会康复制度尚不完善的现状。这反映出我国工伤康复制度发展较为片面，缺乏职业康复与社会康复的相关规定与落实。

（3）企业仍需承担民事责任。

在我国，保险待遇多由保险经办机构承担，但仍有一部分由企业负责。企业缴纳工伤保险费，旨在将工伤风险导致的雇主责任进行转移，但在少数情况下仍需承担民事责任。在工伤保险尚处于企业保险阶段时，企业对工伤职工与事故进行赔付，承担民事责任，负责所有的工伤保险待遇给付。随着法律的完善，我国工伤保险已从过去的企业保险改革为社会保险，企业的民事责任大部分被转移给了保险经办机构，这分散了企业面临的工伤风险，保障了工伤职工的健康与经济利益。

然而，现实中的企业有可能迟迟不缴纳工伤保险费，在这种条件下，它们也需要承担职工的工伤保险待遇。这一规定看似是对企业不缴纳工伤保险费的惩戒，实际上却使得身在该单位的职工不知悉本单位尚未缴纳工伤保险费用，自己没有工伤保险保障，从而在真正发生工伤事故后，面临着企业无力进行工伤保险待遇给付的可能性。这样无异于重蹈企业保险覆辙。现行制度对抱有侥幸心理的企业并没有起到应有的震慑作用；对身遭不幸的职工也可能无法带来应有的保障。这反映出我国工伤保险制度仍存在过去企业保险的影子，雇主的民事责任并未完全转移。

三、我国工伤保险制度的完善

下文在分析我国工伤保险制度的基础上提出相关完善建议。

1. 重视工伤预防与康复

我国的工伤保险重在补偿，预防与康复在实际中应用不多。我国对于工伤预防的规定其实已经非常细致，但是在法律中并没有提及企业未落实相关政策的后果及可能的惩治措施，相关监管机构也存在监管不力的情况，这几种因素导致了我国工伤预防工作的效果并不如预期。我国在工伤康复上起步较晚，在法律制度上对于工伤康复的规定较少，仅对医疗康复与少数职业康复做出了规定和要求，在社会康复方面还有待发展。

基于德国的相关经验，我国也应当尽快建立起工伤预防、工伤康复、工伤补偿三位一体的工伤保险制度。针对目前较为薄弱的工伤预防与工伤康复，可以通过以下方法加以促进：

（1）落实工伤预防工作。

我国工伤预防的法律相对完备，对于工伤预防的具体目标、方法、监管机构已经有了明确规定，美中不足的是在实际中对法律提出的各项要求还没有进行逐条落实。一方面，要加大相关监管机构的监督力度，从监管层面督促法律条文落地。另一方面，要补充现行法律中缺失的惩戒部分，对于没有按照法律要求进行工伤预防的企业，可以对其实施工伤保险费率上调、缴纳罚款作为工伤保险储备金、企业内部整顿等措施。

（2）完善工伤康复立法工作。

我国现有法律对工伤康复涉及甚少，即使有，也集中在工伤康复中的医疗康复上。对于工伤康复，首先应当从法律层面进行制度上的规定，对于职业康复的更多形式（促进就业、职前培训等）和社会康复的各方面，参照德国工伤康复的相关制度进行拓展。当然，德国工伤康复的蓬勃发展离不开其一百多年来工伤保险制度的顺利执行和历史积累，我国的经济水平与福利政策与德国相比还有一些差距，可以针对我国发展的具体情况，逐步增加工伤康复的相关举措。

2. 消除企业主的民事责任

在我国的工伤保险制度中，对于企业主的民事责任只能实现部分转移，尚有一部分民事责任需要企业主承担，还保留着过去企业保险的影子。特别是当企业主没有缴纳工伤保险费参加工伤保险时，职工对此并不知情，且在工伤事故发生之后，经办机构不进行工伤保险待遇给付，一切损失和保险待遇均由企业主自行承担。这一规定突出反映了企业尚须承担民事责任这一特点。这可能导致的后果是，企业主无法完全负担甚至无法负担工伤职工的保险待遇，即使完成了保险待遇给付，面对工伤事故发生后尚待处理的事宜，企业主也可能没有充足的资金进行生产的恢复和设备的重建。这样会将企业主和雇员引导向对立面，成为利益冲突者，不利于劳资关系的和谐稳定。

这一问题可以参照德国工伤保险中的保护原则来解决。设立工伤保险的初衷是为了避免劳资冲突，对雇员、企业主、社会进行保护，以保护各方利益、分散工伤风险为主要目标。实际中企业主应该通过工伤保险将工伤事故责任完全转移给保险经办机构。若能够找到责任人，保险经办机构在进行保险待遇给付后对责任人行使追偿权。若存在企业没有缴纳工伤保险费这一情况，首先应当对监管机构进行问责，其次以关怀工伤职工、保护工伤职工利益为先，进行工伤保险待遇给付，最后对于未缴纳保险费的企业主处以上调保险费率、缴纳罚金等处罚，加以惩戒。

3. 新业态经济下我国工伤保险制度应进行调整

随着新业态经济的快速发展，互联网企业的新型从业人员数量也在不断增加。由于新业态企业中新型工种的复杂性，工伤保险制度更加细化，商业保险支撑力度不足，从业人员工伤保障状况不佳，给从业人员与社会带来很大的隐患。避免职业风险既是企业的责任，又是政府相关部门应当积极参与的行动，在实践中应制定合理的政策来规范企业和从业人员的行为，以促进工伤风险问题的解决。

第十一章
长期护理保险制度

一、长期护理保险制度概述

失能风险是个体可能面临的一个重要风险。失能风险是指家庭或个人由于失能可能需要承担的经济损失及损失程度的不确定性,既包括失能期间接受照护需要的护理费用、恢复健康需要的巨额医疗费用,又包括失能造成工作能力丧失导致的收入减少等。

失能人群具有长期护理需求。长期护理保险是一种为被保险人因年老或患有严重疾病或受到意外伤害需要接受护理服务而提供护理保障或给予经济补偿的保险。根据世界卫生组织的表述,长期护理是指部分或完全丧失生活自理能力的人,在一个较长周期内,需要由非正规的护理服务提供者(家人、友人或邻居)、正规的护理服务提供者(卫生组织、社会组织或者其他专业人士)和志愿者等,为其提供护理、医疗、照顾乃至心理安慰等持续性护理服务,目的是最大限度地满足其生活需求及帮助其获得包括人格尊严和个人满足等在内的需求。

长期护理保险是失能风险的有效化解机制。通过长期护理保险来解决失能群体服务保障问题,提升老年人的生活质量。对每个家庭而言，意外事故以及年老失能都具有不可避免的特点，然而，投保长期护理保险可以在一定程度上有效管理家庭失能风险，缓解失能人群及其家庭的经济贫困，起到保障家庭正常经济活动的作用。

（一）长期护理保险制度的概念

长期护理保险可以分为长期护理社会保险与长期护理商业保险。

（1）长期护理社会保险，其责任主体是政府，是由政府主导并通过颁布相关法律来保证强制实施的。其筹资主体往往是雇主、雇员以及政府。其目标是解决社会问题，维护社会稳定。其被保险对象为全体国民，目前还在逐步推进（见表11-1）。

（2）长期护理商业保险，其责任主体是保险公司，全权由市场主导，由保险公司自行提供相关产品及服务，并在政府等部门的监管下运行。其筹资主体是个人，即由自愿购买保单的个人单方付费。其目标是利润最大化。

表11-1 长期护理保险分类

	长期护理社会保险	长期护理商业保险
责任主体	政府	保险公司
约束力	法律	市场化
筹资主体	雇主、雇员以及政府	个人
目标	解决社会问题、维护社会稳定	利润最大化

人口老龄化已发展成为普遍的社会共性问题，我国的社会老龄化趋势也越发紧迫。对于老年人而言失能风险是当前影响其生存发展的最严峻的风险之一，同时也是对于一个人口老龄化的社会而言解决起来最具难度、最复杂的困境之一。如何有效使用长期护理保险这一风险化解工具来解决这一社会问题意义深远。

长期护理保险制度的功能包括从安全角度降低不确定性、从经济角度降低交易产生的一系列费用等，长期护理保险制度能否妥善设计是决定长期护理保险能否成功推广并顺利运行的重中之重，它是影响长期护理保险各主体和长期护理保险运行的一系列政策、措施和办法的总和。

此外，建立长期护理保险制度、形成长期护理保险基金、具有正向的外部性效应，能够撬动护理服务、养老服务需求。为失能人群、高龄人群提供护理和养老服务有助于该类人群的生活质量提升和人格尊严保障，是有百利而无一害的措施，而养老护理行业受制于资金匮乏难以实现蓬勃发展，通过长期护理保险制度化，形成社会性规模化的消费方式，可以为养老护理服务企业提供稳定的收入来源，从而促进其优化供给，进一步撬动养老护理服务需求，形成良性循环。

（二）长期护理保险制度的国际模式

下文对美国、德国、日本、韩国等长期护理保险制度起步较早国家的模式进行了研究。

根据责任主体及资金筹集可以将长期护理保险制度模式分为两类：一是以美国为代表的商业保险型制度模式，其责任主体为商业保险公司，资金主要来自自愿参保人缴纳的保费；二是以德国、日本、韩国为代表的社会保险型制度模式，其责任主体为社会全体公民，资金主要由个人及用人单位缴纳，全社会成员共担风险。典型国家代表的长期护理保险制度模式主要内容如表11-2所示，接下来将分别以这些国家为例对不同制度模式进行概括比较。

1. 商业保险型：美国模式

美国是典型的围绕以长期护理商业保险为主构建长期护理保险制度的国家，下面将对其基本情况展开介绍。

表 11-2 典型国家代表的长期护理保险制度模式比较

	美国	德国	日本	韩国
制度模式	商业保险型	社会保险型	社会保险型	社会保险型
参保资格	投保人	广泛普及,无年龄限制	65岁及以上全部,40~64岁附加条件	65岁及以上全部,65岁以下衰弱者
资金筹集	缴保费,有税收优惠	缴纳社会保险费,有老年人补贴	缴纳社会保险费,国家财政支付	缴纳社会保险费,国家财政支付,个人负担
护理类型	现金支付为主,也提供护理服务	居家和社区护理为主,机构辅助	居家和社区护理为主,机构辅助	给付保险金,居家与机构相结合
付费方式	现金赔付	护理或现金支付	护理服务为主	现金支付为主
商业保险作用	主要分担风险	强制之外的补充	公共之外的补充	公共之外的补充

（1）政策背景。

美国于20世纪70年代推出长期护理商业保险,当时产品保障范围十分有限,开展此类保险业务的保险机构也较少,该保险在起步后的很长一段时间内都没有为消费者广泛接受。80年代后为了减轻医疗救助计划带来的沉重财政负担,美国政府开始推动商业长期护理保险发展,有100多家保险公司参与到长期护理保险业务中来,国家也逐步开始构建长期护理保险制度。随着法规制度的陆续出台,美国政府也开始提供税收支持,产品的保障范围和服务也逐渐丰富起来,美国的商业保险型长期护理保险制度在20世纪90年代建成。其制度的建成基于以下几个条件:

① 人口老龄化。当某个国家或地区60岁及以上的人口占总人口的比例大于等于10%,或65岁及以上人口占总人口的比例大于等于7%,即被判定进入老龄化社会,这是当前国际上统一的对于人口老

龄化的标准界定。而从美国来看，早在 1980 年，美国 65 岁及以上人口占总人口的比例就已达到 11.35%，当时美国社会的人口老龄化趋势加剧，呈现出高龄化特征。这种现象往往会导致长期护理需求的急剧增加。

② 长期护理成本高。随着人口老龄化的加剧和对老龄人口健康问题的关注，长期护理服务需求也在增加，但护理费用居高不下，给人们带来的经济压力较大。在美国，长期护理费用占个人健康费用的总支出由 1960 年的不到 4% 增长到 1993 年的 11% 以上。2005 年美国的老龄长期护理费用支出相当于当年 GDP 的 1.37%，高额长期护理成本问题困扰美国人民已久。

③ 经济发展达到一定水平。1970 年左右，美国国民生产总值为 10 115.63 亿美元，是当时排世界第二的日本的 4.97 倍，美国的人均可支配收入更是高达 3 521 美元。1980 年左右，美国国民生产总值为 27 081.47 亿美元，仍是日本的 2.56 倍，其人均可支配收入也增长到 8 620 美元。而发展长期护理业务需要医疗、人力、服务业等多重资源，需要强大的经济实力。

④ 医疗服务及资金不足。美国的基本健康保险主要包括老年医疗辅助计划、私营医疗健康保险计划和低收入家庭医疗救助计划，在商业长期护理保险推出前，以上保险计划提供的服务和资金均不足。其对医疗服务费用的支付主要流向低收入家庭、重症特别护理者和急症护理者，对老年人普遍的日常护理未有覆盖，急需商业长期护理保险来填补这一空白。

（2）立法架构。

美国以专门法的形式推行长期护理保险制度，由全美保险监督官协会来规范，由商业保险公司来运营。1996 年，美国出台《健康保险携带和责任法案》（HIPAA 法案），推动了长期护理保险的发展。而后，

2000年，全美保险监督官协会为继续扩大长期护理保险的覆盖范围，出台了《长期护理保险示范法案》。

（3）资金筹集。

美国长期护理保险采取商业保险型制度模式，因此其资金筹集渠道主要为投保人缴纳的保费。被保险人的基本信息（如年龄、性别）、选择保险产品的类型（给付期、保额、是否有等待期、保险责任范围）、健康状况和既往病史等，对实际保费都有影响，美国的长期护理保险基金几乎全部来自所收取保费，也受到公司其他健康险保费基金的支持。

（4）监管模式。

为促进美国长期护理保险的健康规范发展，美国政府一直在对其加强监管。

① 对于保险公司普遍面临的逆向选择问题和道德风险问题，主要靠全美保险监督官协会监管，全美保险监督官协会通过立法的方式，对商业长期护理保险进行规范，设置续保条款、不丧失价值选择权条款、抵御通货膨胀保障条款等。

② 对于服务机构的质量问题，主要靠美国州政府监管，美国养老院的营业必须通过州政府的许可，部分家庭保健机构也需要通过州政府的许可，州政府对长期护理服务机构的资质认证进行严格把控。

③ 定期检查回访制度。在美国，由各个州政府代表联邦政府对各地的养老院和保健机构进行年度检查，对违规者视情节严重程度采取取消营业许可或责令限期整改的措施。

④ 长期护理监察员制度。这是美国特有的一项监管措施，由1978年颁布的《老年人法案》修正案进行规定，各个州必须依法执行，规定监察员作为老年人的保护人，与系统内监管制度一起发挥作用，共同保障护理服务质量。而后该法案于1981年扩大实施范围。

1987年进一步颁布法案增加规定,保障监察员拥有在护理服务所在地有老年人需要辩护时随时直接开展调查的权力。

（5）运作成果。

美国在实施长期护理保险制度后形成了以下制度效果。

① 覆盖率逐步提高。美国长期护理保险的可保人群范围较为广泛,不同的保险公司设有不同的标准,除不满足基本条件的群体都可以自主投保。随着美国长期护理保险制度的建立和完善,参保人数逐渐增加。

② 刺激了护理产业的发展。在美国,长期护理保险服务可以由家庭、社区和疗养院等机构提供,进而催生了一些就业岗位。同时,随着长期护理业务的发展,人们对长期护理的要求越来越高,促进了整个护理产业的蓬勃发展。美国长期护理保险新单销售量见图11-1。

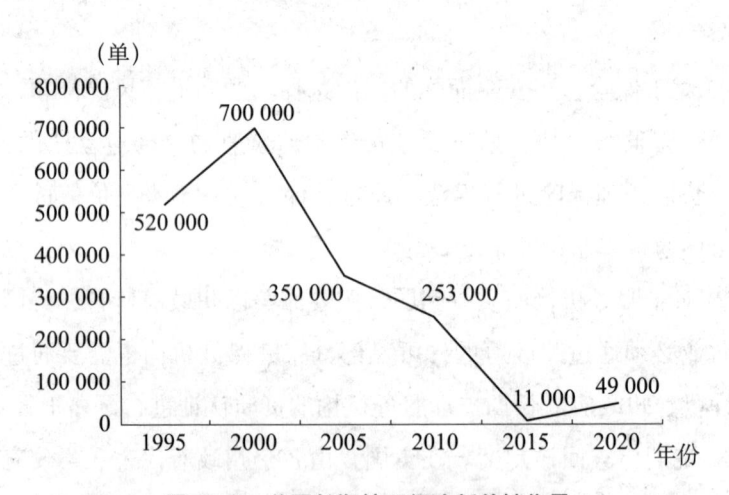

图 11-1 美国长期护理保险新单销售量

资料来源：美国长期护理协会。

美国采取的此种制度模式有如下优点：一是灵活多样。保险公司可根据不同社会层次的需求设计不同的险种,有不同的服务供给,能够更好地契合不同群体的需求。二是竞争性强。投保人可以根据自身需求自主选择适合的长期护理保险产品,并且保险机构以营利为目的，所以长期护理保险经营者之间会产生激烈的市场竞争，迫使其提供更高质量、性价比更高的服务。三是风险控制有效。保险机构以营利为目的经营长期护理保险，会自主加强公司与护理机构的联系与合作，起到有效控制业务风险的作用。

（6）存在问题。

美国采取的商业保险型长期护理保险制度模式同样也存在弊端。一是盲目性。市场机制本身具有盲目性，任何一家符合规定的保险公司都有权开展长期护理保险业务，易造成供给过剩或不足。二是风险增加。商业保险市场信息不对称及道德风险、逆向选择问题严重，一方面使得保险公司不易控制医护方的护理费用，另一方面使得收入水平不同的群体享有的护理服务质量差距较大。三是不公平性。由于长期护理保险是自愿购买的，处于贫困线以下的群体很难享受到长期护理服务，有一部分人被长期护理保险制度拒之门外。

2. 社会保险型：德日韩模式

大多数国家选择围绕以长期护理社会保险为主构建长期护理保险制度，比较典型的国家有德国、日本、韩国等，这三个国家分别从1995年、2000年、2008年开始实施长期护理保险制度，下面将对其基本情况展开介绍。

（1）政策背景。

长期护理保险制度的建立与其所处的时代有关，也与当时一国的多重背景密不可分，其中有个性背景也有共性背景。共性背景有如下几个：

① 人口老龄化。德国、日本、韩国等国家实施长期护理保险制度时，65岁及以上人口占比均接近或超过10%。20世纪80年代以来，德国人口出生率连年出现负增长，人口老龄化程度加重；日本20世纪70年代的老年人口占比已经达到7.1%，自此进入了老龄化社会，

到20世纪末时该占比已达到14.6%，成为老龄社会，老龄化速度急速加快；韩国65岁及以上老年人口规模也是快速扩张，1995年为265.7万人，2000年增长至337.1万人，同年进入老龄化社会。

② 老年人口健康状况堪忧。在德国，70岁以上老年人患有五种以上疾病的比例高达24%，多种疾病交叉影响导致老年人行动能力严重下降，长期护理需求不断增加。德国长期护理保险制度推行时，年龄低于60岁的护理需求者约有40万人，60～80岁的护理需求者约有66万人，超过80岁的护理需求者有58万人（占该年龄层人口数的20%）。在日本，20世纪90年代初期就有200万人左右的老年群体因为痴呆或者卧床等原因具有护理需求，并且有100万左右的老年人处于半自理状态而急需他人照料。此外，2004年的韩国老年人患慢性疾病的占比达90.9%，长期护理需求空前高涨。

③ 家庭结构小型化。这一现象在韩国和日本较为普遍，随着生育率的下降，家庭结构呈现小型化趋势，老年人独居或与配偶同住的情形普遍起来，长期护理不能再如从前一般依赖子女完成。

④ 妇女劳动普遍化。20世纪60年代以来，男女平权推动社会进步，较发达国家的妇女不再局限于家庭而是开始参与劳动，不再像往常一样作为家庭长期护理服务的提供者，不再承担生活照护者的角色。在德国，长期护理保险制度实施前约有75%的护理提供者为女性，多是妻子、母亲、女儿这样的角色；在日本，1970年女性就业率为33.2%，此后不断提升，2000年女性就业率达到40%，动摇了日本由家庭中女性照料老人的传统习惯；在韩国，女性参加工作的比例也在不断攀升，1985年该比例为33.5%，到2000年已达到46.1%，导致了同样的困扰。

⑤ 医疗护理成本居高不下。在德国，20世纪80年代末期约37万的老年人口中约有70%无力支付医院或护理院高额的服务费用，且

第十一章　长期护理保险制度

长期护理费用支出的增长率也在急剧上升；在日本，1999年老年人保健费用达11.28万亿日元，占医疗费用总支出的35.6%，同年日本医疗费用支出占GDP的8%，且以高速度增长；在韩国，1994年11.3%的健康护理费用仅覆盖5.5%的老年人，2005年该国长期护理支出更是高达4万亿韩元，占当年GDP的0.67%。较高的医疗护理成本催生长期护理保险制度的诞生。

⑥经济发展达到一定水平。在德国，1980—1990年国内生产总值增长率为2.2%，尤其是两德统一后，德国国内生产总值在1 500亿美元以上，人均国民生产总值达2万美元以上，经济实力不容小觑；而日本在20世纪70—80年代，其国民生产总值一直处于世界第二的水平，同样具备发展长期护理保险的经济实力。

（2）立法架构。

德国、日本、韩国三个国家均以专门法的形式推进长期护理保险的法定化。事实上，除了法国以内含法的形式来为长期护理保险立法，将其纳入《社会保障法典》外，其他推行长期护理保险制度的国家或地区均选择以专门法的形式立法，彰显了长期护理保险制度立法的必要性。

德国是社会保险立法最为完善的国家，在20世纪80年代中叶就颁布了《护理执业法》，它是《护理保险法》的基础。到20世纪90年代初，德国继续颁布并实施生效了《长期护理保险法》，将德国所有人群纳入保险覆盖范围，这标志着长期护理保险发展为继养老、工伤、医疗、失业保险后的第五大支柱险种。此后，德国颁布数个法案，要求提高个人缴费比重，控制保费支出，提升护理服务供给质量。

韩国于2001年正式推出老年人长期疗养保险，次年7月提出要建立并运行老年人口的长期护理公共制度体系，随后于2005年7月至 2008 年 6 月开展试点，于 2006 年 10 月颁布法案。2007 年 4 月韩国国会全票通过《老年人长期疗养保险法》，确定以社会保险的方式运营，该法于同年 7 月 1 日正式生效。

（3）资金筹集。

采取社会保险型长期护理保险制度的国家，其资金主要由个人及用人单位缴纳，全社会成员风险共担，但具体国家在制度落实时也存在一些差异。

在德国，雇主和雇员的保险费缴纳是长期护理保险的资金筹集的主要渠道，规定有缴纳保险费义务的成员缴纳护理保险费占收入的比例，费率随时间推移不断改变，后来发展为根据分类标准，给不同水平的雇员及雇主规定不同费率。此外，为均衡地区间长期护理保险因支付产生的差距，德国中央财政也设立了调剂基金。

在日本，长期护理保险的资金一半来自投保人自主缴纳的保险费、一半来自公费。关于自主缴纳部分，40~64 岁的被保险人的保险费由雇主和雇员分担工资的一定比例，65 岁及以上的被保险人每月从退休金中扣除保险费。关于公费负担部分，分别由日本各级政府按比例承担。此外，享受护理服务的人在限额内要负担服务费用的 10%，超额部分全部自费。

在韩国，长期护理保险的资金来源也是由保险费、国家财政和个人负担共同组成。

（4）监管模式。

在道德风险监管方面，德国护理保险机构理事会有相关规定，以避免有人不缴纳社会护理保险费而在有护理需求时享受长期护理服务的情况发生。日本采取每六个月对享受长期护理服务的被保险人再次进行护理需求评估，来避免老年人对护理服务的依赖。

在长期护理服务质量把控方面，《德国社会法典》规定了对护理待遇的价格和服务效果进行从严监管，由护理保险机构的州联合会负责。同时，德国各级多部门联合制定了质量监管的统一标准，并规定由其对门诊和住院的质量进行监督和评估。德国也设有第三方评估机构来对政府监管加以补充。

（5）运作成果。

各国在运行社会保险型长期护理保险制度时都取得了一定成效，也在不断完善这一制度。这种制度模式的共性优点主要体现在：①全民福利性。强制要求参与医疗保险的公民参加长期护理保险，覆盖所有民众，体现了公平性。②减轻财政负担。通过个人和用人单位的筹资责任分摊，政府只需要对特殊人群承担筹资保障责任。

（6）存在问题。

德国、日本、韩国在运行社会保险型长期护理保险制度时，存在一些个性问题和共性问题。共性问题主要有：①对公平的过度追求，导致存在投入护理资源过多的问题。②复杂的审查及筛选机制降低了提供护理服务的效率。

在个性问题上，日本比较典型，有如下几个问题：①财政支出较高。其长期护理保险费用实际总支出远高于预算。②地区负担不公平。地区间护理保险费用缴纳存在差异，保险给付也存在较大差异，造成地区间的不公平。③企业盈利有限，生产困难。

二、我国长期护理保险制度发展现状

（一）我国长期护理保险制度发展历程

近年来，随着我国经济发展和社会演进，我国逐步开展长期护理保险制度的建设并不断完善。诸多学者认为当前我国已进入长期护理保险制度建设及立法的黄金时期，该时期的长期护理保险制度可以走先行试点、政府主导的路线。

迄今为止，我国在长期护理保险领域已颁布部分法律法规，立法进程如下所示：

2006年，中共中央、国务院颁布《关于全面加强人口和计划生育工作统筹解决人口问题的决定》，首次提出了要探索建立长期护理保险制度。

2012年，青岛市率先开始实践，探索建立长期医疗护理保险制度；南通市紧随其后，在2014年开始实践探索。

2016年，人力资源和社会保障部颁布《关于开展长期护理保险制度试点的指导意见》，在全国15个地区部署试点，在保障范围、资金筹集、待遇支付等多个具体制度方面进行了有益探索，但也呈现出了一系列政策碎片化的特征。

2018年，国家卫生健康委、国家发展改革委等11个部门联合颁布《关于促进护理服务业改革与发展的指导意见》。该意见支持发展商业护理保险，并支持相关的长期产品开发。

2019年，民政部颁发《关于进一步扩大养老服务供给 促进养老服务消费的实施意见》，再次支持发展长期商业护理保险产品，增加长期护理保险制度试点，并对护理员培训国家标准征求意见。

2020年，国家医保局及财政部联合颁布《关于扩大长期护理保险制度试点的指导意见》，进一步扩大了试点范围，同时也针对之前试点的种种问题进行了完善和改进。

2021年，国家医保局及民政部印发《长期护理失能等级评估标准（试行）》，稳步推进长期护理保险制度试点，协同促进养老服务体系建设，对长期护理失能等级评估标准进行规范。同年，中国银保监会发布《关于规范保险公司参与长期护理保险制度试点服务的通知》，对保险公司的专业服务能力、护理机构管理、保险公司主体责任与日常监管等提出明确要求,同时鼓励行业协会在制定服务规范和标准、建立服务评价体系等方面发挥积极作用。长期护理保险法律法规及试点进程见表 11-3。

表 11-3　长期护理保险法律法规及试点进程

时间	法律法规及试点进程
2006 年	《关于全面加强人口和计划生育工作统筹解决人口问题的决定》
2012 年	青岛市率先开始实践,探索建立长期医疗护理保险制度
2014 年	南通市紧随青岛市之后探索建立长期医疗护理保险制度
2016 年	《关于开展长期护理保险制度试点的指导意见》
2018 年	《关于促进护理服务业改革与发展的指导意见》
2019 年	《关于进一步扩大养老服务供给 促进养老服务消费的实施意见》
2020 年	《关于扩大长期护理保险制度试点的指导意见》
2021 年	《长期护理失能等级评估标准(试行)》 《关于规范保险公司参与长期护理保险制度试点服务的通知》

2016 年颁布的《关于开展长期护理保险制度试点的指导意见》,在顶层设计架构上规定了长期护理保险制度试点,对参保范围、资金筹集、保障范围、待遇支付等内容加以明确,并对地方自主试点的重点方向加以指导。其架构规定内容及试点情况如下:

(1)参保范围。

原则上应覆盖职工基本医疗保险的参保人群。同时明确地方试点的重点方向在于探索根据基金的负担能力,将参保范围逐步扩大到居民医疗保险的参保人员。

在具体试点过程中,根据参保范围不同,共有两种模式。

一种是承德、宁波、广州、齐齐哈尔、安庆、重庆和成都仅覆盖城镇职工。在试点过程中发现，这一参保范围的好处包括减小政府经济压力、提供稳定的待遇保障、管理较容易，但其覆盖范围较小，缺乏公平性。

另一种是青岛、南通、苏州、上海、长春、荆门、上饶和石河子选择扩大参保范围，覆盖城乡居民，采取这一试点方式的好处在于扩大了受益面，提高了覆盖率，但在实施过程中也发现了一些问题，如地区服务水平不平衡、非主城区的护理机构发展滞后、养老设施不足、护理人员匮乏、服务方式单一，使得参保人员的长期护理服务需求不能够充分满足，满意度和信任感较低（见表11-4）。

表11-4 长期护理保险试点城市参保范围模式

模式	试点城市	模式优点	模式缺点
仅覆盖城镇职工	承德、宁波、广州、齐齐哈尔、安庆、重庆、成都	政府的经济压力较小、待遇保障较为稳定、管理难度较小	覆盖范围较小，缺乏公平性，不能满足城镇居民的长期护理需求
覆盖城乡居民	青岛、南通、苏州、上海、长春、荆门、上饶、石河子	扩大了受益面，提高了覆盖率	参保人员的满意度和信任感较低，地区服务水平不平衡

（2）资金筹集。

在具体试点过程中，根据资金筹集方式不同，共有三种模式。

一是定额缴费模式。此类试点城市既包括仅覆盖城镇职工的宁波、广州、齐齐哈尔、安庆和重庆，参保基金主要通过个人缴纳保险费和基本医疗统筹基金结余划转的方式筹集，其中广州仅通过后者进行筹集；又包括同时覆盖城镇职工和城乡居民的南通、苏州、上饶和石河子，其中城镇职工的筹资模式和齐齐哈尔等城市一致，而城乡居民的筹资模式将基本医疗保险与长期护理保险捆绑，其中苏州的城镇职工与城乡居民都可以免缴个人保险费，由政府补贴。

二是定比缴费模式。此类试点城市包括仅覆盖城镇职工的承德和成都，承德规定按照上一年工资总额的 0.4% 缴纳，而成都对参保群体做进一步划分，不同群体的缴费比例不同；此类试点还包括同时覆盖城镇职工和城乡居民的上海和荆门，上海以医疗保险的缴费基数为基数，荆门以上一年居民人均可支配收入为基数，按一定比例缴费。

三是定额和定比混合模式。采用此模式的试点城市有青岛和长春。青岛城镇职工按比例从统筹账户、个人账户中划转资金，并且政府给予定额补贴，城镇居民采取从城镇居民医疗保险结余中一次性划转的方式，但该部分不可超过当年居民医疗保险筹资总额的 10%；长春城镇职工以医疗保险缴费基数为基数按比例筹资，城乡居民采取每人每年 30 元的定额缴费（见表 11-5）。

表 11-5 长期护理保险试点城市资金筹集模式

模式	试点城市	模式特点
定额缴费模式	宁波、广州、齐齐哈尔、安庆、重庆	通过个人缴纳保险费和基本医疗统筹基金结余划转的方式筹集
	南通、苏州、上饶、石河子	城镇职工的筹资模式同上，城乡居民的筹资模式选用与基本医疗保险捆绑缴纳的方式
定比缴费模式	承德、成都	承德规定按上一年工资总额的 0.4% 缴纳；成都进一步划分参保群体并确定不同缴费比例
	上海、荆门	上海：以医疗保险的缴费基数为基数；荆门：以上一年居民人均可支配收入为基数，缴纳一定比例
定额和定比混合模式	青岛、长春	青岛：城镇职工按比例从统筹账户、个人账户中划转资金，城镇居民从城镇居民医疗保险结余中一次性划转；长春：城镇职工以医疗保险缴费基数为基数按比例筹资，城乡居民定额缴费

（3）保障范围。

当前我国失能评定标准主要有国家标准《老年人能力评估标准表（试行）》和《残疾人残疾分类和分级》，以及行业标准《老年人能力评估规范》，但针对长期护理保险应用的失能认定还未有明确统一的标准。

在具体试点过程中，因缺乏统一的认定标准、规范和机构，各试点地区都因地制宜采取了不同的做法。除苏州、上海和成都自主开发了失能评级量表外，其余地区大多采用巴氏量表。青岛、长春、广州和南通确定给付条件为中重度失能人群，其余城市为重度失能人群。

而2021年国家医保局及民政部联合发布《长期护理失能等级评估标准（试行）》（下称"新评估标准"），明确规定了评估指标、评估实施和评估结果判定等内容，并在14个新增试点城市执行，原有试点城市在地方标准基础上完善，两年内统一到新评估标准上来。新评估标准规定了以定点评估机构及其评估人员为评估主体，采取就近便利原则在评估对象现居住地或其所在养老服务机构、医疗机构进行，共选取一级评估指标3个、二级评估指标17个（见表11-6），并对一级指标评定赋分（见表11-7），划分一级指标对应等级（见表11-8），最后通过综合法根据一级指标等级判定被评估对象的长期护理失能等级。

表11-6 长期护理失能等级评估指标

一级指标	二级指标
日常生活活动能力	进食、穿衣、面部与口腔清洁、大便控制、小便控制、用厕、平地行走、床椅转移、上下楼、洗澡
认知能力	时间定向、人物定向、空间定向、记忆力
感知觉与沟通能力	视力、听力、沟通能力

表 11-7　长期护理失能等级评估指标赋分

一级指标/等级	能力完好	轻度受损	中度受损	重度受损
日常生活活动能力	100 分	65～95 分	45～60 分	0～40 分
认知能力	16 分	4～15 分	2～3 分	0～1 分
感知觉与沟通能力	12 分	4～11 分	2～3 分	0～1 分

表 11-8　长期护理失能等级评估指标对应等级

日常生活活动能力	认知能力/感知觉与沟通能力			
	能力完好	轻度受损	中度受损	重度受损
能力完好	基本正常	基本正常	轻度失能	轻度失能
轻度受损	轻度失能	轻度失能	轻度失能	中度失能
中度受损	中度失能	中度失能	中度失能	重度Ⅰ级
重度受损	重度Ⅰ级	重度Ⅰ级	重度Ⅱ级	重度Ⅲ级

（4）待遇支付。

在具体试点过程中，待遇支付的方式可以分为三类。一类是按服务类型支付。部分地区采用了这一支付方式，给付标准按两种服务方式划分，机构护理补偿金额一般是每人每月 1 500 元左右，居家护理则存在较大地区差异，承德、宁波等城市补偿金额较少，难以真正满足长期护理需求。另外两类是按参保人群支付和协议支付，目前采用较少。

试点至今，我国长期护理保险制度的发展也取得了一定成果。2021 年，49 个试点城市中参加长期护理保险的人数共达 1.45 亿，享受长期护理待遇支付的人数达 108.7 万；2021 年长期护理保险基金收入 260.6 亿元，基金支出 168.4 亿元。

（二）我国长期护理保险制度现状分析

当前我国已进入老龄化社会，面临严重的老龄化问题，2021 年我国 65 岁及以上的老年人口已超过 2 亿，占全国人口的比重达 14.2%。我国需要长期护理服务的失能老年人群体规模日益扩大，截至 2022 年末，我国失能、半失能老年人数量约 4 400 万，可见我国老年人的长期护理需求达到了较高水平，且受制于家庭规模和社会劳动，家庭成员难以满足其护理需求，失能老年人群体长期护理问题已发展为社会共性问题，亟待解决。

我国长期护理保险制度试点不久，发展尚不成熟完善。在试点中，我们可以看到还存在很多问题，需要在后续的制度建设和立法阶段特别关注，现归纳总结为如下方面。

1. 参保范围过小，未能实现全面覆盖

长期护理保险当前试点城市中有一半选择覆盖城镇职工的模式，选择覆盖城乡居民模式的试点城市也存在地区服务供给不平衡不充分的问题。当前长期护理保险的参保范围往往将农村居民、无业或非常规就业者、非老年失能人员等群体排除在外，或不能为其提供充足的保障。在参保范围的设定上，距离实现保障充足的全面覆盖还有较远的距离。

2. 多层次筹资渠道落实较差，过度依赖医疗保险基金

我国长期护理保险的筹资过度依赖医疗保险基金，其他筹资渠道利用效率和筹资效果不佳，而当前的筹资模式令医疗保险基金承担巨大压力，很难保证长期护理保险基金支出的平稳持续。同时。筹资水平和支付水平又是长期护理保险制度的核心问题，因此尽快落实长期护理保险多层次筹资渠道的建成、提高其他渠道的使用效率是长期护理保险制度亟待解决的问题。

3. 失能等级和护理等级缺乏统一评估标准

大部分试点城市使用的巴氏量表存在一定的主观性，评估结果并不准确，很难维持公平性原则。而新评估标准的推进需要专业的定点

评估机构及专业的评估人员支持，专业机构和人员队伍建设并非一朝一夕即可完成，新评估标准的执行效果还需进一步观察，同时由于长期护理保险的长期性特点，原有试点城市由试点方案向新评估标准过渡给长期护理保险设计也带来了一定困难。

4.给付待遇水平较低，且城乡差距大

当前试点城市无论按何标准确认给付待遇，给付待遇都处于较低水平，不足以保障失能老年群体的正常生活需求，很难实现长期护理保障目标，难以较好解决老龄化社会问题。且公平性差异始终存在，差异存在于城市和乡村以及不同省市之间。

5.专业护理人员不足，对养老护理产业的促进有限

人才的培育很难一朝一夕实现，现阶段专业护理人员数量远远不足，培养体系仍不完善，在数量和质量上均不充足，专业化人才和队伍建设还处于初级阶段，制约着长期护理产业的后续发展。2020年我国有护理服务人员19.1万人，到2021年底增长至30.2万人，但和专业护理人员需求量相差甚远。

6.国家层面缺乏统一的法律制度保障

当前的长期护理保险顶层立法尚不完善，主要依赖政策文件和试点法规，呈现出碎片化的特点，并未在国家层面形成统一完善的法律体系。这会使得责任主体不明确、监管不到位，从而间接损害权利人的正当权益。

三、我国长期护理保险制度的完善

我国要建立健全长期护理保险制度需要综合借鉴长期护理保险发展较为完善的国家的先进经验，总结试点阶段出现的问题教训，做好统筹工作，合理完成长期护理保险制度的顶层设计，并加快制度法定

化进程。

在制度设计的主要内容上，主要从以下几方面入手：

在立法层面方面，加快推进长期护理保险专门法的设计、颁布和修订，明确规定我国长期护理保险的保障范围和待遇支付等方面，解决当前长期护理保险制度碎片化的问题。此外，在长期护理保险制度建设和法制化过程中，应当重点讨论监管问题。在试点过程中监管职责尚不明确，由谁来监管、如何监管都是重要议题，条块管理方式的抉择值得学界进一步讨论和印证。

在覆盖范围方面，2021年，我国长期护理保险制度试点覆盖范围约1.5亿人，覆盖面远远不够，要结合各地实际情况稳健发展，并在未来逐步扩大覆盖范围。在尽力实现长期护理保险公平性的过程中，切忌一步到位的思想，要选取合理合适的方式开展。短期内，以覆盖城镇职工为主，逐步推进同时覆盖城镇职工与城乡居民，并促进长期护理待遇一体化加速进行。

在筹资模式方面，个人缴费和医疗保险基金结余划转是长期护理保险基金的主要来源，一定要选择多元化的筹资渠道，在筹资上体现社会、国家和个人的三方责任，不要让多元化成为空谈。但长期护理保险基金同医疗保险基金的衔接问题仍需要进一步讨论。社会性长期护理保险需要与养老津贴、长期护理商业保险进行有效衔接，达到照顾各类失能人群的目的。如何确定比例、如何进行制度衔接、筹资是从社会保险基金中独立出一部分还是单独设立长期护理保险基金是制度研究的重点。

在保障范围方面，建议参考成果显著国家的经验并结合自身国情，探索设立一套统一的认定标准和等级规范，突破巴氏量表的局限性，更好地反映被测试者的情感状态和认知功能，减少评估人员的主观性影响。

第十一章 长期护理保险制度

在待遇支付方面，应积极调控居家护理的补偿金额水平，并积极推进以提供长期护理服务为主、以提供补偿金额为辅的待遇支付体系，积极促进长期护理服务产业的发展。最后，要建立健全权责分明的监督管理措施。

在商业长期护理作为补充的方面，无论是需求端的大众认知和消费能力，还是供给端的商业保险公司产品设计能力和承保能力，我国都还处于发展初期。2020年，中国保险行业协会产品库的4 669款健康保险产品中只有98款护理保险、28款失能收入损失保险，产品供给远远不足（见图11-2）。因此，在顶层设计上要加快行业规范的制订和统一，给予开展商业保险型长期护理保险的保险机构一定的税收优惠政策；在保险机构层面，设计产品时要选定合适的目标客群，与社会保险型长期护理保险的客户定位加以区分，主要服务高净值人群及中高收入群体，在弥补高端长期护理服务供给不足的同时，避免在全民层面上的供给过剩。

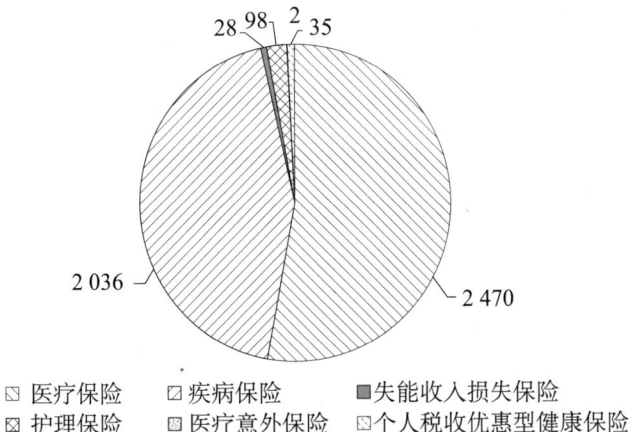

图11-2　2020年中国商业保险型健康保险产品数目构成

资料来源：亿欧智库。

综上所述，我国长期护理保险制度的建设不会在一朝一夕完成，是一个长久的不断完善的过程，最终是为了实现社会资源的有效合理配置，在成本可控的前提下提供高效的服务，妥善缓解老龄化带来的社会问题。

第十二章
财产保险制度

一、财产保险制度概述

财产保险和人身保险以保险标的不同作为区分，财产保险承保的是财产和相关利益，而人身保险承保的是与人的生命健康有关的利益。财产保险风险的主要来源有：自然灾害、意外事故以及责任事故。这些风险是人们面对超过自身能力且自己不能够完全控制的力量时，使自身利益受损且在利益竞争中失去优势的存在。

财产保险和人身保险是保险业的两大领域，财产保险制度是现代保险制度体系的重要组成部分。财产保险保护人民的财产相关利益，这种利益渗透在人民生活的方方面面，发挥着社会管理的职能，为全社会提供风险转移的服务。

（一）财产保险制度的概念

财产保险制度是关乎人民群众最直接、最关切的利益的制度之一，有助于社会的持续稳定发展，为社会和人民服务。财产保险保护人们的财产相关利益。最早的海上保险主要是运输货物保险和船舶保险，后来发展出火灾保险，在此基础上进一步扩大风险池的内容，成为一般财产保险，之后又发展出责任保险等险种。

保险承保的过程实质上是对风险选择的过程，因为财产保险和人身保险的风险因素不同，因此保险人在审核的时候考虑的相关因素也不同。财产保险的保险人更加注重对保险标的的环境审核。此外，财产保险和人身保险更为明显的区别在于保险金额的确定，财产保险有明确的可以计量的标准，是可以明码标价的，但是人身相关利益并没有统一的确定额度的标准。同时，财产保险的损失补偿原则要求被保险人收到的保险赔偿是不能带来额外收益的，因此在承保的时候财产保险的保险人需要对投保金额大小、是否重复保险进行审核。

在保险理赔方面，人身保险的保险人更注重于确定保险事故的真实性，财产保险的保险人更注重于确定赔付的保险金额的大小，要保证没有人因为保险事故发生和购买保险的行为获得额外收益。

在保险资金运用方面，相比寿险公司，由于财产保险公司负债久期短，从资产负债结构匹配的角度考虑，财产保险公司对资金运用的流动性需求层级更高，和负债相匹配的投资部分久期也较短。当然也因为这样，财产保险公司的资金受利率下行的影响较小，灵活性也更强。

（二）财产保险业务的国际对比

下文通过经济合作与发展组织数据库选取北美洲、欧洲和亚洲六个具有代表性的国家美国、加拿大、英国、德国、日本和韩国作为样本，和我国财产保险业务的情况进行对比分析。

1. 各国整体财产保险保费占比比较

图12-1显示了各国保险业总保费收入中财产保险的保费收入占比。从图中可以看出，我国财产保险保费收入占比水平居中，在2010—2014年明显上升时水平接近美国，在2014—2016年明显下降

后水平和英国、日本、韩国相近。美国、加拿大和德国的财产保险保费收入占比较高，其中加拿大的占比持续走高，2018年已经高达60%；德国的占比近年来较为稳定；美国的占比有下降趋势且2018年相较上一年有明显的下降。英国、日本和韩国占比较低，近年来基本都在30%以下。日本在2010年之前占比呈下降趋势，在2010年后才逐渐提高；韩国的占比在2013年出现了剧烈下跌之后又重回稳定。整体上在大多数年份这些国家财产保险保费收入占比在20%~50%。人身保险业务始终在保险业占据大头。

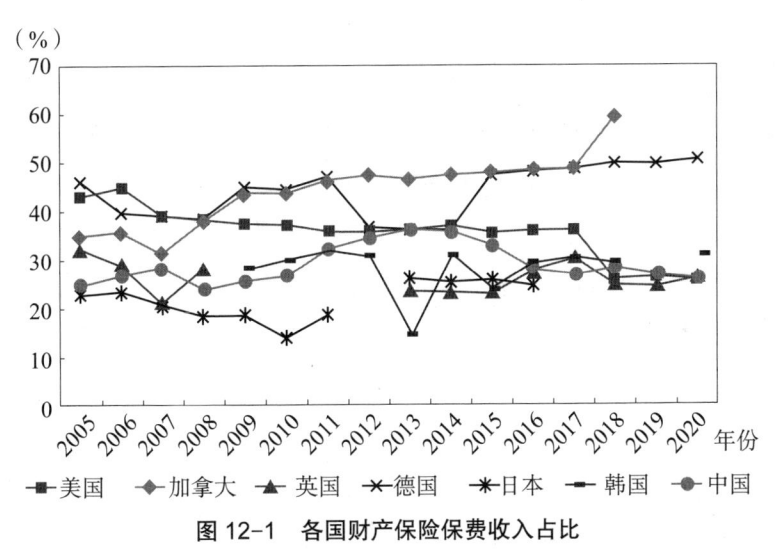

图12-1 各国财产保险保费收入占比

注：OECD数据库中部分国家分类别业务数据收录不全，为保持口径一致，仍采用该数据库内数据进行对比，后同。

2.各国非寿险业务赔付率比较

图12-2展示了各国非寿险业务赔付率情况。此处，赔付率是一个简略指标。由于其他国家的数据中并没有单独列出意外伤害保险和健康保险的赔付情况，所以为了将我国的情况和其他国家对比，我们特地在财产保险的总保费收入中加上了意外伤害保险和健康保险的保费收入，在财产保险的总赔付支出中加上了意外伤害保险和健康保险

的赔付支出。根据这两组数值，我们可以计算出非寿险赔付率情况，并结合单纯的财产保险业务的赔付率进行大致对比。

从图 12-2 中可以看出，我国整体非寿险业务的赔付率在 2016 年之前一直远低于其他六个国家，在 2016 年后才和加拿大、德国、韩国赔付率水平差不多。虽然计量口径不同，但是我国财产保险赔付率水平较为稳定，处于这几个国家的非寿险赔付率的中间水平，在 2019 年又增长到这几个国家的较高水平。在各个国家中，日本 2011 年的赔付率高达 99%，整体赔付率有上升趋势。美国、韩国、德国三国的赔付率水平整体上比较稳定，虽然中间存在剧烈波动，但是能较快恢复到稳定水平，走势也比较相近。美国的赔付率在 2005 年从 76% 下降至 57%，德国的赔付率在 2013 年从 81% 下降到 51%。英国、加拿大的赔付率整体上呈现下降趋势，英国在 2015 年之前赔付率基本处于上升态势，但是 2015 年之后赔付率出现极大幅度的下降。加拿大的赔付率从超过 70% 下降并稳定在不到 50% 的水平。

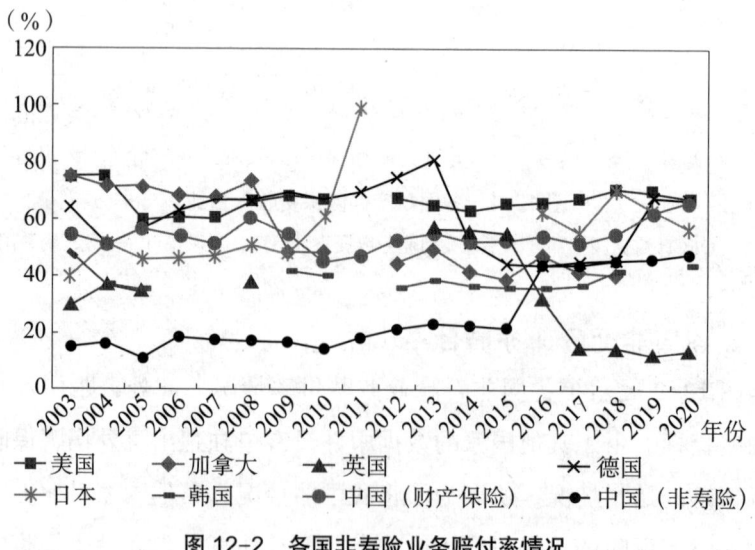

图 12-2　各国非寿险业务赔付率情况

3. 各国财产保险各类别业务占比情况比较

我们选取我国和其他六个国家的数据，对机动车辆保险、货物运输保险、责任保险、财产损失保险、运输工具保险和经济损失保险业务占比进行大致的对比分析。

（1）机动车辆保险业务国际比较。

对各国机动车辆保险在财产保险业务中的占比情况进行对比。由图12-3可以发现：中国的机动车辆保险占比一骑绝尘，超过了所有样本国家，几乎都在70%以上；英国的机动车辆保险占比最低，在20%左右；德国次之。除日本和韩国之外，大部分国家的机动车辆保险占比都保持平稳，没有特别大的变动。近年来各样本国家的机动车辆保险占比均有下降趋势。

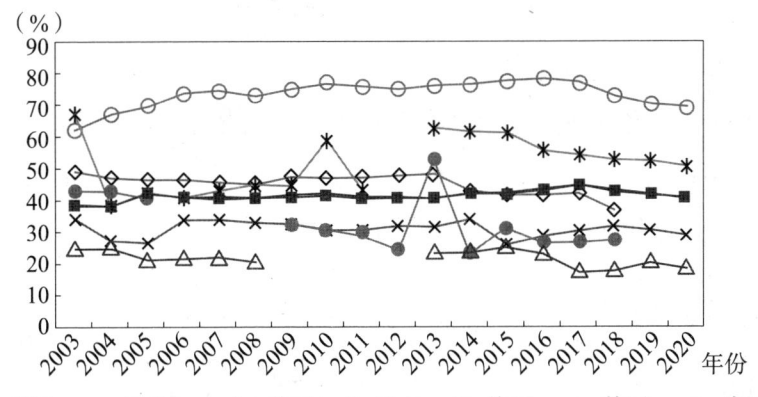

图 12-3　各国机动车辆保险在财产保险业务中的占比情况

（2）货物运输保险业务国际比较。

对各国货物运输保险在财产保险业务中的占比情况进行对比。由图12-4发现：货物运输保险在各国的财产保险业务中占比均较低，在5%以下。除了美国的货物运输保险占比有增加趋势外，其他国家的货物运输保险占比都呈下降趋势，中国的占比更是从2003年的

4.7%下降到 2016 年的 1%左右。日本货物运输保险占比稳定保持在 1%左右的较低值。

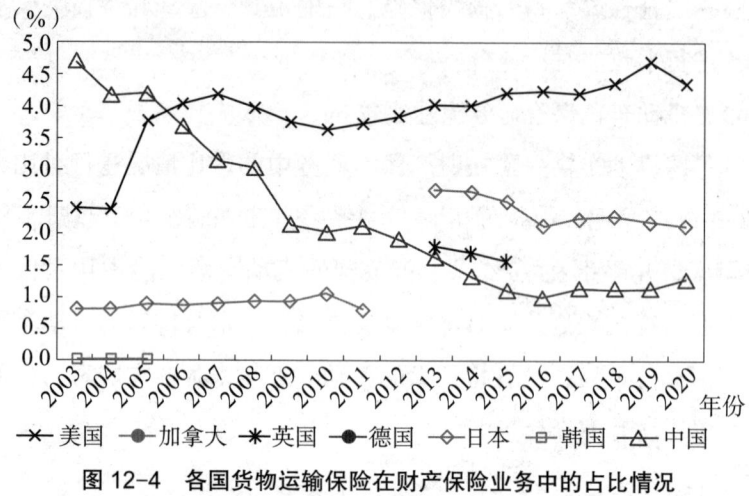

图 12-4　各国货物运输保险在财产保险业务中的占比情况

（3）责任保险业务国际比较。

对各国责任保险在财产保险业务中的占比情况进行对比。由图 12-5 可以发现：中国的责任保险占比情况仅高于韩国，稳定在 5%左右，不过近年来保持了较为稳定的上升趋势；美国的责任保险占比

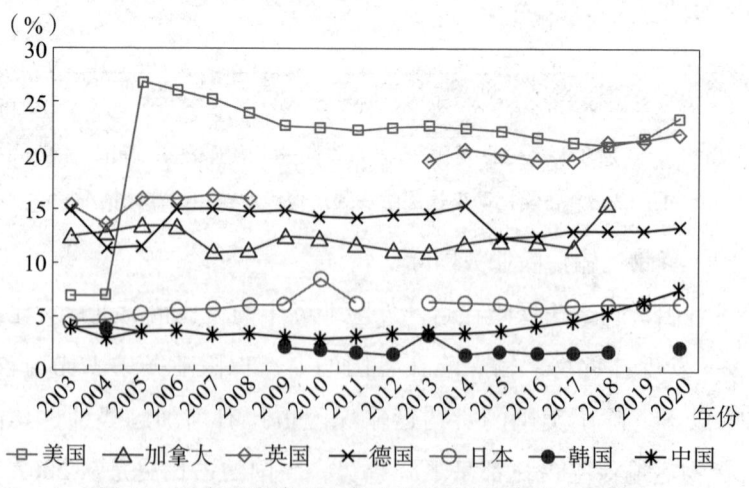

图 12-5　各国责任保险在财产保险业务中的占比情况

在2005年有了飞跃性的增长，从2004年的6.96%增长到2005年的26.83%，此后稳定在20%以上；其他各国责任保险占比的波动均不大，最近几年也都有上升的趋势。

（4）财产损失保险业务国际比较。

对各国财产损失保险在财产保险业务中的占比情况进行对比。由图12-6可以发现：中国的财产损失保险占比和样本国家相比处于较低的水平，仅高于韩国，并且一直处于下降阶段，多年来占比不足10%；韩国的财产损失保险占比也处于下降阶段且趋近于0；除德国外其他国家的财产损失保险占比较为稳定，且近年来有上升趋势；德国在2006年之前财产损失保险占比增长较快，从2003年的34.82%增长到2006年的69.14%，翻了近一番，随后又快速下降，从2008年起稳定在40%左右。

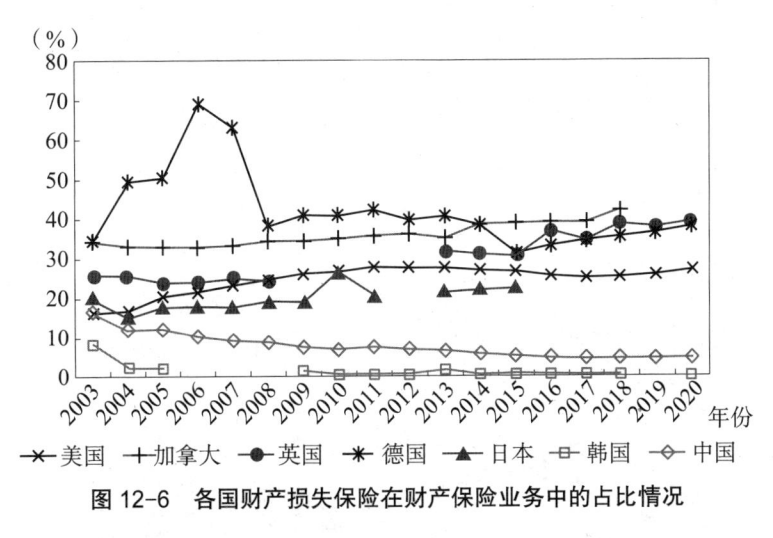

图12-6　各国财产损失保险在财产保险业务中的占比情况

（5）运输工具保险业务国际比较。

对各国运输工具保险在财产保险业务中的占比情况进行对比。由图12-7可以发现：除英国外，各国的运输工具保险占比整体上均有下降趋势；除英国外，2015—2020年各国占比都稳定在5%以下；美国的运输工具保险占比最低,几近于 0;英国在 2015 年之前运输工具保险占比发生了大幅度的下降,之后又回升至 12% 左右,是各国之中占比最高的;占比第二高的德国也经历了长期的下降,从接近 8% 下降至 4% 左右;其余各国近年来的运输工具保险占比均在 2% 左右。

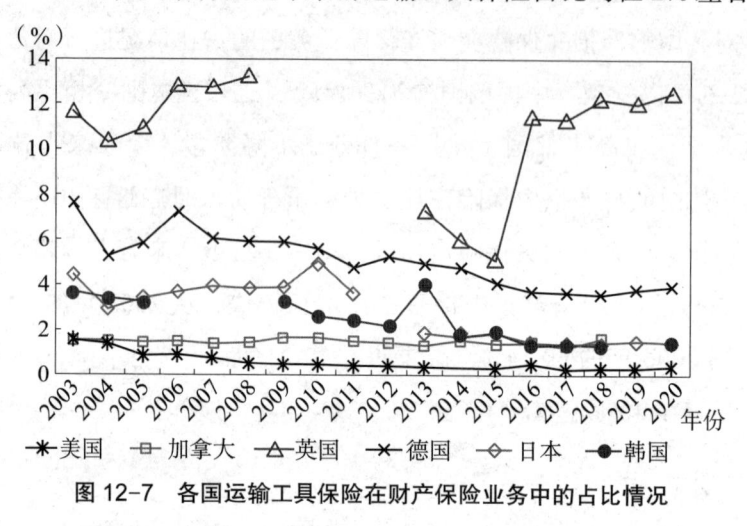

图 12-7 各国运输工具保险在财产保险业务中的占比情况

(6)经济损失保险业务国际比较。

对各国经济损失保险在财产保险业务中的占比情况进行对比。由图 12-8 可以发现:英国是经济损失保险占比最高的,在 2015—2016

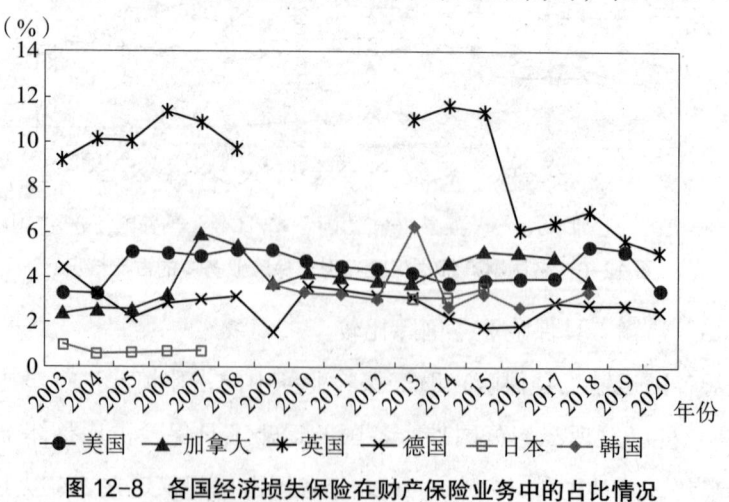

图 12-8 各国经济损失保险在财产保险业务中的占比情况

年间经历了大幅下降，从 11.57% 下降到了 6.14%；德国经济损失保险占比整体上保持在 2%~4%；各国经济损失保险占比的波动性虽然较大，但是整体上基本围绕 4% 上下波动。近年来各国经济损失保险占比均有下降的趋势。

二、我国财产保险制度发展现状

财产保险制度因对风险的防范需求而产生，随着风险的不断变化而变化。随着时间的推移和社会的不断进步，财产保险制度的形式逐渐多样化，内容逐渐专业化，体制不断成熟。

（一）我国财产保险制度发展历程

下文主要结合时代背景以及当时的经济社会发展形势，从宏观构建的视角梳理了我国财产保险制度的发展历程。

新中国成立前，我国的财产保险制度主要是外商保险公司主导的商业保险制度。尽管民族保险业在这一阶段有了很大的发展，但是它仍然处于附属地位。新中国成立初期，受生产高度集中的计划经济的影响，国内财产保险业务主要以企业财产保险为主，社会主义公有化将生产资料聚集起来，对以集体为单位的保险需求更高，后来逐步扩展至其他财产保险领域。此外，农业是我国最受重视的领域，财产保险业在国民经济恢复期间对农业保险的发展进行了非常有益的探索。随着国营企业生产力的发展，我国和多个国家签订了贸易协定，对外经济贸易政策促进了涉外保险的发展。随后国内保险业务中断，只有收取外汇作为保险费的涉外保险因对外贸易得以保留，是我国保险业停滞期间唯一保留的业务，直到 1979 年才开始通过试点的方式逐步恢复国内保险业务。

1979年国家为了使保险业恢复发展，提出各单位自愿参加保险，但是在百废待兴的情况下，只能通过试点的方式逐步恢复商业化经营，初期基本上是执行20世纪50年代的条款，带有强制保险和国家保险的色彩。因此，1980—1990年，只有中国人民保险公司在全国范围内开展业务。自1980年起，外资财产保险公司获批开始在中国经营保险业务，但是仍然停留在只能设立代表处的阶段，没办法经营大范围业务。1991年，交通银行组建成立中国太平洋保险公司，与中国人民保险公司、中国平安保险公司三家全国性的保险公司形成了三足鼎立的局面。

改革开放以来，随着我国对内改革和对外开放的进程不断加快，生产力和生产关系逐渐适应，上层建筑和经济基础的关系不断调整融洽，社会经济的运行方式不断变革，人民生活也发生了翻天覆地的变化，财产保险作为社会经济的重要组成部分，作为改善民生的一大利器，也随之发生了变化。在经济从计划经济向市场经济转型的过程中，保险业恢复商业化经营后回归市场的第一步就是发展财产保险，大力开办家庭财产保险作为先锋，以点带面铺开多险种的财产保险制度。为了促进商业化的财产保险发展，1983年9月1日，新中国成立后第一部财产保险合同方面的法规《中华人民共和国财产保险合同条例》颁布实施。

我国在对外开放初期大量引进外资，产生了一些业务额较大的新险种，如核电站保险、卫星保险、工程保险及有关责任保险和保证保险等。引进来后，走出去也同样受到重视。为了给出口商提供足够的保障，1988年，中国人民保险公司设立出口信用保险部专门从事出口信用保险业务这一政策性保险业务的实施和管理，自主经营，单独管理，不以营利为目的。

1996年，大批商业保险公司进入市场，我国的保险市场逐渐丰富

第十二章 财产保险制度

起来，摆脱了单一市场主体的情况。对保险业进行系统的改革，梳理保险市场，建立起保险市场良好运营必备的框架，既为以后保险市场的发展奠定了坚实的基础，也为我国加入WTO后保险市场可能面临的冲击做好了准备。1997年，为了构建保险市场发展与改革的系统工程，我国提出了建立产寿险分离、商业保险和政策保险分离的新保险组织体系。

到2001年我国保险业全面开放的大门打开之时，我国保险业分业经营体制已基本确立，初步形成了一个由多家保险公司参与竞争的保险市场，外资保险公司以成立分支机构、建立合资保险公司的方式进入中国保险市场。财产保险是最先全面开放的保险领域，中国保险集团开始向商业保险公司转轨，国家专门成立保险机构经营从商业保险公司中分离出来的政策性保险业务。对我国财产保险制度的发展过程主要讨论政府参与的部分，以试点、立法确定制度、对制度进行完善的形式进行。

（1）农业保险。

为了冲破农业保险经营困境，通过市场化的方式化解农业风险，稳定农民收入，促进农业和农村经济的发展，我国开始探索建立政策性农业保险制度。

农业保险制度在这一阶段先是通过试点探索农业保险的模式，再逐步推广，最后在制度和体制层面确立下来。由于我国农业保险发展的经验尚浅，专业化程度不够，为了方便试点，特在2004年批准设立专业的农业保险公司，采取"政府政策推动、市场化运作"模式，先在多地通过试点探索农业保险的五种组合模式，在这些试点模式的经验基础上，为了增强农业保险的政策性，增强试点的多样化、特色化。2007年，中央财政开始对农业保险给予补贴。随着试点的全面推进、农业保险模式的不断成熟，从制度上确定和巩固试点成果和改革经验被提上日程，农业保险法律法规建设和政策性农业保险协调机制建设的重要性在建设农业保险体系中逐渐凸显。2012年《农业保险条例》正式颁布，从制度和体制上确立了农业保险制度模式，我国农业保险业务从此有法可依，农业保险进入正式实施阶段。

（2）机动车第三者责任保险。

我国从2003年起就开始探索将机动车第三者责任保险作为法定强制保险，2006年7月1日最终实行，机动车第三者责任保险成为我国第一个强制保险制度。在借鉴各国经验的基础上，需要在实行中不断往符合中国国情和实践的方向完善该制度，救助基金提取、责任限额、费率的规定都随着实施情况不断变化。在实践中为了提高效率，维护社会关系的和谐融洽，要促进无责赔付简化、互碰自赔机制的应用。目前我国的机动车第三者责任保险实行的是混合经营模式，以"政府定价，公司自负盈亏"为原则。

（3）责任保险。

责任保险是强制保险形式较多的领域，但是我国责任保险发展的时间较短，在这一领域的探索尚不成熟。我国对于责任保险的需求量其实是很大的，责任保险在我国的推动力量之一就是社会中发生的各种责任事故，如三鹿奶粉事件就推动了食品安全责任保险的出现。为了开展国内责任保险专业化探索，专业的责任保险公司也开始出现。尽管早有在部分高危行业和公共营业场所建立强制责任保险制度的想法，责任保险还是先以试点的方式开展，再适时将相关领域法规与强制责任保险立法结合，按照"政府推动、政策引导、市场运作、立法强制"的原则发展责任保险。因为责任保险涉及的领域众多，责任风险环境复杂，为了使责任保险能够顺利全面推行，许多险种目前还在试点中。

（4）信用保证保险。

随着经济全球化的进程不断加速，跨地区的贸易行为越来越多，尤其是新冠疫情后，线上交易跻身主流的交易方式，各国风险变化剧烈，只有政策性保险才有能力在国际范围内的网络环境中提供保障。此外，在引导小微企业成为经济的活跃力量、促进实体经济发展的环境中，在努力拉动国内经济、拉动个人消费的情境下，信用保证保险恰逢其时，提高了经济活力和各小微主体抵抗风险的能力。我国以"政府主导、市场化运作、风险共担"为原则，全面推广信用保证保险试点，创新"政银保"发展模式和各种信用保证保险产品。

（二）我国财产保险业务现状分析

基于《中国保险年鉴》和国家市场监督管理总局网站数据，图12-9 展示了2003—2020 年财产保险保费收入的增长情况：在2010年之前，财产保险保费收入增长率虽有波折，但总体上保持上升趋势，但在2010 年之后，该增长率几乎持续下降。

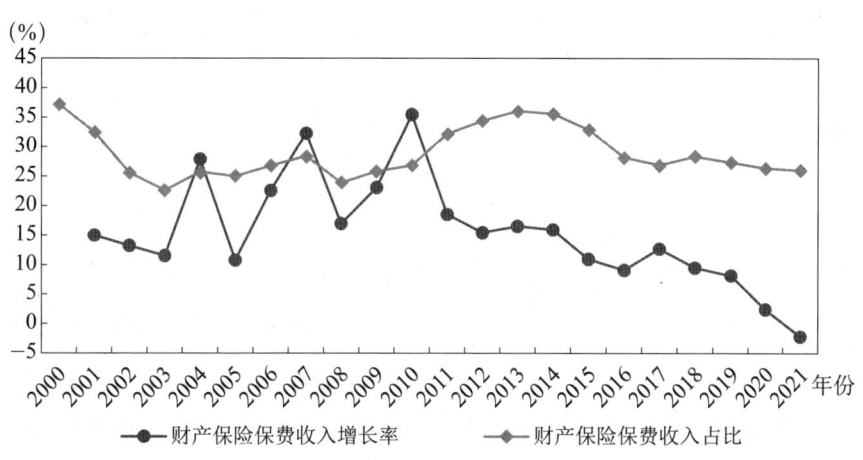

图12-9　2000—2021 年中国财产保险保费收入增长率及财产保险保费收入占比

财产保险保费收入占总保费收入的比例通常为25%～35%，不到总保费收入的一半。近年来的财产保险保费收入占比水平较为稳定，财产保险业务增速减缓的部分原因在于我国保险业整体增速放缓。

现代 保险制度建设

根据国家金融监督管理总局数据，图 12-10 展示了财产保险的保险深度的整体情况。2009—2017 年，财产保险的保险深度的增长率始终保持正值，财产保险的保险深度持续增加，2010 年是财产保险的保险深度增长速度最快的一年，达到了 15%，不过之后保险深度的增长率一直保持在相对 2010 年较低的水平上。2021 年保险深度大幅下降了 14%，此后两年亦回升乏力。

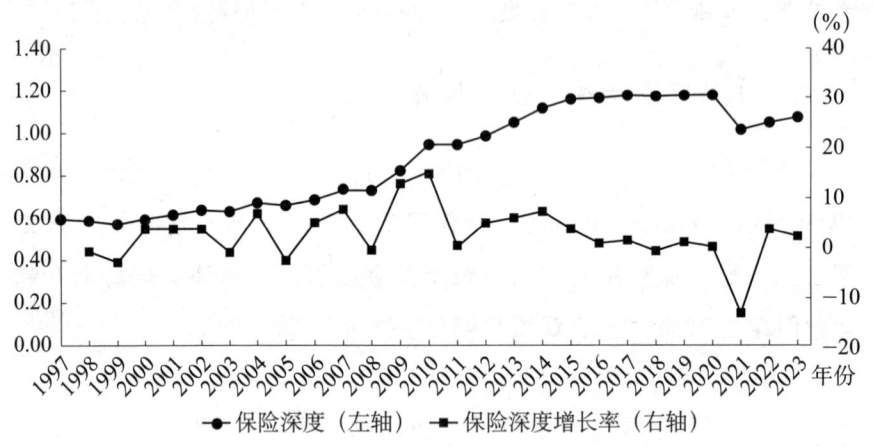

图 12-10 1997—2023 年中国财产保险的保险深度及增长率情况

图 12-11 展示了我国财产保险的保险密度整体情况。在 1997—2023 年间，我国财产保险的保险密度增长迅速。2023 年的保险密度约是 1997 年保险密度的 25 倍，保险密度的增长率除了 2021 年为负外，始终保持在较高的水平。对比财产保险的保险深度和保险密度的增长情况可以发现二者的周期相近。整体上，我国财产保险的保险深度和保险密度都在曲折增加，但从数值上来讲，目前我国财产保险水平和发达国家相比还有差距。

根据《中国保险年鉴》和国家金融监督管理总局官网披露的相关数据，财产保险保费收入细分项下主要包括企业财产保险、家庭财产保险、货物运输保险、机动车辆保险、工程保险、责任保险、信用保

- 216 -

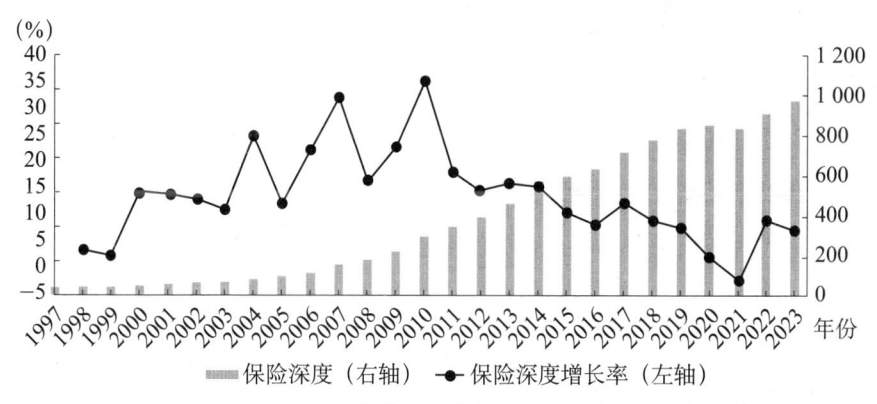

图 12-11　1997—2023 年中国财产保险的保险密度及增长率情况

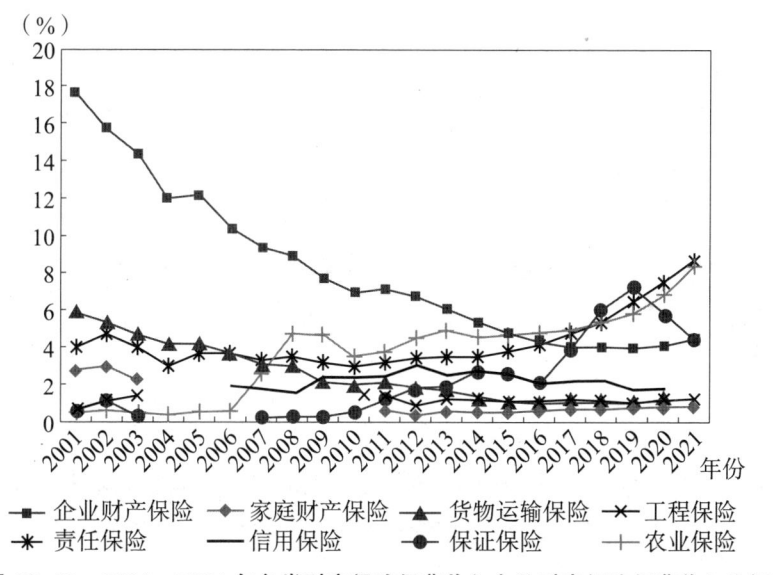

图 12-12　2001—2021 年各类财产保险保费收入占总财产保险保费收入比例

险、保证保险、农业保险这几项，其中有少量数据缺失。由于机动车辆保险是财产保险中占比最大的业务，为了方便数据的显示，图 12-12 显示了将机动车辆保险剔除后各类财产保险保费收入占总财产保险保费收入（不包括意外保险和健康保险数据）比例情况。可以看出，企业财产保险、货物运输保险、家庭财产保险这三个险种的保费收入占比整体呈下降趋势；工程保险、信用保险这两个险种的保费收入占比整体保持稳定；农业保险、保证保险、责任保险这三个险种的保费收入占比整体呈上升趋势。但是近年来除机动车辆保险外的各险种保费收入占比均没有超过10%。在图12-13展示的机动车辆保险保费收入占比情况中，该比例从未低于60%。

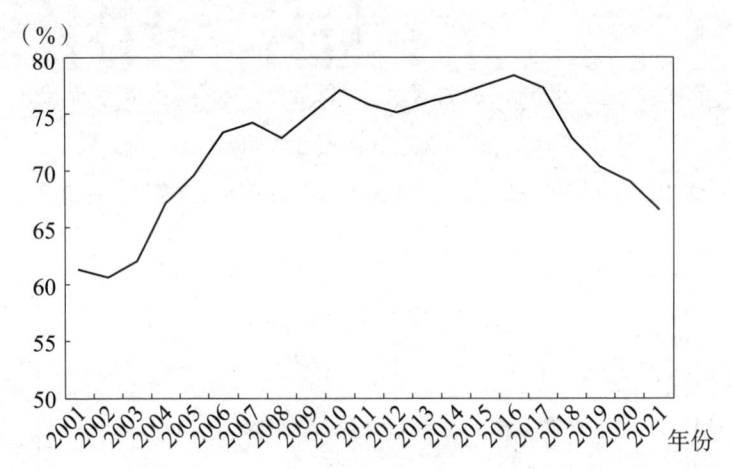

图12-13 2001—2021年机动车辆保险保费收入占总财产保险保费收入比例

接下来，我们从不同方面梳理我国的财产保险发展现状。

1. 财产保险新增保单情况

表12-1是2018—2021年财产保险每年新增保单数量情况，对比后发现，保费收入占比最大的机动车辆保险每年的新增保单数量最少且最稳定，因为机动车数量目前已经趋于稳定且法律规定必须购买机动车交通事故责任强制保险。货物运输保险2020年及2021年的新增保单数量较前两年有所下降，这可能是因为新冠疫情对物流行业产生了冲击，网购受到阻碍，人们更倾向于低频率大量囤货而不是高频率少量购买。责任保险成为近年来新增保单数量最多的险种，在2020年达到最大值。保证保险也在2020年突增，几乎是前一年新增保单数量的两倍，之后在2021年回落。

表 12-1　2018—2021 年财产保险每年新增保单数量情况

年份	2018	2019	2020	2021
总保单件数（万件）	2 826 300	4 874 102	5 172 783	4 794 129
其中：机动车辆保险（万件）	44 800	49 738	53 998	56 668
责任保险（万件）	727 000	934 673	1 163 016	918 506
货物运输保险（万件）	489 000	494 400	410 724	430 847
保证保险（万件）	228 600	280 842	542 149	248 813

2. 2021 年各险种财产保险的承保利润和费率情况

表 12-2 展示了我国各险种财产保险的承保利润和费率情况。从表中可以发现：经营责任保险的财产保险公司的数量最多，达 72 家；经营家庭财产保险的财产保险公司数量最少，仅有 6 家；承保利润总计为 -84 亿元，仅有信用保证保险、家庭财产保险、工程保险和船舶货运保险为正值，其余险种的承保利润都为负值。其中，信用保证保险的承保利润最高，为 70 亿元；机动车辆保险的承保利润最低，为 -61 亿元。承保利润率情况中，最高的是工程保险，高达 16.750%，次高的是信用保证保险；最低的是其他财产保险，次低的是责任保险，为 -3.995%。整体的平均费率为 0.005%，最高的是农业保险，达 1.793%，其次是信用保证保险，为 1.729%，其余险种的平均费率除机动车辆保险和工程保险外均在 0.1% 以下，一些险种的平均费率相差较大。

表 12-2　2021 年各险种财产保险的承保利润和费率情况

险种名称	承保险种的公司数量（家）	承保利润（亿元）	平均费率（%）	承保利润率（%）
机动车辆保险	61	-61	0.152	-0.796
意健险	71	-37	0.004	-2.018
责任保险	72	-41	0.002	-3.995
企业财产保险	53	-11	0.041	-2.578

续表

险种名称	承保险种的公司数量（家）	承保利润（亿元）	平均费率（%）	承保利润率（%）
信用保证保险	20	70	1.729	13.314
其他财产保险	13	-8	0.009	-7.493
农业保险	13	-2	1.793	-0.321
家庭财产保险	6	1	0.006	9.223
工程保险	13	2	0.118	16.750
船舶货运保险	24	3	0.024	3.832
总计	346	-84	0.005	-0.672

3. 财产保险公司保费收入情况

表 12-3 是 2010—2020 年保费收入占财产保险公司总保费收入份额前五位的保险公司以及前五位保险公司的合计份额。[①] 从表中可以发现：除 2014 年，人保财险和平安产险的市场份额稳居第一、第二位，人保财险的市场份额有下降的趋势，近年来稳定在 33% 左右，平安产险的市场份额有上升的趋势，近年来已经增加到 20% 以上，前两名财产保险公司的市场份额合计已经占到了 50% 以上；份额排在前五位的保险公司基本没有什么变化，且它们占据的市场份额一直维持在 73% 以上，在 2014 年达到了最高值 76.80%，随后逐渐下降，近年来稳定在 74% 左右。

表 12-3　保费收入占财产保险公司总保费收入份额前五位的保险公司（%）

年份	份额排第一的公司	份额排第二的公司	份额排第三的公司	份额排第四的公司	份额排第五的公司	合计份额
2010	人保财险（37.51）	平安产险（15.14）	太保产险（12.56）	中华财险（4.71）	大地保险（3.37）	73.29

---

① 为简洁起见，此处使用各公司名的简称。

续表

年份	份额排第一的公司	份额排第二的公司	份额排第三的公司	份额排第四的公司	份额排第五的公司	合计份额
2011	人保财险（36.74）	平安产险（17.66）	太保产险（13.04）	中华财险（4.44）	国寿财险（3.47）	75.35
2012	人保财险（34.95）	平安产险（17.89）	太保产险（12.59）	中华财险（4.45）	国寿财险（4.26）	74.14
2013	人保财险（34.39）	平安产险（17.80）	太保产险（12.59）	国寿财险（4.91）	中华财险（4.59）	75.28
2014	人保财险（28.23）	中国信保（17.69）	平安产险（15.98）	太保产险（10.38）	国寿财险（4.52）	76.80
2015	人保财险（33.28）	平安产险（19.39）	太保产险（11.18）	国寿财险（5.97）	中华财险（4.66）	74.48
2016	人保财险（33.40）	平安产险（19.15）	太保产险（10.34）	国寿财险（6.43）	中华财险（4.15）	73.47
2017	人保财险（28.59）	平安产险（17.69）	泰康在线（13.56）	太保产险（8.51）	国寿财险（5.42）	73.77
2018	人保财险（32.88）	平安产险（20.98）	太保产险（9.95）	国寿财险（5.86）	大地保险（3.59）	73.26
2019	人保财险（33.04）	平安产险（20.74）	太保产险（10.12）	国寿财险（5.90）	中华财险（3.72）	73.52
2020	人保财险（32.12）	平安产险（21.25）	太保产险（10.91）	国寿财险（6.42）	中华财险（3.92）	74.62

4. 财产保险公司保费收入最高的险种情况

图 12-14 展示了 2010—2021 年我国以各险种作为公司保费收入最高的险种的财产保险公司占比及数量，图中仅展示了以机动车辆保险、意健险、责任保险、企业财产保险、船舶货运保险作为保费收入最高的险种的公司情况，但这并不意味着各家财产保险公司仅以这些险种作为保费收入最高的险种，也存在一些公司以信用保证保险、家

庭财产保险、工程保险、农业保险或者其他财产保险作为保费收入最高的险种，只是这类公司数量较少，占比很低。可以看出，机动车辆保险是大多数财产保险公司保费收入的最大来源。尽管2016年之后以机动车辆保险作为第一保费收入来源的公司比例下降到60%以下，但近两年公司数量仍保持在较高水平。

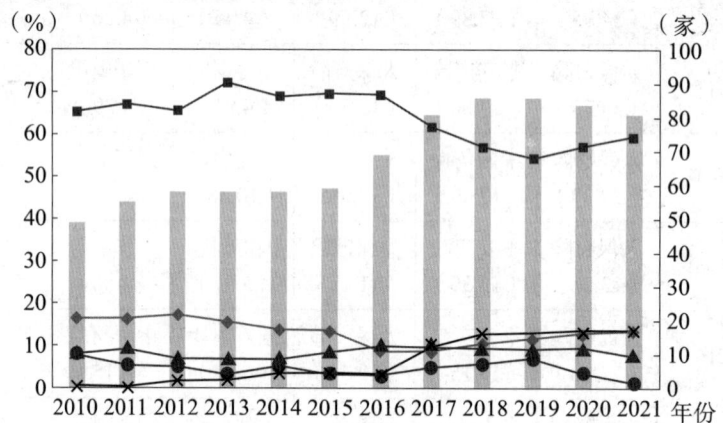

图12-14　2010—2021年以各险种作为保费收入最高的险种的财产保险公司占比及数量

5. 各省市财产保险深度和财产保险密度情况

《中国保险年鉴》在整理各省、自治区、直辖市（简称"省份"）的保险业情况时将大连市、宁波市、厦门市、青岛市、深圳市这几个城市单独列出，和各省级行政区的情况放在一起。[①] 2011年北京市的数据缺失。表12-4和表12-5整理了2010—2020年各省市财产保险的保险密度和保险深度由高到低排名的前三名和最后三名。

从表12-4中我国各省市财产保险密度排名情况可以看出：排在前三名的都是城市而非省份，说明个别城市的财产保险密度比较高，

---

① 各省份及以上单独列出的城市，在下文中统称"省市"。

但是整个省份的保险密度并不均匀，因此省份的整体保险密度不如个别城市容易提高，且这些城市都是经济较为发达的城市：上海市、北京市、深圳市、宁波市、厦门市。排在后三名的省市11年来也比较固定，通常是较为偏远、经济不太发达的省份，或者是人口比较多的省份，包括广西、西藏、贵州、河南、甘肃等，2016—2020年广西的财产保险密度都是最低的。排在后三名的省市因为本身规模就比较小，所以增长后的财产保险密度也比较小。

表12-4　2010—2020年我国各省市财产保险密度排名情况

单位：元/人

年份	排名第一的省市	排名第二的省市	排名第三的省市	排名倒数第三的省市	排名倒数第二的省市	排名倒数第一的省市
2010	上海市（1 380）	北京市（1 231）	深圳市（1 198）	广西（143）	西藏（137）	贵州（135）
2011	上海市（1 736）	深圳市（1 378）	宁波市（1 344）	广西（170）	河南（155）	甘肃（152）
2012	上海市（1 906）	北京市（1 235）	深圳市（1 215）	贵州（202）	广西（197）	河南（186）
2013	上海市（2 085）	深圳市（1 690）	宁波市（1 669）	贵州（254）	河南（230）	广西（197）
2014	上海市（2 311）	深圳市（2 001）	厦门市（1 530）	西藏（284）	广西（276）	河南（267）
2015	深圳市（1 883）	宁波市（1 633）	厦门市（1 590）	河南（339）	广西（307）	江西（305）
2016	深圳市（1 994）	北京市（1 699）	宁波市（1 616）	河南（391）	甘肃（386）	广西（343）
2017	深圳市（2 253）	北京市（1 863）	厦门市（1 834）	湖南（458）	甘肃（428）	广西（404）
2018	深圳市（2 732）	上海市（1 985）	宁波市（1 980）	江西（517）	甘肃（477）	广西（445）

续表

年份	排名第一的省市	排名第二的省市	排名第三的省市	排名倒数第三的省市	排名倒数第二的省市	排名倒数第一的省市
2019	深圳市（2 694）	北京市（2 387）	上海市（2 162）	河南（552）	甘肃（521）	广西（437）
2020	深圳市（2 626）	北京市（2 045）	上海市（2 004）	甘肃（576）	河南（574）	广西（465）

从表 12-5 可以看出：有些省份内保险深度非常不均匀，厦门市的财产保险深度长期排在前三名的位置，但是福建的整体财产保险深度最近五年都排在倒数三名，最近三年的财产保险深度都是最低的。财产保险深度较高的省市中，不光有经济比较发达的北京市、厦门市、宁波市、上海市，还有位置比较偏远、并非经济发达地区的宁夏、新疆、甘肃、辽宁，以及人口较多的河北；辽宁在 2013 年财产保险深度还排在最后一位，到了 2016 年便一跃成为保险深度最高的省市。最近五年财产保险深度较低的省市包括：湖北、福建、天津市、陕西，天津市虽然是新一线城市，其财产保险深度却很低，整体的财产保险深度在 11 年间略有增长，但是增长程度不高。

表 12-5　2010—2020 年我国各省市财产保险深度排名情况（%）

年份	排名第一的省市	排名第二的省市	排名第三的省市	排名倒数第三的省市	排名倒数第二的省市	排名倒数第一的省市
2010	北京市（1.75）	厦门市（1.37）	宁波市（1.33）	湖北（0.62）	湖南（0.61）	河南（0.59）
2011	厦门市（1.37）	上海市（1.28）	宁波市（1.28）	黑龙江（0.61）	河南（0.60）	湖北（0.57）
2012	北京市（1.50）	厦门市（1.47）	宁波市（1.37）	吉林（0.65）	湖南（0.65）	湖北（0.61）
2013	厦门市（1.59）	北京市（1.50）	上海市（1.38）	吉林（0.70）	湖北（0.69）	辽宁（0.63）

续表

年份	排名第一的省市	排名第二的省市	排名第三的省市	排名倒数第三的省市	排名倒数第二的省市	排名倒数第一的省市
2014	厦门市（1.74）	北京市（1.48）	宁波市（1.47）	湖北（0.75）	黑龙江（0.74）	天津市（0.69）
2015	厦门市（1.77）	宁波市（1.54）	新疆（1.53）	湖北（0.81）	山东（0.75）	天津市（0.73）
2016	辽宁（2.17）	厦门市（1.67）	新疆（1.59）	福建（0.85）	湖北（0.77）	天津市（0.71）
2017	厦门市（1.69）	宁夏（1.62）	新疆（1.56）	湖北（0.90）	福建（0.82）	天津市（0.76）
2018	宁夏（1.72）	厦门市（1.68）	新疆（1.57）	湖北（0.90）	天津市（0.77）	福建（0.76）
2019	甘肃（2.20）	宁夏（1.82）	新疆（1.66）	湖北（0.87）	陕西（0.84）	福建（0.71）
2020	宁夏（1.73）	新疆（1.71）	河北（1.63）	陕西（0.90）	湖北（0.88）	福建（0.69）

注：由于四舍五入的原因，表中个别省市数字相同，但排名时依原始数据大小排列。

梳理发展现状，我们总结了我国财产保险制度存在的几方面问题：

（1）我国财产保险保费收入占总保费收入的比例不高，且财产保险保费收入增长速度放缓。在国际上，我国财产保险保费收入占比和日本、英国等人口老龄化较严重的国家相近，也与韩国这种保险制度并非特别发达的国家相近，但是和美国、德国等尚有差距。财产保险保费收入增长速度堪忧，甚至为负，而且下降的趋势已经保持了很久，但是这和整体保险业的发展速度放缓有关。

（2）机动车辆保险保费收入占财产保险保费收入的比例近年来虽然得到有效控制，但仍处于较高水平，家庭财产保险、企业财产保险占比下降，低于国际水平。人们对住房十分重视，而且随着人民生活水平的提高，大多数人首要解决的就是住房问题，这对于家庭财产保险的发展是个极好的环境，但是家庭财产保险并没有把握住这个发展的机会，没有趁此培育公众的家庭财产风险意识，也没有认真了解消费者的风险保障需求，甚至存在误导消费者的情况，使得家庭财产保险的名声不显甚至偏向负面。原先存在的单位福利型家庭财产保险也在不断退出，因此家庭财产保险的保费收入占比一直保持下降的趋势，甚至趋近于 0。

（3）责任保险保单数量多、保险金额极大，但保费收入占比小，责任保险有强制化的趋势，但存在交叉监管空白、立法不够健全的问题。责任保险的保单数量在几个险种中是最多的，并且保险金额也是最大的，其实对责任保险的需求已经逐渐被重视，但是保费收入占比仍不够高。责任保险涉及多个领域，各领域都有自己的法律规章，但是没有对责任保险的详细规定，《保险法》也没有对责任保险的详细规定。部分责任保险险种在立法中提出了建立强制性责任保险制度的想法，但目前只能够在试点地区内尝试进行，是否能够全面推行还是未知。

（4）各省市的财产保险发展不均衡。我国各省市财产保险的保险深度和保险密度差异都非常大，华北地区的财产保险收入占比呈下降趋势，保险密度低的省市陷入保险规模难以扩大的困境。财产保险密度和地域以及人口较为相关，经济发达的东部沿海地区财产保险密度较高，经济欠发达的内陆西部地区的财产保险密度较低，人口众多的部分省市财产保险密度也较低。这些财产保险密度较低的省市，在2010—2020年财产保险保费收入的增长量与财产保险密度较高的省市相差甚远，以至于财产保险密度的差距越来越大。

（5）我国的财产保险市场是一个垄断竞争市场，中小型财产保险公司艰难求生，排名前二的财产保险公司占据了一半左右的市场份额，排名前五的财产保险公司一共占据了超过70%的份额，仅留下

20%多的份额给其他财产保险公司,导致了激烈的竞争,甚至发生了很多恶性竞争的事件。中小型财产保险公司缺乏规模效应因而生存艰难,被迫采取降低费率、调节费率形式的方法维持自己的生存发展。

三、我国财产保险制度的完善

我国是新兴保险市场大国。下面我们将在与国际财产保险业务情况进行对比的基础上,对我国财产保险的发展以及财产保险制度的完善提出建议。

1. 提升公众财产保险观念与意识

为了提升公众对财产保险的接受意愿,需要在整个社会环境中培养风险意识和安全意识,以润物细无声的方式将财产保险的真实含义广泛传播,以简单易懂的形式减少财产保险的专业化壁垒。既要做到可以吸引人们的注意力且内容准确没有误导性,又要注意形式短小易于传播,紧跟时代发展。例如,深入研究财产保险场景化,保险公司可以利用虚拟现实(VR)技术让客户最直接地感受到风险的存在。引导人们强化保险意识有助于了解保险在不同领域的作用,塑造财产保险的文化基础。革新销售渠道也有助于区分不同的消费者群体。例如,家庭财产保险这种曾经依靠企事业单位或机关等组织集中投保的险种,可以尝试变更销售形式,比如开拓针对单一家庭的销售渠道,或发展通过媒体来提供信息沟通和反馈的方式。

2. 加强财产保险相关政策的统筹

将险种制度构建与国家相关领域政策规划相结合,出台更加具体的财产保险制度措施有助于提高财产保险对人民利益的保障程度。例如,将多种责任保险与发展绿色经济、加强治理体系和治理能力现代化建设相结合,有助于推动责任保险强制化。通过政策将多种财产保险与促进实体经济发展的目标结合能够充分发挥财产保险的作用，在场景中解决财产保险的痼疾而不是纸上谈兵，从而促进财产保险发展。

3. 提高风险管理技术和水平

财产保险公司经营风险大，对风险管理流程中的风险管理能力有着较高的要求。财产保险公司要科学设立风险管理的目标，就要在经验的基础上结合保险科技，运用大数据等技术提高信息处理效率，包含更全面的信息，更加科学合理地对经营和风险进行预测，保证财产保险公司的经营能力。

保险科技的综合运用也可以提高财产保险公司的承保能力和风险管理能力。在核赔理赔上，运用大数据实时精确定损，升级更新理赔操作系统，将需要人力确认的内容尽量使用机器处理，运用机器学习技术实现自动化理赔，降低人为失误，确保事故信息的采集没有缺漏。在全国范围内统一系统，提高理赔效率和理赔的规范性，降低指标传递在时间上的滞后性，使得理赔决策的下达更迅速。

4. 完善监管与防止恶性竞争

相关部门既要加强对财产保险业务的监管，也要防范恶性价格竞争，为中小型财产保险公司提供保障，促进财产保险市场公平竞争、自由发展，努力引导中小型财产保险公司发展。财产保险涉及的领域众多且发展水平不均衡，政府可以鼓励中小型财产保险公司在小众领域深入挖掘，向专业化发展，并给予政策优惠，促进中小型财产保险公司在社会风险管理中发挥作用。还要严格监管保险人的恶意欺诈行为，可以采取惩罚性赔偿的机制，并加强理赔监管。在监管领域使用量化手段衡量监管政策的有效性，更好地平衡监管与市场二者的关系，为监管政策的制定提供更有科学性的依据。

第十三章
巨灾保险制度

一、巨灾保险制度概述

巨灾风险通常指突发的、难以预见的、不可控制的、难以避免的自然灾害或人为灾害事件带来的巨额财产损失和大量人身伤亡风险。巨灾风险根据发生原因可分为自然灾害风险和人为灾害风险，其中自然灾害包括地震、水灾、台风、海啸、泥石流、旱灾、冰雹和霜冻等，人为灾害包括航运灾难、公路铁路灾难、航空航天灾难、火灾爆炸、核泄漏、恐怖活动等。除了通常所说的自然灾害和人为灾害之外，随着重大传染病如新冠病毒感染对人类社会的破坏力越来越大，将突发公共卫生事件纳入巨灾范畴成为未来的重要趋势。

巨灾风险有三个典型特点，分别是发生频率低、造成损失巨大、不完全满足可保条件。不同于一般风险，巨灾风险的发生频率要远低于一般风险，但是一旦发生则会造成巨大的损失，给社会和经济造成巨大的冲击。可保风险要求损失概率分布是已知的，且可以确定和测量，损失不能同时发生且需具有分散基础以满足大数法则，而由于巨灾风险发生频率极低，经验数据往往较少，且其发生机制复杂、地域差异较大，故其损失概率分布难以确定。同时，巨灾风险发生时往往伴随着大面积、大范围的损失，众多风险单位同时发生损失，它们的损失并不独立而是有较强的正相关性，风险聚集效应明显，难以进行分散，故不满足大数法则。因此，巨灾风险不完全满足可保风险的条件。

巨灾保险制度是政府将保险作为一种制度性安排，利用保险机制分散自然灾害风险及人为灾害风险，并对巨灾风险可能造成的巨大财产损失及人身伤亡进行经济补偿，从而降低巨灾风险对人们生产生活的不利影响。巨灾保险一方面可以利用相关经验指导事前的防灾防损建设，从而有效降低巨灾损失风险，另一方面可以在事后及时提供经济补偿，从而保障灾后救援和重建的顺利进行。

（一）巨灾保险制度的概念

巨灾风险治理关系到人民生产生活安全以及经济发展。巨灾保险制度是一种利用保险机制进行巨灾风险的防范和分散，并为巨灾损失提供补偿以及为救灾提供资金支持的制度安排，是一种有效的巨灾风险管理手段，是构成国家风险管理体系的一部分。建立巨灾保险制度是充分发挥保险社会治理职能的重要体现，是政府管理重大灾害风险的有效途径。

图 13-1 是全球巨灾保险赔付额占总损失额的比例，可以看到保险赔付在巨灾损失补偿中起到的作用整体呈上升趋势。近几年巨灾保险对巨灾损失额的补偿超过 40%，说明巨灾保险在分散转移巨灾风险、补偿经济损失方面发挥着越来越重要的作用。

巨灾保险制度通常包括三大部分：第一部分是巨灾保险运行模式，第二部分是巨灾保险运营机制，第三部分是巨灾保险法律法规。巨灾保险运行模式包括市场与政府在其中发挥的作用等；巨灾保险运营机制包括具体的筹资办法、巨灾保险产品设计、巨灾保险基金运作办法、核保核赔办法等；巨灾保险法律法规则是以法律法规的形式对巨灾保险的运行做出制度性安排，加以约束，使其有法可依，明确巨灾保险运行中所涉及各主体的责任和义务。

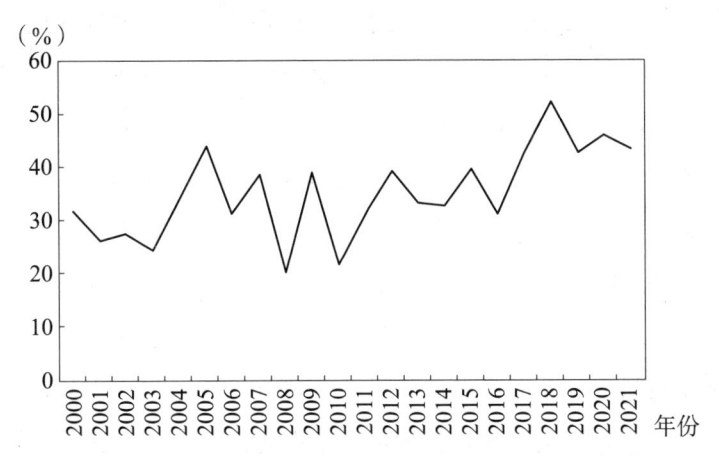

图 13-1 2000—2021 年全球巨灾保险赔付额占总损失额的比例

巨灾保险制度模式主要有三种：市场主导模式、政府主导模式和市场与政府合作模式。

在市场主导模式下，巨灾保险的供给主要由市场机制来决定，并由商业保险公司负责具体业务的开展与运营。商业保险公司自负盈亏并自主决定是否开办，并制定精算公平的费率，而其所承保的巨灾风险主要依靠再保险市场以及资本市场进行转移和分散。政府主要起到监督的作用，并给予法律保护和政策支持，不直接参与巨灾保险运行、不承担分摊责任。这种模式可以减轻政府的财政负担，并且充分利用商业保险公司的经验优势，但是由于巨灾损失通常较大，这种依赖于商业保险公司的模式可能会抑制巨灾保险市场的发展，同时保费较高会降低投保积极性。

在政府主导模式下，政府直接参与巨灾保险的运行并发挥主导作用，巨灾保险的供给主要依赖政府在政策和财政等方面的支持，同时政府通过法律法规对巨灾保险做出强制性或半强制性投保的安排，承担巨灾风险并提供最终保障。这种模式由政府推行，可以扩大巨灾保险在全国的覆盖面，保障力度较大，使得巨灾保险市场更为规范，且政府补贴等支持可以提高投保积极性。但是这种模式会给政府财政带来较大压力，且不能充分发挥商业保险公司在专业经营方面的优势，规范化保单可能无法很好地与各地区的特定需求相适应。

在市场与政府合作模式下，政府和市场同时参与巨灾保险的供给。政府制定相关政策并给予法律保护，提供保费补贴、税收等方面的优惠政策。同时保险市场主体如商业保险公司以及再保险公司也共同参与其中，利用其丰富的市场经验助力巨灾保险的运作。政府参与部分标准的制定，并通过提供再保险支持等方式承担一定的风险。这种模式可以充分利用二者各自的优势来发挥巨灾保险的最大效用，但是在合作过程中可能出现各自责任不清晰、保险公司进行"政府套利"、政府过度干预降低效率等问题。

（二）巨灾保险制度的国际模式

综观各个国家的巨灾保险制度实践，具体采用哪种模式与其保险市场发展情况、巨灾风险特征、制度特征及政府的治理理念都有关系。一些国家的巨灾保险制度模式并不是唯一的，具体到不同巨灾险种上可能会采用不同的模式，例如美国的洪水保险主要采用的是政府主导模式，地震保险则采用了市场主导模式。下面将从巨灾保险制度的三大方面来介绍不同国家的巨灾实践经验。

1. 政府主导模式——以美国洪水保险、新西兰巨灾保险为例

（1）美国洪水保险。

从运行模式方面来说，美国洪水保险采用政府主导模式。由于洪

水保险项目很难盈利，故而商业保险公司并未主动推出洪水保险，直到1956年，美国建立了联邦洪水保险制度以防范洪水风险，而在此之前只有传统工程性防洪措施，但此时的洪水保险业务交由商业保险公司来运营。洪水灾害一旦发生便会造成极大范围的巨大损失，洪水保险常常索赔集中且金额巨大，所以单凭商业保险公司可能无力承担此类巨大损失。故美国在1968年推出了国家洪水保险计划，这是由联邦政府牵头、由地方政府和商业保险公司共同参与的洪水保险项目。

从运营机制方面来说，美国国家洪水保险计划由联邦紧急事务管理署（FEMA）所辖的联邦保险和减灾管理署（FIMA）运营，洪水保险产品的设计主要由它们负责，其中FIMA负责建立洪水保险费率系统，进行核保核赔等，FEMA主要负责制定洪泛区内相关防洪法规和规范以及洪水泛滥管理等全国性政策。而地方政府则负责采取必要的管理措施，在获得州政府的准许和帮助后负责开发洪泛区，若其相关管理措施达到国家洪水保险计划的标准，就能得到联邦政府提供的洪水保险服务。

从法律法规方面来说，美国国会陆续通过了洪水保险及洪水灾害防治相关法规来保障洪水保险的顺利实施，比如1968年的《国家洪水保险法》和1973年的《洪水灾害防御法》，后者间接地实现了强制的目的，因为其规定被划为洪水风险区的社区只有加入国家洪水保险计划才可以在洪灾发生时获得联邦政府提供的救援，并获得银行私人贷款。1994年和2004年的《国家洪水保险改革法案》以及2007年的《洪水保险改革与现代化法案》都不断对国家洪水保险计划进行改革和完善。

（2）新西兰巨灾保险。

从运行模式方面来说，新西兰巨灾保险采取的是政府主导的模式。新西兰由于其地质构造特征长期受地震灾害风险的困扰，因而很早便建立起了地震保险制度。新西兰的地震保险有较高投保率，在地震灾害风险治理中起到了重要作用。

从运营机制方面来说，新西兰政府出资筹建了地震委员会（EQC），作为负责地震保险经营及自然灾害风险防治的专业机构，其职能包括在全国范围内统筹运营地震保险、管理地震保险基金、研究地震风险并进行风险控制及防范。新西兰的地震保险以火灾保险附加险的形式运营，并且是强制投保的。其地震保险保费不区分等级，均为保险金额的0.2%，同时只保土地和住宅，家庭财产不包含在内。除了地震风险，新西兰还面临着其他自然风险，比如海啸、暴风雨、洪水、火山喷发等。随着地震保险的发展，其保险责任也在不断扩展，除地震风险之外其他大的自然风险也逐渐被囊括在保障责任范围内。商业保险公司主要扮演EQC的代理商的角色，代收保费，扣除必要的代理手续费后全部缴入自然灾害基金，基金由EQC管理。新西兰的损失分摊机制分为多个层次，如图13-2所示，主要由底层的保险赔付、再保险层和政府兜底三大部分组成。

顶层：政府兜底（无限赔偿责任）
再保险层（超过20.5亿新西兰元）：巨灾保险基金（至殆尽）
再保险层（7.5亿~20.5亿新西兰元）：超额损失保险合约
再保险层（2亿~7.5亿新西兰元）：再保险人（损失的40%）、EQC（损失的60%，不超过2亿新西兰元）
底层（0~2亿新西兰元）：EQC

图13-2 新西兰地震保险损失分摊机制

从法律法规方面来说，为了使地震保险制度有法可依，1944年《地震与战争损害法案》颁布，而后这一法案不断被完善，保险责任也逐渐从地震风险扩展至更多自然风险，更加贴合实际需求。

2. 市场主导模式——以加利福尼亚州地震保险、英国洪水保险为例

（1）加利福尼亚州地震保险。

从运行模式方面来说，美国加利福尼亚州（简称"加州"）地震保险采用的是市场主导模式。西海岸是美国地震灾害的主要发生地，故而美国的地震保险主要在西海岸一些州开展，其中最具代表性的是加州。1994年之前，加州地震保险完全采用市场化经营模式，由商业保险公司负责，但是巨额赔付以及潜在的巨灾风险使得不少商业保险公司减少甚至停止地震保险的相关业务，造成地震保险供给不足。1996年加州地震局（CEA）正式成立，成为加州地震保险的经营主体，利用市场机制运营。

从运营机制方面来说，CEA是经营加州地震保险的专业化机构，由17家商业保险公司共同出资设立，并由加州政府特许经营，作为特殊法人以公司化组织的形式存在。加州地震保险投保自愿，供给强制，居民可以选择任意一家在加州有住宅保险业务的公司参保。就CEA的运行模式而言，参与CEA设立的保险公司的义务包括根据市场份额提供资金，并能够在地震灾害发生后为保险赔付提供资金支持，如此风险便可以在这些保险公司之间进行分散，同时它们还可以利用丰富的核保理赔经验为CEA提供相关方面的服务，从而获取一定的收入。CEA提供的地震保险采用差别费率制，保险范围只包含由地震灾害所造成的损失，不包含由地震所引发的次生灾害。从CEA的风险分担机制可以看出，其采用的是商业化的运营模式，不依靠政府财政，主要通过再保险、风险证券化等金融工具来扩大自身的承保能力。CEA的损失分摊机制如图13-3所示：分为五层，第一层和第五层都是由参与CEA设立的商业保险公司进行分摊，中间几层由地震赔偿基金、再保险公司以及政府公债负责偿付。

> 第五层（85亿美元及以上）：摊派给商业保险公司，不超过20亿美元
>
> 第四层（60亿~70亿美元或85亿美元）：CEA发行10亿美元或15亿美元额度的政府公债
>
> 第三层（40亿~60亿美元）：再保险公司
>
> 第二层（10亿~40亿美元）：地震赔偿基金的经营盈余，不足时摊派给保险公司
>
> 第一层（0~10亿美元）：商业保险公司

图 13-3 加州地震保险损失分摊机制

从法律法规方面来说，早在1985年就有法律对地震保险的供给做出了强制，但是自从1989年和1994年加州发生了两次大地震之后，保险公司不再愿意提供地震保险，供需出现严重不平衡。为了解决这一问题，加州于1996年通过了加州地震保险法，确保了CEA的建立，自此奠定了其市场化地震保险机制的基础。

（2）英国洪水保险。

从运行模式方面来说，英国巨灾保险采用了市场主导模式，其巨灾风险治理最初的重点主要在于建立一些防灾减损的基础设施等方面，然而随着时间的推移，一些重大自然灾害发生之后，以前的治理措施在巨灾损失面前便显得远远不够，自然而然地，巨灾保险成为巨灾风险治理的重要手段。

从运营机制方面来说，英国所面临的最主要的巨灾风险为洪水风险，故洪水保险是英国巨灾保险中极其重要和最具代表性的一种。洪水保险以财产保险的附加险的形式开展，保险公司自行决定费率以及免赔额，根据各自的经验数据计算精算公平的费率，投保也是自愿的。投保人在保险公司购买巨灾保险，保险公司将部分巨灾风险分散给再保险公司，这样便可以利用发达的再保险市场将巨灾风险充分分散，承保能力得到极大提升。政府虽然不参与巨灾保险的运作，但是通过推动风险分析及预警机制和防灾基础设施的建设来进行巨灾风险的治理，为洪水保险的顺利推行打下了基础。

从法律法规方面来说，不同于其他国家，英国并未就洪水保险进行专门立法，而是由保险人协会促进规范巨灾保险经营，政府与保险人协会签订洪水保险合作协议，同时保险人协会2002年颁布的《洪水保险供给准则》，规定了洪水灾害保险制度的运作机制和再保险等风险分散机制。

3.市场与政府合作模式——以日本地震保险为例

从运行模式方面来说，日本巨灾保险主要采用市场与政府合作模式。日本所面临的巨灾风险主要是地震风险，日本地震再保险公司（JER）是负责日本地震保险业务的专业机构，其由商业保险公司和日本政府共同参与设立，全权负责地震保险及再保险的运作。日本巨灾保险并不像美国洪水保险那样由政府完全主导，也不像英国那样完全依靠市场的力量，而是由保险公司、再保险公司以及政府三方共同负责，不强制投保，且以不营利为准则。

从运营机制方面来说，日本地震保险由JER负责经营，各商业保险公司进行参股，整体上采取的是两级再保险模式。考虑到地震保险具有较强的公共属性，其费率制定遵循不盈不亏的原则，且采用差别费率制，从而使得保费维持在较低的水平。日本地震保险的保险责任不仅包含地震灾害所带来的直接损失，也包含由地震引发的次生灾害所带来的损失，而且不仅保住宅，也保家庭财产，保障内容较为全面。其以附加险的形式出现，原来是强制附加，目前可以由人们自愿选择是否附加。其风险分担机制及赔付模式总体上是两级再保险模式，投保人向保险公司购买地震保险，保险公司再将所有保险业务先分出给JER，这便是一级再保险；经JER统筹分析与评估之后，再将所有风险分回给日本政府以及保险公司，这就是第二级再保险。可以看出在这种模式下，政府和保险公司共同承担了巨灾风险。如图13-4所示，保险赔付责任分为三个层次，层次越高，政府承担的责任越多，且最大赔付限额是 117 000 亿日元，而当损失超过最大赔付限额时，则按照限额与损失的比例进行赔付。

> 第三层（1 537亿~117 000亿日元）：政府95%，商业保险公司5%
> 第二层（871亿~1 537亿日元）：商业保险公司和政府各承担50%
> 第一层（0~871亿日元）：商业保险公司

图 13-4　日本地震保险损失分摊机制

从法律法规方面来说，日本于1966年通过了《地震保险法》，确立了日本地震保险由政府和保险公司共同经营的制度。之后随着地震保险的开展，逐渐积累了丰富的经验，原来法律中不足的地方也逐渐显现，故又对法律里的相关条款进行了不断完善，比如规定政府每年需要规划财政预算来进行准备金提取，并且需要对业务进行回溯测算以重新确定赔偿限额。

4. 总　结

表 13-1 是对以上国家巨灾保险制度的总结，不同国家的保险业发展各异，同时基于对各自国情的考虑，采用了不同的模式，而不同模式下的巨灾保险制度各有优劣。

表 13-1　部分国家巨灾保险制度一览表

国家	巨灾保险品种	基本运行模式	强制/自愿	单独/附加险	主要机构	风险分担机制
美国	美国洪水保险	政府主导	对洪水风险区强制	单独	FEMA，FIMA：负责保险产品设计及洪泛区管理政策	巨灾保险基金，无再保险，政府提供最终保障
新西兰	新西兰巨灾保险	政府主导	强制	火灾保险附加险	EQC：负责整个国家包括地震保险在内的巨灾保险的统筹运营	EQC、再保险、巨灾保险基金、政府承担最后的无限赔偿责任

续表

国家	巨灾保险品种	基本运行模式	强制/自愿	单独/附加险	主要机构	风险分担机制
美国	加州地震保险	市场主导	自愿（强制供给，自愿投保）	单独	CEA：专门管理加州的地震保险事务	商业保险公司、巨灾保险基金、再保险公司、政府公债
英国	英国洪水保险	市场主导	自愿	家庭财产保险、企业财产保险的附加险	保险人协会：与政府签订洪水保险合作协议，公布《洪水保险供给准则》，起到指导规范作用	商业保险公司、再保险公司
日本	日本地震保险	市场与政府合作	自愿（强引导）	火灾保险附加险	JER：负责地震巨灾保险的再保险经营管理工作，两级再保险模式便围绕其展开	商业保险公司、政府

像美国洪水保险、新西兰巨灾保险这样的政府主导模式的优势包括如下三方面：一是政府提供最终保障可以解决商业保险公司在发生巨灾损失后偿付能力有限的问题，政府的参与也有效解决了供给不足的问题；二是在政府主导下，通常采取强制化方式，这样可以有效减少逆向选择问题，便于在国家层面进行统筹，让风险在国家层面得到充分分散；三是由政府设立的机构如FEMA、EQC进行统筹管理，使得各方能够更高效地进行协作，相关职能的高度集中、明确的责任分工也使其执行效率大幅提高。但是，这一模式也存在着如下两方面的劣势：一是政府承担最终保障的责任，这种兜底式的无限责任使得政府财政面临巨大压力，特别是当巨灾损失非常大以至于超出了保险公司和再保险公司以及巨灾保险基金的承受能力时，政府财政将面临极大的赤字风险；二是在政府主导下，相比于利用市场力量，容易出现

效率低下、活力不足的问题。

像加州地震保险、英国洪水保险这样的市场主导模式，对于保险市场与再保险市场发展的成熟程度有较高要求，其优势主要有两方面：一是利用市场机制来分散巨灾风险，避免了政府财政赔穿的风险；二是由商业保险公司经营巨灾保险，通过一定的市场竞争可以促使保险公司发挥其自身的经营优势，开发出更符合市场需求的巨灾保险产品，使巨灾保险运营也更有效率。但是其劣势也较为明显，主要包括如下两方面：一是在巨大灾害面前，市场的承受能力毕竟有限，如果完全依靠市场力量，而没有政府的参与，那么巨灾损失对市场造成的巨大压力及一系列连锁反应极易对经济产生不良影响，甚至影响国家的经济稳定；二是完全依赖市场，没有政府补贴的支持以及不盈不亏原则的设立，保费容易偏高，会降低人们的投保意愿，不利于风险的分散，也不利于人们获得充足的保障。

像日本地震保险这样的市场与政府合作模式的优势有以下两方面：一是同时利用市场和政府的力量来分散巨灾风险，使得相同情况下任意一方的压力相对减小，有利于政府制定财政预算并更高效地利用资金进行救灾；二是在一定程度上兼顾了效率与公平，不仅发挥了市场的优势，同时政府的参与也极大地助力了巨灾保险对于风险的分散和承接，有利于经济稳定。但其劣势体现在任何一方都不是主导方，可能在形成统一意见和对策的过程中效率较低。

二、我国巨灾保险制度发展现状

（一）我国巨灾保险制度发展历程

我国巨灾保险制度的发展经历了从萌芽到探索的阶段，如今各地都陆续开展了巨灾保险的实践。

1. 萌芽阶段（1951—2007年）

在这一阶段，巨灾保险的形态还非常初级，仅仅是对于地震风险的承保，同时巨灾保险业务还极其不稳定，屡次在开办与停办之间徘徊。1951年颁布的《财产强制保险条例》将地震纳入财产保险的保险责任，以便在地震灾害发生概率较大的地区开展农业地震保险业务。

1979年，随着国内保险业务逐渐恢复，地震保险也逐渐重新开展，大部分企业财产保险、汽车保险、农业保险以及工程保险都将地震所造成的相应财产损失纳入了保险责任范围。虽然这时包含地震保险的财产保险的保费并不高，但是受保险业整体发展还处于初级阶段、人们的保险意识还比较薄弱的影响，此时我国的地震保险业务并没有得到很大的发展，普及度较低，业务量较少。

到了1996年，随着《财产保险基本险》和《财产保险综合险》的颁布，地震责任不再包含在财产保险责任中，而是被纳入责任免除的范围，这是由于当时的巨灾保险开展经验欠缺，没有积累充足的经验数据，精算基础也比较薄弱。1998年中国保险监督管理委员会（简称"保监会"）成立，开启了对保险业务进行专业监管的时代。不久保监会便出台了《关于企业财产保险业务不得扩展承保地震风险的通知》，又专门对保险公司在开发产品时不得随意扩展地震责任以及再保险公司不得接受分入相应保险业务做出了严格的规定，对于个别情况要进行单独审批，这主要是出于对保险公司偿付能力的考量。但是这几项规定就相当于阻止了地震保险业务的开展。

2. 探索阶段（2008年至今）

这一阶段中国保险业积累了一定的行业发展经验，在此基础上巨灾保险也取得了一些实质性进展。一方面，在国家政策层面更加重视巨灾保险制度的建设，保险监管部门也开始组织协调各方共同推动巨灾保险制度的建设工作，另一方面，巨灾保险逐渐从理论探索和制度构建层面落实到各地具体试点的实践当中。

随着中国保险业的发展，建立巨灾保险制度的必要性也逐渐凸显，同时我国也积累了一定的保险业务开展经验，所以建立符合我国国情的巨灾保险制度逐渐被提上日程，我国保险市场也逐渐具备了一定的分散巨灾风险及进行巨灾损失补偿的能力。2008年，保监会召开了专项座谈会，召集多方力量来探讨如何建立符合我国国情的巨灾保险制度。2008年5月，汶川地震所造成的经济损失大概为8 000多亿元，而当时相关的保险赔付只有20多亿元，占比约为0.2%，可以看出与损失相比，保险赔付显得微不足道。在这一时期加快巨灾保险的发展，让巨灾保险在我国巨灾风险治理体系中充分发挥积极作用成为保险业的重点任务。

2013年11月中共中央《关于全面深化改革若干重大问题的决定》明确提出"完善保险经济补偿机制，建立巨灾保险制度"。紧接着，2013年12月，《深圳市巨灾保险方案》通过，这标志着深圳市率先开始了建立巨灾保险制度的尝试。2014年，在李克强总理所做的政府工作报告中，再一次提到了"探索建立巨灾保险制度"。随后国务院《关于加快发展现代保险服务业的若干意见》出台，其中指出"围绕更好保障和改善民生，以制度建设为基础，以商业保险为平台，以多层次风险分担为保障，建立巨灾保险制度"。

地震风险是我国面临的最主要的巨灾风险之一，故以此为突破口，2016年保监会和财政部联合印发《建立城乡居民住宅地震巨灾保险制度实施方案》，第一次针对建立巨灾保险做出了较为详细的规定。和以往巨灾保险只是在其他财产保险中作为一个附加险出现不同，这时巨灾保险被提升到了制度的层面。从该方案中可以看出我国巨灾保险采用的是市场与政府合作的模式，由中国保险行业协会发布地震巨灾保险的示范条款，可为主险也可为附加险。我国城乡居民住宅地震巨灾保险分层机制如图 13-5 所示，其中地震共同体是由多家财产保险公司共同发起成立的，共同开发标准化的地震保险产品；地震巨灾保险专项准备金按照保费的 15% 提取，跨年积累而成。如果采取紧急资金安排之后，资金仍无法完全覆盖损失，则进行赔付比例回调，以现有的赔付资金总和为限，按其与实际损失的比例进行赔付。

| 顶层：紧急资金安排（财政支持、巨灾债券等） |
| 第三层：地震巨灾保险专项准备金 |
| 第二层：再保险公司 |
| 第一层：地震共同体 |
| 免赔额：投保人自留 |

图 13-5　我国城乡居民住宅地震巨灾保险分层机制

（二）我国巨灾保险制度现状分析

从我国的巨灾风险来看，如图 13-6 所示，我国每年的自然灾害直接经济损失额较高，且具有一定的波动性，而其中地震灾害造成的直接经济损失占比较低。我国幅员辽阔，有多种自然灾害，单个灾害所造成的损失占比不大，但是总损失大。受灾人口和人员伤亡整体上呈现下降趋势，但是数字依然较大，2020 年自然灾害受灾人口约为 1.4 亿人次（见图 13-7）。

由于我国幅员辽阔，巨灾风险还呈现出分布地域广且各地自然灾害风险状况差异大、灾害情况复杂的特点。我国西部和华北地区地震灾害频发，东南沿海地区台风灾害频发，而华北平原、长江中下游平原等地区洪涝灾害较易发生，东北、华北平原等地区则容易发生旱灾，西南地区易发生山体滑坡及泥石流。同时，根据《灾害的代价

2000—2019》，从 21 世纪以来，我国是全球发生自然灾害事件最多的国家。我国国土面积广大，地质和气候类型众多，故而我国自然灾害发生频率较高，总体上高于全球平均水平，而且由于我国人口密度相对较大，自然灾害风险造成的损失通常也较大。所以，巨灾风险管理对于我国来说尤为重要。

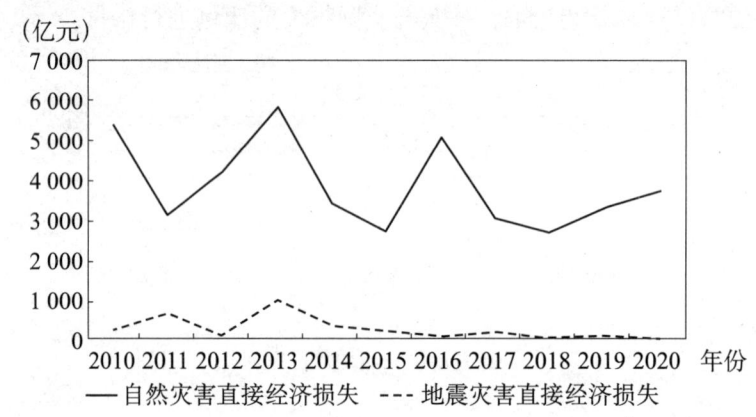

图 13-6　2010—2020 年我国自然灾害及地震灾害直接经济损失

资料来源：国家统计局。

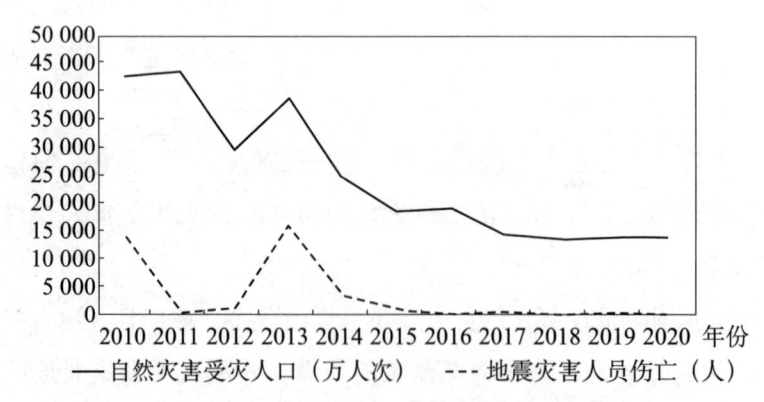

图 13-7　2010—2020 年我国自然灾害及地震灾害受灾人口

资料来源：国家统计局。

第十三章 巨灾保险制度

1.我国巨灾保险制度试点

我国巨灾保险制度仍处于初期探索阶段，很多地方都开展了试点，也积累了宝贵的经验。表 13-2 是目前一些具有代表性的试点地区的巨灾保险开展情况。目前试点地区基本都采取了"政府主导，市场运作"的基本思路来开展巨灾保险，可以看到如上试点地区，除了四川省财政提供 60% 的保费补贴之外，其余试点地区均采取了完全由政府出资来购买相应巨灾保险的方式，并且由多家保险公司所组成的"共保体"①或保险公司来经营巨灾保险并承担保险责任。由于各地区所面临的巨灾风险种类不太相同，各地区巨灾保险所涵盖的责任范围具有一定的地方特色。从风险分担来看，主要是由"共保体"或保险公司与再保险机构来进行赔偿，而针对超过限额的部分，有些试点地区建立了巨灾保险基金来进行赔偿。下面将分别对这几个试点地区的巨灾保险开展情况进行介绍。

表 13-2 巨灾保险试点情况概况

地区	筹资	保险责任	风险分担机制	政府作用
深圳市	政府出资购买巨灾救助保险	保险覆盖了地震、台风、暴雨、海啸、雷击、洪水、泥石流等16种灾害及其引发的次生灾害所造成的人身伤亡费用、住房损失费用、紧急转移安置费用、灾后人员生活费用	共保体、巨灾基金、再保险机构	购买巨灾保险服务，建立巨灾保险基金
云南省	省、州、县三级政府财政全额承担（承担比例：省级60%、州县级40%）	震级触发型地震指数保险以保地震农房损失为主，同时承担死亡赔偿，保险赔款中不超过30%的资金可用于灾区基础设施恢复重建	共保体、再保险机构	出资购买保险，保费纳入财政预算

---

① 共保体由多家保险公司共同组成，通常有一家首席保险承保机构，并辅以其他多家保险承保机构。

续表

地区	筹资	保险责任	风险分担机制	政府作用
黑龙江省	政府出资向保险公司购买巨灾指数保险产品	农业财政巨灾指数保险包括干旱指数保险、低温指数保险、降水过多指数保险、洪水淹没范围指数保险四个险种	阳光农业相互保险公司、瑞士再保险公司	作为投保主体及被保险人出资购买保险
四川省	个人投保与财政补贴相结合（城乡居民按照基本保额参保时，由投保人个人承担保费的40%，各级财政提供60%的保费补贴），对于特殊群体则由财政全额出资	主要覆盖地震及相关次生灾害所造成的城乡居民住宅损失费用（包括洪水地质灾害、泥石流、崩塌、突发性滑坡等）	保险公司、再保险机构、地震保险基金	补贴保费，出资启动四川省地震保险基金
宁波市	政府出资向保险公司购买巨灾保险	以自然灾害为主险（包括人身伤亡赔付与住房倒损赔付），还有突发公共安全事件保险（包括人身伤亡赔付及救灾安置救助赔付）、突发公共卫生事件保险及见义勇为保险（均为人身伤亡赔付）	共保体、巨灾风险准备金、巨灾保险基金	出资购买保险，为巨灾保险基金出资

深圳市开展巨灾保险试点的时间比较早，而且在这一过程中结合具体的实践经验不断地对巨灾保险方案进行完善。截至2021年，深圳市巨灾保险共救助5 287人次，共支付理赔款1 630万元。依据积累的历史经验数据，深圳市巨灾保险年均保费支出从原来的3 000多万元降至2 000多万元，而且保障范围在不断扩大，也就是说，政

府目前可以通过每年 2 000 多万元的保费支出撬动约 20 亿元的保障额度。

云南省本来就易发生地震灾害，再加上当地一半以上的农房是土木结构，发生地震时更易受到损害。2015 年全国首个政策性农房地震保险试点在大理白族自治州正式启动，"大理方案"采用震级触发型地震指数保险，承保了约 82.4 万户农房，不同震级对应从 2 800 万元到 42 000 万元不等的赔偿限额，同时设置年累计赔偿限额。2021 年，云南大理白族自治州漾濞县发生地震，在震后不到一天内便收到了 4 000 万元的保险赔付。每年政府的农房地震保险保费支出约为 3 215 万元，全州可以获得 5 亿元的保障，其中，农房损失和人员身故部分分别为 4.2 亿元、0.8 亿元。

黑龙江省是我国最重要的商品粮生产基地，2007 年当地农作物遭受旱灾，直接经济损失高达 164.46 亿元，而 2013 年洪涝灾害导致的直接经济损失高达 200 亿元。2016 年，黑龙江省农业财政巨灾指数保险试点正式启动运行，包括应对干旱、低温、降水过多、洪水淹没的四个险种，为黑龙江省多个县提供了农业财政巨灾指数保险保障。该指数保险应用卫星遥感技术进行相关指数的监测。2016 年，黑龙江省财政厅为四个险种支付的总保费为 1 亿元，提供的巨灾风险保障约为 23.24 亿元。截至 2016 年 11 月末针对干旱、低温以及降水过多的灾害，共赔付 7 224.85 万元，而其对应的干旱指数保险、低温指数保险、降水过多指数保险投保保费共计 6 397.40 万元，赔付率为 112.9%，洪水淹没范围指数保险保费共计 2 003 万元，没有发生与该险种对应的损失及赔付。

四川省是我国地震发生频率最高的省份之一，2015 年《四川省城乡居民住房地震保险试点工作方案》出台，2017 年进行了相关调整，发布了《四川省城乡居民住宅地震巨灾保险工作方案》。同时，除了上述地震保险之外，四川省也开发了其他与巨灾风险有关的保险，主要有三种：第一种是财政巨灾风险救助保险，该险种试点县由财政全额支付保费200万元，累计保额已达5 000万元；第二种是巨灾指数保险，该险种试点县由财政全额支付保费290万元，累计保额达1.42亿元；第三种是农村居民住房保险，在成都进行试点，保费由市级政府、区级政府和农户按比例分摊。四川省的巨灾保险向困难群众、贫困地区倾斜。

宁波市是滨海城市，易发生暴雨、台风等自然灾害。从2014年底开始，宁波市以每三年为一个周期实施巨灾保险政策，在这一过程中根据实际情况对保险责任进行扩展、对政策进行不断完善，目前实施的是第三轮方案，即《宁波市公共巨灾保险工作实施方案（2021~2023年）》。其损失分摊机制比较具有特色（见图13-8）：首先利用共保体当年实收保费进行赔付；若不够，再用巨灾风险准备金赔付，但是以当前承保期的准备金累积额为限，不能用之前轮次承保期的风险准备金结余。风险准备金主要由两部分构成：一部分是对每年保费按照不低于20%的比例进行的计提；另一部分是视当年的赔付情况，按照承保机构盈余的一定比例进行的计提。第一层和第二层负责公共巨灾保险赔付限额以内的损失补偿，而超过限额的部分由巨灾保险基金（不含风险准备金）负责，巨灾保险基金的来源主要包括财政投入、投资收益、慈善组织和社会捐助资金等。

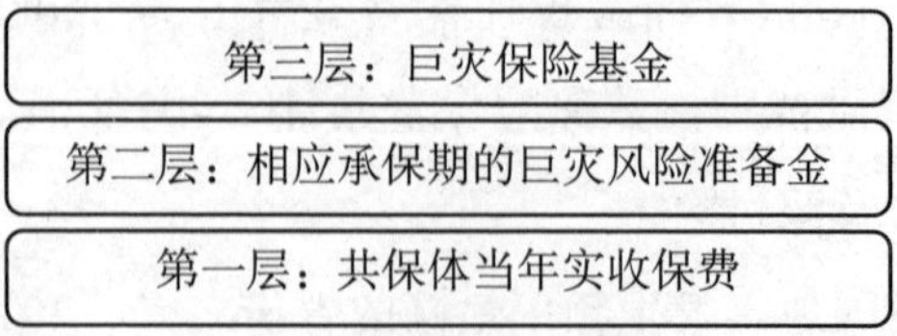

第三层：巨灾保险基金
第二层：相应承保期的巨灾风险准备金
第一层：共保体当年实收保费

图13-8 宁波市公共巨灾保险损失分摊机制

2.我国巨灾保险制度发展经验总结与存在的问题

通过试点,我国巨灾保险制度发展得到的经验有如下几个方面:

第一,试点地区均采用了市场与政府合作模式,政府出资购买保险或进行保费补贴,由保险市场进行承保和运作,为居民提供巨灾风险保障。这种模式将不确定性大且通常数额巨大的用于事后救灾的财政资金支出转化为稳定的较为确定的事前固定保费支出,这样有利于减轻财政支出的压力,减小灾害对财政的冲击,更有利于财政预算的平衡,使得财政资金得到更有效率的运用。

第二,巨灾保险主要由保险公司和再保险公司进行经营,这充分发挥了保险机构的专业性与积极性。一方面,它们可以在事前发挥其在防灾减灾方面的专业作用,比如利用巨灾信息大数据平台分析灾害的分布和趋势等,像中国再保险股份有限公司开发的地震巨灾模型和中国台风巨灾模型,对提升我国的巨灾风险治理能力有着重要的作用。另一方面,它们可以在事后及时进行保险赔付,并提供专业的巨灾保险理赔服务,比如巨灾保险试点地区通常会将与灾害相关的财产损失和人员伤亡费用以及灾后人员安置费用等纳入赔付责任范围,从而使受灾群众得到较为全面的保障。

第三,巨灾指数保险通过指数的合理设计可以防范道德风险,同时其具有便于快速理赔的优势。比如,一方面,云南大理白族自治州震级触发型地震指数保险的保险赔付的判定标准并非实际损失,而是震级大小,可以通过减少勘损等各环节的费用来节省成本。此外,震级大小一公布,保险机构就能够立即按标准赔付,从而提升理赔效率。另一方面,巨灾指数保险在一定程度上可以预防道德风险,对人们主动减灾减损起到一定的正向引导作用。

同时,试点中也暴露出了如下几方面的问题:

第一,保费来源单一且较大程度依赖于地方财政,不利于经济较

- 249 -

落后地区巨灾保险的持续发展。例如，云南省农村经济发展较为落后，财政资金存在缺口，然而其地震保险保费全部由省、州、县三级政府财政承担，如果一直采用这种方式，云南省财政资金缺口将进一步扩大，难以在缺少中央财政支持的条件下继续试点。

第二，试点范围小，无法有效分散风险。为分散风险，地震保险应在时间、空间以及灾害种类的维度进行风险的分散和平滑。而当前各巨灾保险试点区域小、试点时间短、承保灾害种类单一，难以全面分散风险，万一巨灾超预期发生，保险机构将承担大额损失，从而打击其承保积极性，进而遏制巨灾保险的推广。

第三，相关政策不完善，试点难以深入发展。现在关于巨灾保险仍然缺少相关法律法规。由于我国的巨灾风险管理并没有分散风险，各试点地区的巨灾风险只能通过保险业的自身机制分散，这对保险业而言是很大的风险，会影响巨灾保险的进一步发展。

第四，虽然巨灾指数保险产品存在优势，但是我国保险业仍面临着如何利用相应技术对大量基础数据进行有效分析并因地制宜设计出满足各地巨灾风险保障需求的保险产品的挑战，比如指数和阈值应该如何设定才能尽可能降低基差风险。由于各个地区的气候条件、作物类型、地质构造等不同，通常无法设定统一的标准，需要根据具体情况进行定制化设计，这就在技术层面增加了难度。

第五，市场作用并未得到充分发掘，且政府所应该起到的统筹安排及出台相应配套政策的作用目前也尚未充分发挥。我国巨灾保险发展起步较晚，人们的巨灾保险意识不强，发展基础较弱，巨灾保险市场还有待完善；同时，政府统筹待加强，相关政策待完善。现在无论从巨灾保险的投保普及率，还是从灾害发生后巨灾保险所承担的赔偿额度来说，巨灾保险的发展都处于一个尚不成熟的阶段。目前中国由巨灾导致的经济损失中只有约10%可以得到巨灾保险的补偿。和 30%～40% 的世界平均水平相比，我国仍存在较大的巨灾保障缺口。

三、我国巨灾保险制度的完善

在运行模式层面，目前各试点地区主要采用了市场与政府合作模式，可以发挥市场与政府各自的优势。但是目前保险公司所发挥的市场机制作用仍有待加强，政策支持也有待进一步加强与规范。同时，巨灾保险试点目前零散地分布于各个地区，应继续扩大试点范围，拉长试点的时间长度，丰富试点内容，同时应平滑保险业经营风险，帮助更多人抵御巨灾风险，推动发展巨灾保险[①]，并为进一步国家层面的统筹做准备。在运营机制层面，我们提出以下几个可能的改进方向。

1. 为经济发展较落后地区争取中央财政补贴。

对于经济发展较落后的地区，其地方财政资金缺口较大，难以为巨灾保险保费提供充足资金。为解决保费掣肘问题，可以考虑给予中央政策支持和财政补贴，从而保障巨灾保险可持续发展。

2. 丰富巨灾风险对冲工具，增强巨灾风险应对能力

进一步整合社会资源，探索利用巨灾债券等工具将风险证券化，借助资本市场来化解巨灾风险。2020 年全球巨灾债券总发行规模达到 164 亿美元，市场总体存量为 463.60 亿美元，与 1997 年相比增长了将近 60 倍。而我国巨灾债券起步较晚，2021 年 10 月 1 日，我国在香港成功发行了首只巨灾债券，发行规模为 3 000 万美元，期限为一年，主要针对的是中国台风风险。

---

① 曹光中. 地震保险试点调查. 中国金融，2016（17）：70-71.

3. 丰富巨灾保险产品设计，优化保险服务

充分利用现代化技术如人工智能和数据分析技术，对巨灾风险及其发生规律进行精准量化与分析，从而助力巨灾保险产品的创新，比如因地制宜开发巨灾指数保险，充分发挥指数保险在防范道德风险、提升理赔效率方面的作用，更好地满足我国的巨灾保障需求。建立巨灾保险数据平台，深化保险与相关部门如应急管理局、气象局、国土资源部等部门的合作，整合有关巨灾风险和巨灾保险的各项数据，实现各部门数据联动，便于进一步认识和分析巨灾风险，为巨灾预警与防范以及巨灾保险的顺利开展奠定基础，为防灾减损提供思路。

4. 逐步扩展各地巨灾保险的保险责任，将人为灾害风险也普遍纳入巨灾保险的责任范围

目前各个试点地区所开展的巨灾保险业务主要都是针对当地最典型的自然灾害风险，而承保人为灾害风险的经验还十分欠缺。我国作为一个人口大国，不仅在面临重大自然灾害时会遭受极大损失，在公共安全事件发生时也会面临较大损失。宁波市试点将突发公共安全事件所造成的人员伤亡也纳入巨灾保险的责任范围，这是一个有益的尝试，未来可以借鉴宁波市试点的经验，在更大的范围内开展这类业务，使得巨灾保险保障更为充分。

5. 完善巨灾保险配套政策

一方面，要从全国层面对巨灾风险准备金的计提与积累提出具有可操作性的实施办法。目前来说在城乡居民住宅地震巨灾保险的实施办法中提出了要按照保费的一定比例来建立巨灾保险专项准备金，跨年积累，用于大灾年份的赔付。只有跨空间和时间甚至是灾害种类进行准备金的计提，才能更好地达到充分分散风险以及平滑巨灾保险赔付的目标，故将准备金计提政策在国家层面上进行统一和完善十分重要，同时可以采取优惠性的政策比如税前列支等来支持准备金的

第十三章　巨灾保险制度

计提。

另一方面，设立全国性巨灾保险基金，出台相关政策对巨灾保险基金的筹集和积累、管理机构以及管理办法做出具体规定。目前巨灾保险基金并没有在各试点地区普遍设立，而巨灾保险基金可以作为统筹协调和管理国内外社会捐赠的平台，并能提高巨灾保险的偿付能力，进一步提升对巨灾风险的承担能力，所以建立完善的巨灾保险基金制度十分有必要，是建立多层次风险分担体系中不可缺少的一环。

6.需要加快推进巨灾保险立法

巨灾保险是一种准公共品，单凭市场的力量会出现市场失灵，对相关法律法规具有较强的依赖性。发达国家基本都出台了相应的法律法规以规范相应的巨灾保险制度，而我国目前在国家层面出台的相关规范文件还很少，只有《建立城乡居民住宅地震巨灾保险制度实施方案》，还没有专门针对巨灾保险的法律法规。随着巨灾保险试点经验的不断积累，可以逐渐在国家层面做出进一步统筹，梳理各地巨灾保险制度建立所需的政策支持以及法律保障，从而为国家出台有关巨灾保险制度的相关条例奠定基础，使得巨灾保险制度有法可依，实现可持续和规范的发展。

第十四章
完善中国特色保险制度的建议

政府与市场的关系是经济学人关心的永恒话题，即便是纯正的自由市场经济的拥趸者也无法回避市场失灵，而政府在经济社会发展中也有其不足之处。如何协调二者关系以保障社会运行目标的实现成为理论与实务工作者共同关注的话题。党的二十大报告明确中国特色社会主义最本质的特征是中国共产党领导，坚持党中央集中统一领导是最高政治原则。党的二十大报告强调："坚持以人民为中心的发展思想。维护人民根本利益，增进民生福祉，不断实现发展为了人民、发展依靠人民、发展成果由人民共享，让现代化建设成果更多更公平惠及全体人民。"我国广大保险从业人员顺应中国特色社会主义市场经济的要求，在保险业对政府与市场的关系进行了长期艰苦的探索与实践，形成了中国特色保险制度，并将在今后继续探索完善中国特色保险制度。

一、人民利益主导的政府与市场的机制协同

探索政府与市场关系的目的是实现一个社会经济运行的根本目标，这个话题实际包含着两个议题：一是确立社会经济运行的目标，

第十四章　完善中国特色保险制度的建议

二是如何协调政府与市场的关系。坚持以人民为中心的发展思想体现在经济社会发展的各个方面。中国特色保险制度首要的特点就是以人民利益为主导。在保险业实践中，要努力规避市场失灵与政府失灵两大陷阱，实现人民利益主导的政府与市场的机制协同。

（一）市场机制及市场失灵在保险中的体现

1. 市场的诞生与内涵

协作、分工、交换，人类用劳动的方式维持着发展和延续，市场经济与商品交换是一枚硬币的两面，当生产资料或者物品转化为商品形态——为了增值的形态时，市场经济就由此诞生了。

市场包含时间和空间两个维度，是商品流通和交换的场所。空间即商品交换的具体场所，线上虚拟市场同样是市场的一部分。在一定程度上，时间是空间变化的度量。

同时，市场也指所有商品交换关系的总和。市场机制自诞生以来，并不只是交换商品的一个手段，而是供养和保持全社会的一种机制。[1] 弗里德曼（Milton Friedman）曾对市场机制的功能做出经典论述[2]，他以一支铅笔为例，探究市场机制（即价格体系）如何传递信息、产生激励（在现有的资源约束下以较少的成本获得最高的价值）以及决定收入的分配。人们以价格指导自己的行为并做出正确的反应，最终在一定程度上形成均衡。

我们跳出弗里德曼对市场机制的功能的论述，从市场机制的结果转向市场运转本身来理解市场机制就会发现，这种机制背后是价格与供求的耦合，以及不同市场主体的竞争过程。关键的不同在于后者，即竞争过程。从供给角度来看，厂商之间无疑具有竞争性，而同一厂

---

[1] 海尔布罗纳. 几位著名经济思想家的生平、时代和思想. 北京：商务印书馆，1994.
[2] 参见弗里德曼. 市场机制与计划经济. 科技导报，1981（3）：10-15.

— 255 —

商的各个部门、同一条生产线的不同环节之间也具有竞争性，它们在原料使用、人力分配等方面都希望实现成本最小化。除此之外，在开放经济条件下，国际竞争机制更加复杂，市场需求不断拓展深化。

2. 市场失灵的表现

在自由市场的神话逐渐破灭的背景下[①]，市场失灵理论逐渐走向完善。市场失灵就是对帕累托最优状态的偏离，根本原因在于，市场主体的利益是多元化的，而每个理性人都会做有利于自身利益的事并希望实现自身利益最大化。因此在资源有限的情况下，市场内部很难自主调节全部利益，从而出现垄断、外部性等问题。

（1）垄断。

现实中，在某些领域可能只有一家或几家企业，或者只有少量消费者，交易双方由此便形成了卖方垄断和买方垄断。垄断是市场的极端结果，企业或消费者无法自由进出，价格也由少数人决定。

垄断现象形成的原因有地理因素、政府管制、规模经济、自然垄断等，除此之外，现实中也有很多特殊行业的垄断，例如电信行业。美国的通信垄断巨头美国电话电报公司（AT&T）原先垄断了美国的电话通信业务，后来美国政府对该行业进行改革，引入一定的竞争性企业形成竞争性局面，解决规模过大带来的效率低下问题。[②]中国的电信行业也类似，我国邮电部曾经是唯一一家监督、调控和供给电信服务的政府机构，后经过一系列的市场化改革，最终在电信行业形成了三家基础电信企业，消费者获得了更大利益，电信行业也逐渐实现了

---

① 自由市场的神话破灭指"市场在资源配置中是万能的"这一论断是站不住脚的，除了亚当·斯密（Adam Smith）所说的国防、关税、法律等方面，随着现代国家的发展和经济全球化之下主权国家之间的普遍交往，经济贸易问题更加复杂，难以存在完全自由的市场，其结果也不符合处于不同发展阶段的国家的发展目标。

② 斯蒂格利茨.《经济学》小品和案例.北京：中国人民大学出版社，1998.

长足发展。

（2）公共品供给不足。

公共品是指不通过直接交换而消费的物品，具有消费上的非竞争性和供给上的非排他性，因此可能供给不足。

例如，目前我国只有上海赛伦生物技术股份有限公司生产抗蛇毒血清，其生产及保存方式较为复杂，而被剧毒蛇咬伤却属于偶发事件，生产企业难以盈利，医院难以保存血清，使得抗蛇毒血清一剂难求。为此需要政府进行调控，如以财政补贴来弥补亏损、增加这一领域的投资等。

（3）外部性。

外部性又叫外部成本、溢出效应。如果一个经济主体决策所造成的影响是使他人或社会受益的，并且受益者不需要为此付出代价，这种现象就被称为正外部性，反之则被称为负外部性。

税收与补贴是解决市场外部性的方法之一，如著名的庇古税、科斯定理等。无论是庇古税还是科斯定理，在一定程度上都是将外部性内部化的过程，将外部费用引入成本－收益的分析，从而激励或纠正买卖双方的行为，本质上是对外部性的边际价值进行定价的过程。

（4）信息不对称。

在市场经济之下，充分掌握信息的人往往占据更有利的地位，但在现实中，买卖双方都很难充分掌握信息。事前信息不对称产生的重要问题是逆向选择，一个经典的例子是"柠檬市场"；事后信息不对称往往会产生道德风险，例如购买保险后心态的变化。

（5）收入分配不均与不完善市场。

市场多元主体的利益不统一导致资源分配扭曲，收入差距两极分化成为现代国家面临的普遍状况。在市场机制的作用下，每个人的经济状况不尽相同。在罗宾逊（Joan Robinson）的分配理论里，她强调"增长不一定会使贫困减轻，反而有可能使绝对贫穷增大，即出现'富裕中的贫穷'"。为此她主张从改变利润和工资在国民收入中的相对份额入手，通过税收和社会服务等国家干预举措达到收入均等化目标，以实现平等化的经济增长。①

中国同样面临收入分配不平等问题。根据中国住户收入调查项目（CHIP）的数据，衡量收入差距的基尼系数自1985年以来有先增大后缩小的趋势（见图14-1），而在收入差距不断增大的阶段，富裕阶层增长过快（见图14-2），同时伴随着地区间和城乡间发展的巨大差异（见表14-1）。近年来收入差距有逐渐缩小的趋势，同时地区间差距增长的速率有所降低。②收入分配不平等有着重大的经济影响和相应的外部性。新冠疫情的影响使中小企业、个体经营户等低收入阶层面临着巨大的打击，不利于市场经济的发展，一旦失衡，极易引起社会动荡，使矛盾进一步激化，因此需要政府在其中发挥重要的兜底和

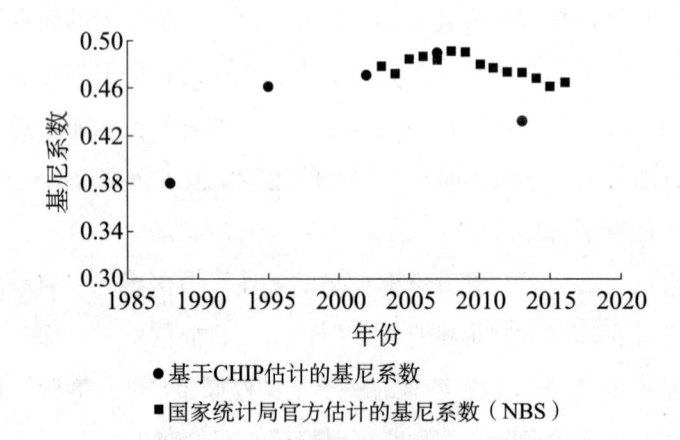

图 14-1 中国收入分配的基尼系数

---

① 王璐，王洪朋. "琼·罗宾逊的遗产"和经济学的批判与回归. 政治经济学评论，2014（1）：158-177.

② 蔡媛媛，郭继强，费舒澜. 中国收入机会不平等的趋势与成因：1989—2015. 浙江社会科学，2020（10）：13-24, 156.

保障作用，进一步完善市场的建设。

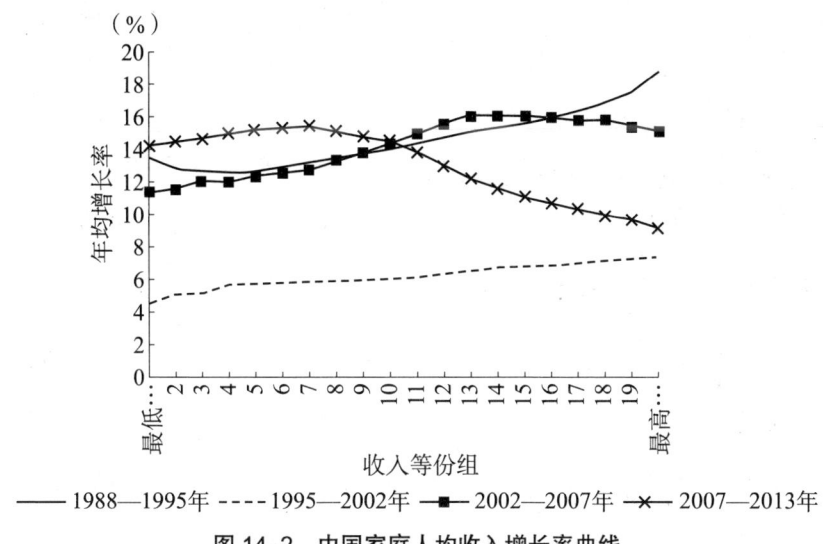

图 14-2　中国家庭人均收入增长率曲线
—— 1988—1995年　---- 1995—2002年　■ 2002—2007年　✕ 2007—2013年

表 14-1　中国地区间和城乡间收入差距比较

	1988 年	1995 年	2002 年	2007 年	2013 年
城镇 / 乡村	2.45	2.58	3.20	4.02	2.56
东部 / 中部	1.42	1.75	1.86	1.84	1.53
东部 / 西部	1.62	2.16	2.05	2.23	1.59

资料来源：蔡媛媛，郭继强，费舒澜.中国收入机会不平等的趋势与成因：1989—2015.浙江社会科学，2020（10）：13-24，156.

3.市场失灵在保险业的体现

市场失灵在保险业同样存在，以美国长期护理保险为例。

美国长期护理保险经营主体是保险公司，各地政府提供少量补贴。美国长期护理保险规模较大，主要包括医疗照顾、医疗救助及其他计划，其中，老年人和贫困人群的长期护理需求的保障较为完善，但其他人群的需求保障仍有所欠缺。

长期护理保险具有分散风险与弥补损失的功能，但即使在长期护理保险市场发展较好的美国，其市场份额依旧有限。以 2022 年数据看，美国总体健康费用支出中健康保险支出约占 68%，其中商业健康保险占 43% 左右，但长期以来护理保险收入中商业健康保险支出仅占 13% 左右。长期护理保险受制于信息不对称、交易成本高等问题，表现出市场失灵、市场不完备。这主要是由于逆向选择与道德风险的存在、保单定价的公平性难以保证等，需要政府采取一定的措施，如给予一定的税收优惠政策、公私合营。

（二）政府作用及其在保险中的体现

由于市场失灵，需要找到一个第三方，它既能参与到市场中平衡各方利益，还并不总是追求自身利益最大化，必要时它还要做出有意义的牺牲。无疑，政府能在市场运行中发挥这样的独特作用。当然，对于市场失灵，政府干预并非唯一的解决措施。在市场经济条件下，企业仍然是市场的重要主体，而政府更多的是保证市场的有效运行。

1. 政府的职能与实现手段

在市场经济条件下，政府有制度保障职能、宏微观管理职能、生产职能、"保险者"职能、政府再分配职能等。政府和市场之间是对立统一的，政府根据具体市场经济情况担当着不同的角色："守夜人"角色，即起到最低程度的保障作用、维持市场秩序；"仲裁人"角色，比如处理劳动争议、维护员工福利等；宏观管理者角色、经济引导者或促进者角色等。在不同的角色之下，政府干预市场和经济活动的手段也有所不同，大致可分为行政手段、法律手段、经济手段、说教手段、暴力手段等。

2. 政府失灵的表现

政府失灵理论并不算完善，一方面是由于西方国家政府干预较少，因此没有产生研究政府行为的需求；另一方面是由于政府行为有很强的跨学科性质，并非完全归属于经济领域。萨缪尔森（Paul Samuelson）对政府失灵的定义是：当政府政策或集体行动所采取的手段不能改善经济效率或道德上可接受的收入分配时，政府失灵便产生了。[①]

韦默（David Weimer）和维宁（Aidan Vining）将政府失灵归结为四个一般性特征的固有问题，即直接民主制、代议制政府、官僚主义供给和分权政府，从而认识到政府也不一定会推动社会发展。我们可以从以下几个维度综合地探讨政府失灵的类型和原因。

（1）公共品的过剩与无效率。

由于缺乏一定的竞争和激励机制，政府对公共品的供给可能会过剩。一方面，负担与义务的分离使得市场对公共品的需求往往被夸大，导致公共品的供给过剩。另一方面，产出的确定与度量存在难度，政府作为生产来源具有垄断性质，且现有的监督机制往往并不健全，从而产生信息不对称的情况。同时，维持公共品供给活动的收入与生产它的成本无关，政府机关没有动力降低成本，这就会引致低效率与非市场性缺陷[②]，进而导致供给过剩。

（2）公共组织的私人目标与内在性：政治家和利益集团。

公共选择理论普遍认为，社会中有经济市场和政治市场。在前者中，货币是交易媒介，生产者追求利润最大化；在后者中，选票是交易媒介，选民追求福利最大化，政治家追求权力最大化。由于关注点不同，政治家很容易做出经济上的错误决策，而政府决策的失败往往

[①] 萨缪尔森，诺德豪斯.经济学：第17版.北京：人民邮电出版社，2004.

[②] 市场与非市场组织的基本区别在于，市场组织的基本收入来自市场上出售的产品，在那里购买者决定他们要买什么或者是否要买。而非市场组织的主要收入来自税收、捐赠或其他非价格性来源。非市场活动中负担与义务分离、成本与收入分离，意味着资源的错误配置程度大大提高。

由公众承担,因此,政府组织的内部效应可能带来巨大的负外部性。

为了维护集团利益,政府还会利用自身垄断的某种权力,对市场利益进行再分配,获得一定的经济利益。但这不会创造新的社会财富,反而会扭曲资源配置甚至使之无效,可能影响政府的声誉、造成社会资源的浪费,从而导致政府失灵。[1]

(3)公共政策的外部性:社会复杂性与调节的有限性。

每种公共政策的制定都有其固有的局限性,任何一个政策的施行都受到外部环境、执行机构等方面的重要影响,总是存在着一定的随机扰动项,可能导致事与愿违的情况。调节效应具有滞后性、不平衡性、递减规律等,因此政府的干预和调节本身是有限的,只能在一定范围内和一定程度上控制和减少市场干预。随着宏观环境的变化,政策可能难以适应环境要求,负外部性也逐渐显现,政府失灵的现象便由此产生。

3.政府失灵在保险业的体现

保险与国家的民生、经济等方面有着密不可分的联系,如果在保险领域只注重市场竞争而不发挥政府作用,就会导致严重的政府失灵问题。

依旧以美国的保险市场为例,保险市场过度市场化,使得一部分人无力承担该项费用支出,无法获得其应有的保障,严重影响了社会的公平性。若保险机构仅仅追逐利润,而不对民生加以宏观考虑,就可能会产生信息成本、保险中断(最需要保险的部分人群无法投保)、进入壁垒和垄断等问题,进而导致市场失灵。政府失灵与市场失灵双重作用,就使得保险业无法充分发挥社会管理功能,全体国民无法得到保险的保障。这就需要政府进行一定的干预与控制,来促进保险业

---

[1] 张建东,高建奕.西方政府失灵理论综述.云南行政学院学报,2006(5):82-85.

的健康有序发展。

（三）充分发挥政府监管、修正市场失灵的作用

从传统意义上讲，市场供给主体就是通过满足客户的需求来获取利润的，从某种意义上讲这也是为人民服务的。为了获取超额利润，企业就得努力探索新科技，从而在一定程度上推动了科技发展与进步，符合人类发展的根本目标，所以市场经济在特定阶段是有其积极意义与作用的。但是在欧美市场经济体系下，市场经济的终极结局就是弱肉强食、赢家通吃。经济规则已经纯粹沦为资本的"打手"，成为阻碍科技发展的桎梏。可以看到市场经济在资源配置方面具有双面性，所以需要政府成为资本的对冲力量，来满足"人"的最高利益。

2020年新冠疫情暴发以来，西方国家展现了市场的塑造性力量、政府和市场的博弈过程，让我们看到了政府在处理市场问题过程中的无力感。如公共品的提供，在美国，公共健康是市场的商品而非国家利益问题，当人们对门诊、急诊产生了超乎寻常的需求时，市场传递信息、提供激励的作用却消失了，爆发性的需求导致基本医疗服务出现短缺并且无法在短期内解决，推高医疗服务费用的同时却没有可靠的融资和供给体系。

近年来对某些医疗用品的需求很大，由于其具有公共品的性质，一旦完全由市场调节必然会产生低效率的资源配置，从而导致市场失灵现象。换一个视角来看，科研的固定资本以及人力资本投入较高，而制造成本相对较低，社会和私人投资的回报率往往有巨大差异，私人企业难以承担这一巨大成本，所以一旦交由市场调节，私人企业的生产总是不能满足社会需求，从而产生市场失灵现象。

（四）构建中国特色政府与市场协同的保险制度

1. 坚持有为政府和有效市场的协同

在社会主义市场经济中，政府和市场必不可少、不可分割。所以，使市场在资源配置中起决定性作用和更好发挥政府作用是统一的。一方面，要深化市场化改革，更好地发挥市场优势，激发经济活力和鼓励各主体积极创新；另一方面，要坚决履行政府职能，科学有效地发挥政府宏观调控的作用。

2. 建立多层次医疗保险体系，促进政府、市场、社会协同保障居民健康

加大普惠型补充医疗保险这一新业态的试点，保障"政府引导、全民准入、商保承办、准公益运行"模式的顺利实施，做到有为政府和有效市场的协同。

3. 继续完善多层次养老保险体系

目前我国已经建立了三支柱的养老保险体系：第一支柱是由政府主导建立的公共养老金，其中城镇职工基本养老保险为强制缴纳，城乡居民基本养老保险为自愿参加；第二支柱为企事业单位发起的职业养老金，包括企业年金和职业年金；第三支柱是居民自愿购买的个人养老金。目前面临的严重问题是第一支柱负担过重，第二、第三支柱发展严重滞后，养老金资产总量不足，难以满足老龄化社会的需求。因此我们应该探索政策举措，推动市场力量完善第三支柱的发展，促进市场力量在养老事业中发挥作用，协同政府与市场机制，共同完善我国养老保险体系。

4. 强化政府与市场的双向并进，提升巨灾风险管理水平，保障人民生活的安定

我国是一个自然灾害频发的国家，每年由自然灾害导致的财产损

失与人员伤亡触目惊心。虽然当前已经建立了巨灾保险这一政府与市场协同保障的机制，但保险业以人民利益为中心的保障作用的发挥仍有巨大潜力，在该领域政府与市场机制的协同有较大空间。一方面，政府应积极发挥财政作用，及时归集资金，与保险加强合作，加快对人民群众的灾后补偿。另一方面，保险业也应该多多宣传市场机制的作用，提升包括相关管理部门在内的社会公众通过市场机制安排风险转移的认知，真正做到以人民利益为中心，政府与市场协同保障生产与生活的顺利进行。

总之，政府与市场各自都应有相应的定位，政府的职能理应与社会发展相适应，引导国家经济正确发展，引导保险业健康运行，实现服务于人民美好生活的需求、服务于促进人性解放的远大目标。而市场则应发挥高效的资源配置功能，以市场机制淘汰落后技术与产能，促进保险公司开发出更多更好的满足人民需要的保险产品，从而激活整个经济生态。

二、社会治理驱动的中央与地方的责任分担

完善中央与地方责任机制本质上是根据全社会风险与风险管理问题，进行产品、服务、技术、资金的有效配置，以实现全社会保障最优化。中央政府需要合理安排各项机制，解决社会保障问题。

（一）统筹协调中央与地方的事权和责任

合理划分各级政府在基本养老保险中的事权和责任十分重要。事权法定、完善中央调剂金制度，能够促进各级政府间基本养老保险基金的流动，有利于垂直管理体系的建设，降低中央与地方之间的信息不对称程度，促进基本养老保险全国统筹的实现。

基本养老保险的政府责任包含立法责任、监督责任、管理调度责任、财政责任。目前，省级统筹逐渐发展至全国统筹，要同时考虑中央使全社会老有所养的目标和地方政府的收支平衡。因此，制定政策时要坚持事权和责任相适应，合理划分中央和地方各自的权责。

1. 合理划分事权，事权法定

目前，我国还没有从法律层面明确划分基本养老保险的事权，政府间分工合作有所欠缺，不利于基本养老保险深入发展。结合国内外经验，应推进事权法定，完善中央与地方政府事权划分的法律构建，有利于明晰各级政府责任。

2. 促进事权、财权的统一

地方政府负责基本养老保险的财权，中央政府负责兜底。1994年的分税制改革导致了"财权上移，事权下移"的问题，地方政府需要承担的责任常常超出其财力，中央与地方政府应共同承担基本养老保险的支出责任。基本养老保险基金具有再分配性质，由于我国流动人口多，各地区经济发展不平衡，中央需要调节各地方政府的收支。

从图14-3可知，中央在社会保障方面对地方的补助时高时低，

图 14-3　中央与地方财政支出及其比率

第十四章　完善中国特色保险制度的建议

并不规律。根据事权与财权相一致原则，中央政府要稽查、核实基本养老保险的征缴。

3. 完善中央调剂制度

基本养老保险的全国统筹意味着中央政府需要及时做到调剂补助。根据《关于建立企业职工基本养老保险基金中央调剂制度的通知》，自2018年7月1日起基本养老保险基金建立中央调剂制度，部分地区养老保险基金的收支缺口得以补齐。但该制度仍需要完善：要强化地方主体责任。中央政府在调剂金的分配上应强化地方政府的主体责任，考核其工作成效，并据此适当调整调剂金比例。

4. 解决现存问题

要加强对社会保障财政支出的监督。我国财政的社会保障基金在到达基层社会保障机构之前经过层层下拨，运行效率较低。另外，由于人力资源和社会保障部不能直接管理地方的社会保障机构，后者可能挪用社会保障基金，产生腐败现象，从而严重影响民众对国家和政府的信任。

社会保障基金的管理也存在上述问题，社会保障基金作为中央政府的财政支出，却由地方政府相关部门负责，加剧了社会保障基金分配的低效率和不公平，并存在腐败和社会动荡的风险。此外，社会保障制度的地区差异加大了形成全国统一市场的难度。与此对应，如果中央政府能承担起应负的主要责任，实现保障制度的全国统筹，则不仅能减少腐败、提升社会保障水平、增强民众的获得感，也有利于统一全国市场、增强民族自信、促进民族团结。

5. 强化中央政府的社会保障责任

目前，我国的社会保障制度仍然不够完善，中央政府承担的社会保障责任依旧不足，因此要加深对社会保障在实现共同富裕和维护社会公平上的积极意义的认识。

(1)加强中央政府在社会保障事业中的主要责任。

事实上,只要财力允许,就要助推社会保障制度全国统筹的发展,由中央政府负责人民的所有基本社会保障。随着中国的城市化和工业化发展的进程不断加深,国家通过增加投资推动社会发展的作用正逐渐减弱。为此,要进一步发展社会保障事业,令中央政府在其中负主要责任,由人力资源和社会保障部统一管理社会保障资金。

(2)寻求民众社会保障福利最大化。

人力资源和社会保障部在各地设立可以直接接待民众的派出性办公机构,以直面民众社会保障诉求,解决其相关问题。这样的形式能够最大限度地保障民众个人的社会保障权益,并提升社会保障基金的使用效率。

(3)从各方面加强对社会保障制度的监督,保障其公平性。

有效的监督能够保证社会保障制度的公平性,维护民众的社会保障权利。首先,要强化相关部门的内部监督;其次,要积极推动社会保障制度的法制化建设,从法律层面进行监督;最后,要促进社会保障的信息公开建设,发挥舆论监督的作用。综上,通过强化中央政府的社会保障责任并积极发挥国家作用,能够最大限度实现民众基本福利,从而提升民众的幸福感并维护社会稳定。[1]

(二)合理安排调动人员的保障责任接续

1. 完善医疗保险跨省结算机制

2016年以来,我国不断推进医疗保障制度改革工作,加快建成覆盖全民、城乡统筹、权责清晰、保障适度、可持续的多层次医疗保障体系。中共中央、国务院2020年2月印发《关于深化医疗保障制度

---

[1] 刘正才. 我国社会保障的政府责任问题及改进研究. 云南行政学院学报, 2017(5): 143-146.

改革的意见》，提出巩固提高统筹层次，按照制度政策统一、基金统收统支、管理服务一体的标准，全面做实基本医疗保险市地级统筹。

（1）统筹协调各层级医疗保险工作。

统筹协调是指洞察事物、规划工作、统筹部署、联系沟通、整合协调的能力。加强统筹协调既是一种重要的思想方法，也是一种重要的工作方法。医疗保险的统筹发展已经取得巨大进展，各地不断探索新的政策机制，不同层级分工愈加明确，对信息技术的运用逐渐深化。

① 跨省就医机制建立。我国有关部门重视跨省就医机制的建立与完善。2014 年，人力资源和社会保障部联合三部委共同发布《关于进一步做好基本医疗保险异地就医医疗费用结算工作的指导意见》，有效地扩大了异地医疗合作机制的范围。2019 年，国家医疗保障局发布《关于建立基本医疗保险跨省异地就医结算业务协同管理工作机制的通知》，国家医疗保险异地备案小程序开启使用，正式建立了我国跨省就医机制。

② 不同层级明确分工。2016 年，国务院办公厅发布《关于转发国家发展改革委等部门推进"互联网＋政务服务"开展信息惠民试点实施方案的通知》，全国各部门立即开展推进政务服务工作措施。在解决直接跨省异地医疗工作中，对于有异地就医需求的参保人，卫生行政部门帮助他们履行医疗报销义务，为医疗机构提供医疗服务和满足医疗保健需求、为医疗保险基金的稳定运行提供管理服务。国家医疗保障局肩负着服务、维护全民医疗保险基金稳定运行的使命。为此，人力资源和社会保障部联合财政部共同提出了建设国家级和省级异地医疗结算平台的目标，推动初步建立协同工作网络。2020 年 9 月，国务院办公厅发布《关于加快推进政务服务"跨省通办"的指导意见》，将异地就医登记备案和结算列为重点任务。

③ 信息技术的运用逐步深化。2019 年之前，医疗系统的全国协

同工具很多,有信件、邮件和电话等,但在总体上其信息化管理较为松散。2019年底,国家医疗保障局推出异地就医登记小程序,标志着跨省异地就医登记服务试点的正式开展。国家远程医疗注册方案主要为被保险人提供服务。在共享登记政策流程、定点联网医疗机构、地方医疗保险机构等信息的同时,协助参与者进行网上自登记。

(2)医疗保险跨地区协同政策建议。

在跨省异地就医的服务不断完善以及医疗保险信息化建设逐渐健全的背景下,业务协同机制也在进步,逐渐加强内外协同,吸纳更多主体,围绕群众需求,提高医疗保险公共服务水平。

① 加强移动终端信息服务建设。伴随医疗保险的信息化和编码标准化,参保人员的基础信息数据库正逐渐健全,有利于深度优化现有业务的协同,既能在最大程度上满足用户需求,又符合新技术特征。

② 提高主体协同性。目前,协同主体主要有行政部门、地方机构、定点医疗机构患者以及异地的卫生和金融部门。为了帮助协同系统持续发展,应当逐步吸纳更多的协同主体。此外,各主体要及时发现并提出业务中存在的问题,积极协调,尽快解决问题,促进跨省就医管理制度的完善。

③ 开展基于医疗保险大数据的智能协同。信息化不仅为业务流程提供了便利,而且为业务流程的数字化、智能化奠定了基础。《"十四五"全民医疗保障规划》指出,下一阶段需要构建智慧医保和协同医保,充分利用医疗保险大数据和智能监控,让医疗结算更加便捷。然而,在中国医疗保险领域,业务合作的工作量越来越大,人力资源有限,这两者有所矛盾,需要在实践中充分积累解决问题的经验,有效促进商业协作的开展。[1]

---

[1] 章迟,郭珉江,刘阳,等.我国跨省异地就医直接结算业务协同机制建设及成效初探.中国医疗保险,2021(12):27-32.

2.完善基本养老保险全国统筹

随着人口老龄化程度的加深和省际人口流动规模的不断扩大,基本养老保险基金存在省际不平衡,应加快基本养老保险基金全国统筹,促进基本养老保险制度持续稳定运行。但基本养老保险全国统筹面临着建设任务、统筹任务、收支平衡、信息技术支持等诸多挑战。只有加强监管基本养老保险全国统筹,解决养老保险基金的可持续性问题,才能促进基本养老保险全国统筹目标的实现。

(1)基本养老保险全国统筹面临的困难。

一是基本养老保险制度建设面临的挑战。养老保险制度建设的使命是通过公平制度建设实现社会公平发展,职工基本养老保险由国家统筹实施有助于确保参保人员全部及时参加基本养老保险,确保成果公平、使命顺利实现。但是,结果的公平必须建立在过程公平的基础上,过程的公平必须建立在起点公平的基础上。从全国基本养老保险统筹规划的角度出发,各方面的计划和办法要尽快统一。但基本养老保险的支付依据和支付方式存在较大差异。在缴费基数上,有的地区按本省的社会工资执行,有的地区按本省的最低工资执行;有的地区是社会工资的100%,有的地区是社会工资的60%。每个省份都有自己的计算和支付方式,有的省份甚至在城市间也不统一。在督促支付方面,有的地区允许企业少付或拖延,以调动企业的积极性。在这种情况下,全面实施职工基本养老保险计划,实行全国统一的缴费基数、比例和缴纳方式,必会影响到各类企业和职工。

二是基本养老保险统筹面临的挑战。实现职工基本养老保险全国统筹的主要目的是解决各地区职工基本养老保险基金收支不平衡的问题。目前,一些省份企业基本养老保险缴费比例过高,而一些省份较低,还有部分省份基本养老保险基金征缴不够。中央与地方之间的利益不平衡,各地区之间的利益也不平衡,结余较多的省份会有吃亏的心理，而征缴不够的省份的财政收入又难以得到保证，以前政府征缴不严、标准过低的地区则会有相对的被剥夺感。

（2）应对基本养老保险全国统筹困难的方法。

一是稳步整合基本养老保险制度，清理基本养老保险全国统筹的制度性障碍。要实施全国统筹，基本养老保险制度的整合是第一步。首先，要整合各省份零散的职工基本养老保险制度，统一各省份职工的基本养老保险等级、规模和支付方式，避免各省份之间的支付规模和支付方式不一致。其次，要求企业在缴费15年后持续为职工缴纳基本养老保险直到其退休，保障其基本生活。最后，整合基本养老保险制度，要保持各类人员合理的基本待遇，防止差距过大。

二是加强监管省级基本养老保险收支，防止寻租行为。全国统筹的最大问题是在这个过程中各省份作为理性的经济人都在努力寻求最有利于全省经济和社会效益的养老保险税收政策，而不缴纳基本养老保险费是一种普遍心理。所以，要落实对全国各地总缴费人数的核对，对职工基本养老保险的结余进行审计和监督，明确基本养老保险参保人数和缴费总额，有效遏制各级政府之间争夺利益，避免全国统筹下地方企业不按规定缴纳保险费；必须认真审计养老保险部门，落实问责制度；支持劳动者和全社会监督企业和地方的征缴，杜绝各种不缴少缴现象，确保基本养老保险全国统筹顺利完成。

三、与科技同行提升保障能力与水平

（一）保险科技成为主要推动力量

保险科技（insurtech）是21世纪科技应用于保险市场变革的产物。传统保险市场的增长空间不断缩小，传统的保险经营模式已无法满足当下的消费者需求。保险科技成为保险业新的发展方向。一方面，中国保险业原先的投资促增长的模式需要向创新、技术促增长转变。创新包括产品服务创新、业务模式创新和技术创新三方面的内容，都与大数据、物联网、人工智能、云计算等技术紧密关联。另一方面，保险科技可以解决传统保险业的两大发展难题——销售难度大和社会认可度低。前者的原因包括消费者和保险公司对风险和保险产品在认知上存在较大差异；后者的原因有繁杂的损失认定流程和隐藏的道德风险等。保险科技可以利用区块链等技术增加产品服务和理赔过程的透明度，提高理赔效率，更好地满足消费者需求，而销售成本的降低也符合保险公司的利益，有利于其提升客户体验，从而最大限度解决上述两大难题。

（二）保险科技将给保险业带来深刻变革

1. 对保险需求的影响

保险科技可以促进新的保险需求产生。一方面，保险公司可以利用大数据抓取新一代消费者的兴趣和需求并据此设计多样化、个性化的保险产品，吸引有更高风险防范意识的年轻人购买。另一方面，保险科技通过增加信息透明度可以降低道德风险和逆向选择出现的可能性，从而扩大可保风险范围。

2. 对保险供给的影响

（1）改变保险经营模式。

保险人与投保人之间的信任是保险的基础。传统保险通过保险合同的签订来维护这种信任。但在保险实践中，以合同形式确立的信任已很难实现，合同签订双方还是会因为信息不对称而不信任彼此。而区块链技术可以通过透明的信息重构信任机制。

（2）重构保险业务基本理念。

传统保险理念认为，保险价值主要在于为投保人提供遭遇风险的经济保障。但是，保险科技的不断发展使得保险的主要功能变成风险管理，用于预测和防范风险，这一改变影响了整个保险业。所以，保险盈利方式也转变为更多地依靠风险管理服务，从而大大降低了承保的经营成本。

（3）重构保险数理基础。

保险定价的基础原先主要是大数法则和历史经验。保险公司根据传统的精算手段，在对不熟悉的对象进行预测时，可能会产生较大误差。大数据、物联网技术的运用改变了这一基础：首先，物联网使得保险定价可以通过获得每个投保人的实际数据来实现；其次，大数据技术可以帮助保险公司用外部数据代替内部数据，以更好地描述风险；最后，大数据技术可以用实时数据补充历史数据，从而降低对数据的要求，在更大范围内获取数据。

（4）扩大可保风险范围。

保险科技的深入发展使得可保风险的范围不断扩大。以医疗保险为例，原先因患有部分疾病而无法享受商业健康保险服务的人，现在可以通过实时健康数据监测获得保险公司的信任，进而享受保险服务。

随着数字保险的出现，许多损失并不严重的风险也可参加保险，这得益于通过新技术对风险进行动态测评，实现保险价格动态调整。另外，区块链技术使得原先由于道德风险或逆向选择不可保的风险成为可保风险。[①]

（三）提升监管效率与构建政府市场一体化机制

在保险科技发展的大背景下，保险监管的理念、手段和模式需要向现代化转型，监管机构需要通过技术手段对保险机构进行监管。技

---

① 陈秉正.保险科技与保险业的重构.中国保险，2020（4）：8-14.

术型保险监管是监管与技术相结合的产物,是以数据为基础的技术手段在监测、监管方面的应用。

1. 运用科技治理提高保险监管能力

随着信息技术的发展,保险科技每天都会产生和处理大量的数据。监管机构通过收集、存储和分析各类数据,可以及时发现和监控风险。科技治理强调管理者与被管理者之间的数据共享,将数据从保险机构向监管机构的单向传递转变为双向数据整合。此外,科技治理是"标准化—认证—认可"的治理。科技治理的出发点和目标是构建与法律规则相适应的技术标准,标准建立在发展主体的共识基础上,在应用上具有公共兼容和私人兼容的特点。在监管层面对于一些保险产品的科技创新,要让所有利益相关者都参与讨论,直至找到合适的解决方案。

2. 运用保险科技提高保险监管前瞻性

随着保险科技的日益复杂化,保险监管难以有效应对各类创新保险产品。保险科技呈现出多元化监管路径,在传统监管的基础上采用多种新型监管手段。第一是自动化监管,包括人工智能技术、区块链加密技术、机器学习技术和大数据技术。该监测手段具有数据客观、准确、分析快速、自动等特点。第二是适当监管。科技化的保险监管,使保险科技既不因严格监管而"过度放纵"创新,也不因严格监管而破坏创新,在支持创新的同时保持保险业健康稳定发展。第三是前瞻性监管。保险科技能及时监控风险,在风险刚产生时就有效防范。

3. 数据技术赋能保险监管

随着保险科技应用的加快,保险公司庞大的信息和数据已经跟不上发展的步伐。科技保险监管作为一种新型监管模式,具有以技术为中心的智能化特征。具体包括以下几个方面。

第一,监管方式以技术为核心。大数据、云计算、人工智能、区块链等技术极大地提高了监管效率，有效地防止了个人因社会关系的影响而做出偏颇的监管行为。

第二，数据技术的使用创造了精准监管。在不断变化、复杂的颠覆性创新时代，基于数据的技术应用可以避免监管机构因时间不足而不得不筛选错误数据的情况，实现保险监管的精准化。

第三，保险监管技术具有动态性。在以技术为基础的保险监管中，通过人工智能、大数据等技术手段，对保险监管部门的数据进行收集、细化和分析，并实现实时更新和动态监控。

参考文献

[1] 贝弗里奇报告：社会保险和相关服务.北京：中国劳动社会保障出版社，2008.

[2] 才让加，祁恒珺.社会保险学.兰州：甘肃民族出版社，2008.

[3] 蔡和平.中德工伤保险法律制度比较研究.北京：北京大学，2006.

[4] 曹光中.地震保险试点调查.中国金融，2016（17）：70-71.

[5] 陈秉正.保险科技与保险业的重构.中国保险，2020（4）：8-14.

[6] 陈秉正.多层次、多支柱养老金体系辨析及商业保险的作用.中国保险，2021（4）：8-14.

[7] 陈诚诚.德日韩长期护理保险制度比较研究.北京：中国劳动社会保障出版社，2016.

[8] 陈刚.工伤保险 70 年：改革 创新 发展.劳动保护，2019（10）：28-31.

[9] 陈佳.保险科技应用带来的风险及监管对策：以区块链和大数据技术为例.审计观察，2021（4）：88-93.

[10] 陈蓉，颜鹏飞.近代中国保险业百余年历史特征的考察.财经问题研究，2022（12）：15-23.

[11] 陈玮.浅谈数字化趋势下保险公司科技能力建设.中国金融电脑，2022（1）：36-40.

[12] 陈银娥.美国的失业保险制度及其对我国的启示.华中师范大学学报（人文社会科学版），1999（3）：19-22.

[13] 陈雨露.全球公共产品建设的新潮流与中国保险业的使命.保险研究，2014（11）：3-6.

[14] 戴卫东.长期护理保险：理论、制度、改革与发展.北京：经济科学出

版社，2014.

[15] 戴卫东. OECD 国家长期护理保险制度研究. 北京：中国社会科学出版社，2015.

[16] 戴卫东，余洋. 中国长期护理保险试点政策"碎片化"与整合路径. 江西财经大学学报，2021（2）：55-56.

[17] 邓大松. 社会保险. 北京：高等教育出版社，2016.

[18] 丁建定. 西方国家社会保障制度史. 北京：高等教育出版社，2010.

[19] 董一丹，何丽华. 我国工伤保险制度的发展与现状. 伤害医学（电子版），2020（4）：46-53.

[20] 杜选，高和荣. 典型国家失业保险制度功能完善对中国的启示. 金融与经济，2015（9）：76-81.

[21] 樊丽丽. 论我国生育假法律制度的完善. 就业与保障，2021（12）：22-23.

[22] 冯达，崔红. 我国长期护理保险制度法定化研究. 沈阳师范大学学报（社会科学版），2021（6）：53-61.

[23] 冯鹏程. 多层次医疗保障制度下商业健康保险发展的国际经验及启示. 中国医疗保险，2022（4）：112-117.

[24] 冯文丽，郑昊宇. 遥感技术在农业保险领域中的应用分析. 农村金融研究，2021（7）：3-8.

[25] 高睿. 我国长期护理保险发展分析. 甘肃金融，2020（5）：48-50，41.

[26] 耿婧雅，崔巍川，李高奇. 国际长期护理保险经验及借鉴. 合作经济与科技，2019（4）：65-67.

[27] 古钺. 从失业救济到失业保险：新中国社会保险史话之一. 中国社会保障，2019（1）：12-13.

[28] 关博，朱小玉. 中国长期护理保险制度：试点评估与全面建制. 宏观经济研究，2019（10）：103-111，156.

[29] 郭健美，寇霞，张翠萍. 长期护理保险制度"山东模式"的实践及经验分析. 医学与社会，2021（4）：109-113.

[30] 韩璐，褚福灵. 长期护理保险制度国际经验与反思：以日本、德国、美国为例. 北京劳动保障职业学院学报，2020（3）：31-37.

[31] 郝君富，李心愉. 失业保险制度机制设计的国际比较与启示. 兰州学刊，2018（8）：173-185.

[32] 郝琦,谭志敏.我国工伤保险发展历程初探.中外企业家,2015(7):179.

[33] 黑蕊泽,孔鑫鑫,郭思琦.长期护理保险制度的国际比较与启示.财富时代,2019(12):72-73.

[34] 华迎放.澳大利亚低收入人群的社会保障.中国劳动,2013(6):30-33.

[35] 姜春力,张瑾.我国长期护理保险制度试点成效、问题和建议.全球化,2021(1):82-93,136.

[36] 蒋万庚.论失业保险功能的反思与定位.广西大学学报(哲学社会科学版),2018(6):95-98.

[37] 蒋晓晗.长期护理保险问题探究.人才资源开发,2021(15):53-54.

[38] 李成志.完善多层次医疗保障制度体系的实践和思考:以上海市为例.中国医疗保险,2021(9):44-47.

[39] 李冬梅.我国长期护理保险的制度现状分析.劳动保障世界,2019(14):33.

[40] 李涵,成春林.保险科技研究进展:内涵、动因及效应.金融发展研究,2021(11):73-80.

[41] 李晶.强化工伤保险的工伤预防功能研究.保定:河北大学,2015.

[42] 李俊杰,张晶,彭华,等.美国农业保险政策的发展及展望.农业展望,2017(10):82-87.

[43] 李克婷.工伤保险制度国际比较及借鉴.济南:山东经济学院,2010.

[44] 李雅婷,江原.保险科技赋能保险价值链.中国金融,2021(22):58-59.

[45] 梁淑玲,胡昭玲.丹麦、挪威失业保障制度及借鉴意义.国际经贸研究,1996(4):39-42.

[46] 刘金兰.我国长期护理保险的发展机遇.中国集体经济,2020(24):104-105.

[47] 刘正才.我国社会保障的政府责任问题及改进研究.云南行政学院学报,2017(5):143-146.

[48] 彭荣,王美芝,蔡雪娜,等.我国长期护理保险制度试点成效及启示.合作经济与科技,2021(14):68-70.

[49] 乔庆梅.德国工伤保险的成功经验.中国医疗保险,2015(1):68-71.

[50] 仇雨临，王昭茜.我国医疗保险制度发展四十年：进程、经验与展望.华中师范大学学报（人文社会科学版），2019（1）：23-30.

[51] 人力资源和社会保障部失业保险考察团.瑞典失业保险考察报告（节选）.中国就业，2010（5）：57-59.

[52] 任禹凡，郑家昆.行为经济学视角下"惠民保"的挑战和解决方法.中国保险，2022（4）：37-39.

[53] 束伟丰.基本养老保险全国统筹央地政府责任的研究.江苏商论，2021（9）：84-87.

[54] 宋志飞.我国长期照护保险制度立法评析和完善.黑龙江工业学院学报（综合版），2020（4）：132-137.

[55] 苏健.德国长期护理保险改革的成效及启示：以三部《护理加强法》为主线.社会政策研究，2020（4）：39-49.

[56] 苏瑞珍.互联网保险法律制度的需求动因及供给方向.西南金融，2019（3）：64-70.

[57] 孙洁.我国长期护理保险试点的经验，问题与政策建议.价格理论与实践，2021（8）：22-27，64.

[58] 孙洁，牟琳虹.长期护理保险的国际经验.中国金融，2016（8）：78-79.

[59] 孙明明，裴平，孙杰.保险科技发展对保险企业产品创新能力的影响研究.兰州学刊，2021（10）：35-48.

[60] 孙守纪，杨一.美国失业保险逆周期调节机制研究.经济社会体制比较，2020（3）：18-27.

[61] 孙悦，陶月仙.我国长期护理保险问题及对策研究状况.护理实践与研究，2021（14）：2100-2104.

[62] 锁凌燕，吴海青.数据要素化与保险监管改革.保险研究，2021（10）：79-89，105.

[63] 王丞.农业保险运行模式的国际比较及启示.山东工商学院学报，2021（3）：77-83.

[64] 王华磊，穆光宗.长期护理保险的政策研究：国际经验和中国探索.中国浦东干部学院学报，2018（5）：122-132.

[65] 王佳林.长期护理保险制度构建：国际经验及对我国的启示.南方金融，2019（11）：3-10.

[66] 王可怡.人口老龄化背景下的长期护理保险法律制度思考.中国保险，2021（4）：56-59.

[67] 王璐，何梅.首批长期护理保险试点城市实施方案及实施效果比较研究.中国初级卫生保健，2021（9）：7-9.

[68] 王新军，李雪岩.长期护理保险需求预测与保险机制研究.东岳论丛，2020（1）：144-156.

[69] 王元月，马驰骋.失业保险给付期限差异下的失业持续时间研究.中国管理科学，2005（6）：113-117.

[70] 王云昌，张茂松.社会保险理论与实务.郑州：黄河水利出版社，2001.

[71] 闻雨琪.德国与日本长期护理保险制度的比较及启示.劳动保障世界，2020（3）：31-32.

[72] 吴鹏森.现代社会保障概论.上海：上海人民出版社，2004.

[73] 吴婷，王向楠.保险科技业务创新探析.中国保险，2020（4）：20-25.

[74] 熊冯瑜.论我国工伤保险制度的立法完善.南昌：江西财经大学，2018.

[75] 许春淑.日本失业保险制度及对中国的启示.生产力研究，2007（11）：86-88，108.

[76] 许闲.颠覆型保险科技.中国保险，2021（6）：21-24.

[77] 薛敏，郭金龙.政策性农业保险保障农业发展的国际经验及启示.中国保险，2021（2）：61-64.

[78] 杨斌，丁建定.国外就业保障的发展及对中国的启示：以美国、英国和德国为例.理论月刊，2016（5）：177-181.

[79] 杨健，贾林.我国长期护理保险的试点模式分析与发展路径研究.劳动保障世界，2020（14）：45.

[80] 杨伟国，李光耀，李欣.瑞典失业保障政策：历史、现状与述评.教学与研究，2015（1）：26-34.

[81] 杨玉秀.德日韩三国长期护理保险的比较分析.保险职业学院学报，2018（6）：77-81.

[82] 姚玲珍.德国社会保障制度.上海：上海人民出版社，2010.

[83] 叶姗.论后工业时代失业保险制度的功能.江淮论坛，2019（5）：113-123，193.

[84] 殷俊，陈天红.美国失业保险待遇调整机制分析及对中国的启示.新疆大学学报（哲学·人文社会科学版），2015（4）：19-25.

[85] 尹吉东. 长期照护保险法制建设探究. 山东行政学院学报, 2018（2）: 68-72, 54.

[86] 张海鹰. 社会保障辞典. 北京: 经济管理出版社, 1993.

[87] 张梦婷, 徐玮. 我国商业性长期护理保险发展的问题研究. 商讯, 2020（36）: 160-161.

[88] 张茹茜, 张舒. 我国长期护理保险试点政策的比较研究: 以广州和上海为例. 大众标准化, 2020（13）: 136-139.

[89] 张盈华, 张占力, 郑秉文. 新中国失业保险70年: 历史变迁、问题分析与完善建议. 社会保障研究, 2019（6）: 3-15.

[90] 章迟, 郭珉江, 刘阳, 等. 我国跨省异地就医直接结算业务协同机制建设及成效初探. 中国医疗保险, 2021（12）: 27-32.

[91] 李丞北. 社会保险学. 北京: 中国金融出版社, 2014.

[92] 赵红, 任文静. 我国老年人失能状况、护理方式选择与长期护理保险发展: 一个文献综述. 经济研究导刊, 2019（12）: 48-51.

[93] 郑莉莉, 苏雅. 疫情冲击下保险科技的应用创新与危机应对. 深圳社会科学, 2022（2）: 13-25.

[94] 周桐, 范转转, 杨倩, 等. 老龄化背景下的长期护理保险: 模式选择与制度优化. 江西中医药大学学报, 2020（3）: 96-100.